本书由陕西师范大学优秀著作出版基金资助出版

丛书主编／袁祖社

观念会通与理论创新丛书

李敬峰 著

二程后学研究

中国社会科学出版社

图书在版编目（CIP）数据

二程后学研究 / 李敬峰著. — 北京：中国社会科学出版社，2020.5
ISBN 978 – 7 – 5203 – 1310 – 0

Ⅰ.①二… Ⅱ.①李… Ⅲ.①理学—思想史—研究—中国 Ⅳ.①B244.05

中国版本图书馆 CIP 数据核字（2020）第 086732 号

出 版 人	赵剑英
责任编辑	朱华彬
责任校对	张爱华
责任印制	张雪娇
出　版	中国社会科学出版社
社　址	北京鼓楼西大街甲 158 号
邮　编	100720
网　址	http://www.csspw.cn
发 行 部	010 – 84083685
门 市 部	010 – 84029450
经　销	新华书店及其他书店
印　刷	北京君升印刷有限公司
装　订	廊坊市广阳区广增装订厂
版　次	2020 年 5 月第 1 版
印　次	2020 年 5 月第 1 次印刷
开　本	710×1000　1/16
印　张	20.5
插　页	2
字　数	316 千字
定　价	118.00 元

凡购买中国社会科学出版社图书，如有质量问题请与本社营销中心联系调换
电话：010 – 84083683
版权所有　侵权必究

"观念会通与理论创新丛书"编委会

主　编　袁祖社

副主编　许　宁　石碧球

编委会　刘学智　林乐昌　丁为祥　寇东亮
　　　　宋宽锋　戴　晖　庄振华

总　　序

　　哲学发展史的历程表明，任何最为抽象的哲学观念、哲学理论的提出，在归根结底的意义上，都有其深厚的人类生存与生活的根基，都是对于某种现实问题的回应、诠释和批判性反思。马克思指出："任何真正的哲学，都是自己时代的精神上的精华，……哲学不仅在内部通过自己的内容，而且在外部通过自己的表现，同自己时代的现实世界接触并相互作用。……各种外部表现证明，哲学正在获得这样的意义，哲学正变成文化的活的灵魂。"① 马克思的上述论断深刻地表明，任何一个富有时代气息和旺盛的生命力哲学，都担负着时代赋予它的使命，都必须回答时代提出的最根本问题，都必须密切关注、思考和回答现实中提出的重大问题。

　　置身"百年未有之大变局"，当此人类文明转型的新的历史时期，当代世界正在发生广泛而深刻的变革，当今中国也正在经历更为全面、更为深层次的社会转型。面对日益复杂的历史变迁格局，如何运用哲学思维把握和引领这个大变革、大转型时代，是重要的时代课题。

　　本套丛书的选题，从论域来看，涵盖了中国哲学、西方哲学、马克思主义哲学、伦理学、科技哲学等多个学科。本套丛书的作者，均是陕西师范大学哲学系一线教学科研人员，多年来专心致力于相关理论的研究，具有深厚的哲学理论素养和扎实的学术功底。

　　本套丛书的鲜明特点，概括起来，主要有以下四个方面：

　　1. 倡导中西马的辩证融通与对话。丛书编辑的主题思想，在于倡导

---

① ［德］马克思：《〈科隆日报〉第179号的社论（1842年）》，载《马克思恩格斯全集》第1卷，人民出版社1995年版，第220页。

中国哲学、西方哲学、马克思主义哲学在哲学观上的会通。随着经济全球化，哲学在精神领域从过去的各守门户、独持己见而开始走向融通、对话与和解。不容否认，中国传统哲学、西方哲学、马克思主义哲学在理解世界、认识人类发展命运上都独具自己的认识和思考。中国传统哲学、西方哲学和马克思主义哲学是横向层面的哲学形态，它们之间不是简单的相加和并列关系，而是一种"互补互用"的互动关系。中国传统哲学的整体性思维，对理解世界与科学的复杂现象提供了具有中国文化精神特质的历史思维渊源；西方哲学则从个体性、多样性，多角度地阐释科学人本内涵的复杂性和深刻性；马克思主义哲学基于"全部社会生活在本质上是实践的"的科学论断，以"问题在于改变世界"的姿态，深入而全面地阐述了人及其实践与世界关系的理论，努力推动哲学由传统向现代形态的转变。随着中国现代化步伐的加快，中国哲学界的主体意识的觉醒，迫切需要通过中西哲学的对话，以及现代与传统中国思想之间的融通，找到一条适合当代中国哲学未来发展的路径，探寻哲学创新的突破口。

2. 返本与开新并重基础上的创新努力。在研究方法上，本套丛书的作者们严格遵循"立本经"、求"本义"宗旨，力戒空疏的抽象诠释，务求"实事求是"的学风和求真、求实的治学精神，从而在新的时代和语义环境中实现返本开新意义上的当代哲学创新。创新是一个艰深的理论难题，其目的在于以新理念、新视角、新范式、新理解、新体会或新解释等形式出现的对时代精神的高度提炼和精准把握。无疑，思想、时代与社会现实是内在地统一在一起的。换言之，只有切入时代的思想，从问题意识、问答逻辑、问题表征和问题域等方面展开对问题范式内涵的分析，才能真正把握社会现实的真谛。同时，也只有反映社会现实的思想，才能真正切入时代。"问题范式"内含于"哲学范式"中之中，以问题导向展现研究者的致思路径，通过对时代问题的总结归纳，实现从不同视角表达哲学范式及范式转换的主旨。本套丛书分属不同的哲学研究领域，涉及不同的思想主题，但其共同的特点在于，所有的作者要么是基于对于特定问题研究中一种约定俗成的观念的质疑，要么是致力于核心理念、研究范式的纠偏，要么强调思维逻辑的变革与创新。

3. 敏锐的问题意识与强烈的现实关切情怀境界中的使命担当。对哲学和现实关系问题的不同回答，实质上是不同时期的哲学家各自立场和世界观的真实反映。基于现实问题的基础理论探讨，本套丛书着眼于现实问题的多维度哲学反思，致力于文明转型新时期人类生存与生活现实的深刻的哲学理论思考与精到诠释，力求在慎思明辨中国实现以问题为导向的对"具体"现实问题的理论自觉。中西哲学史的演进史表明，一种具有深刻创见的哲学理论和观念的出场，都是通过回答时代提出的问题，客观地正视现实、理解现实、推动现实，务求真正把哲学创新落到实处。在这方面，马克思主义经典作家堪称典范。马克思所实现的哲学观变革，所确立的新的哲学观，是对社会现实进行无情批判的"批判哲学"，变革了以往哲学的思维范式，提升了人类哲学思维的境界，开辟了关注现实个体之生活世界的"生活哲学"；关注现实人的生存境遇与发展命运的"人的哲学"；改变现存世界的"实践哲学"；不断修正和完善自己理论的与时俱进的哲学；善于自我批判和自我超越的开放哲学。

4. "辨章学术，考镜源流"的治学规范与学术理性坚守。"辨章学术，考镜源流"出自《校雠通义序》："校雠之义，盖自刘向父子部次条别，将以辨章学术，考镜源流。非深明于道术精微、群言得失之故者，不足语此。"在中西文化交流中，梁启超有感于"中体西用论"和"西学中源论"的争辩，用于变革传统的"学术"概念，梁启超指出："吾国向以学术二字相连属为一名辞（《礼记》）乡饮酒义云：'古之学术道者。'《庄子·天下篇》云：'天下之治方术者多矣'。又云：'古之所谓道术者，果恶乎在？'凡此所谓术者即学也。惟《汉书·震光传》赞称光不学无术，学与术对举始此。近世泰西学问大盛，学者始将学与术之分野，厘然画出，各勤厥职以前民用。试语其概要，则学也者，观察事物而发明其真理者也；术也者，取所发明之真理而致诸用者也。例如以石投水则沉，投以木则浮，观察此事实，以证明水之有浮力，此物理也。应用此真理以驾驶船舶，则航海术也。"[①] 论及"学"与"术"之间的关系，梁启超指出："学者术之体，术者学之用，二者如辅车相依而不可离。学

[①] 《梁启超全集》第四册，北京出版社1999年版，第2351页。

而不足以应用于术者，无益之学也；术而不以科学上之真理为基础者，欺世误人之术也。"[1] 梁启超既不赞同一味考据帖括学，皓首穷经，而不能为治世所用的做法，同时也反对那种离学论术，模仿照抄他人经验的学舌之术。

袁祖社　谨识

2019 年 12 月

---

[1] 《梁启超全集》第四册，北京出版社 1999 年版，第 2351 页。

序言一

李敬峰博士的新作即将出版，属余为序，我欣然应之。一因敬峰博士为学刻苦勤奋，热爱学术事业，年纪轻轻，已在中国哲学研究方面取得不凡业绩，能为这样的后生添一把火，助一臂力，我乐于为之；二是其大作以程门后学为题，这是学界关注不多、研究尚有较大空间且对我来说又饶有兴味的话题，我乐于推动这一研究的深入。细读全书，架构清晰，创见迭出，显系作者多年来劳心苦力之作，遂产生了向读者推荐该书的强烈愿望。于是，从几个方面谈谈自己的一点想法，权以为序。

我觉得，此作在许多地方都有值得肯定的新意和价值，主要表现在以下方面：

一是深化和推进了二程洛学的研究。我们知道，对宋明理学史上的典范人物如张载、二程、朱子、王阳明等，经过百余年现代学术框架下的不懈研究，涌现出的成果汗牛充栋，如今若没有发现新的文献，没有新的视角和维度，其研究是很难进一步深入的。因此，转换和择取角度就成为在没有新的文献发现的情况下，突破当下研究的可行进路，时下学界所兴起的"后学研究热"，正是在这一背景下催生的。敬峰博士以程门后学为对象的研究成果，就属于这种情况，他的研究是对学界当前"后学研究热"的一个有益补充。学界对程门后学的研究虽然已有涉及，但较为零散，不成系统，没有能展示出程门后学的整体面貌，在这种情况下，氏著的出版弥补了这一缺憾，是这方面研究的一个可喜成果。全书通过丰富的文献资料、严谨的逻辑分析，将二程到朱熹之间程门后学思想发展的演进脉络、学术旨趣、传衍谱系等比较明晰地揭示出来，将程门后学偏于体悟、不从气质之性立论等学术趋向和特点展现出来，同时还特别将兼山学派、金代郝氏学派这些以往较少关注的学术对象纳入自己研究的视野，从而尽可能全方位地展示了一个生动、立体、多维的洛学群体，这些都表现出该著研究的力度和深度。就我个人有限的了解，可以说该书是目前学界较为系统、全面研究程门后学的上乘之作，它无疑有助于推进当前二程洛学研究的深化。

  二是有助于把握和理解道学话语的形成和变迁。从"话语"的角度切入宋明理学的研究，也是近些年学界常选取的较为新颖的视角，它主要关注的是"道学史取径下的道学话语形成之问题"[①]，这种视角和方法以敏锐的问题意识抓住了宋明理学研究中的基点问题，无疑将宋明理学的研究放置于一个全新的界面。而介于两宋之际、"程—朱"之间的程门后学，无疑是早期道学话语形成和建构的主力军。在氏著中，作者有意识地借鉴了这种视域和方法，并紧紧围绕程门后学所关注的仁学、诚、心性、工夫等核心道学话语，以之作为基本的范畴系统和问题意识，并以细腻的笔触展示了早期道学话语的演进历程和基本内涵，从中可以看出，道学核心问题的形成不是一蹴而就的，也不是一成不变的，它是一个有转移、有变迁的动态过程。这对于我们理解和把握道学话语在早期的形成和衍变具有重要的价值和意义。

  三是有助于细化和具化南宋的哲学思潮。由于朱子学的巨大影响，在论及南宋哲学思潮的时候，其他学者往往被朱子学的光芒所遮蔽。有些学者几近以朱子学替代整个南宋学术，如将南宋学术分为前朱子时代、朱子时代和后朱子时代。这种方法由来有自，当然也有其理由和价值，即将朱子作为中心和主线来提领整个南宋，比较清晰地把握了南宋的学术思潮。但其弊端也是明显的，这就是容易遮蔽其他一些学术流派在南宋哲学思潮中的地位和贡献。对此，已有敏锐的学者注意到这种情况，并指出其流弊。在氏著中，作者用一章的篇幅详细阐述了程门后学与南宋朱子学、陆九渊心学、陈（亮）叶（适）事功之学这三大学术流派之间的关系，并有见地地提出了程门后学开启包括上述学派在内的南宋学术思潮的历史性作用。换言之，作者看到了上述三大流派都与程门后学有着极深的思想渊源和复杂关系。作者这一分析，对于认识南宋哲学思

[①] 陈来主编：《早期道学话语的形成于演变》，安徽教育出版社2007年版，第9页。

潮的复杂性颇有助益。

氏著的创新之处和学术价值还有许多，这里不一一列举。总之，我以为呈现在大家面前的这部著作，是一部关于二程后学研究的扛鼎之作，相信大家在读了该书之后，会从中受益的。当然，像其他所有著作一样，书中不免会有某些不足，相信经过读者朋友的指正，会促使敬峰在修改时质量不断提高。祝愿敬峰博士在未来的学术道路上走得更远更高，取得更加优异的成绩！

刘学智
2020 年 3 月 15 日于师大寓所

序言二

宋代新儒学的兴起是儒学传统在批判借鉴佛、老尤其是佛学基础上实现的一个创造性发展，在北宋中后期的新儒学各派中，程颢、程颐的思想最符合儒家整体主义、伦理本位、君父夫中心主义的思想传统，也最符合中国传统家庭、家族本位基础上的君主专制主义社会的国情。二程思想的核心特征可以从天人、心性、修养三个方面来概括。在天人论上，强调天人本一，把传统儒学的天命、天道等论述发展为生生不息、道德创造的有机整体宇宙论，赋予宇宙以生命、道德创造的本性，并且从整体论的视阈出发，把人性与天理直接同一，达到了儒学整体主义信念的顶峰。在心性论上同样强调心、性的合一，或侧重以整体性的性理纵贯统摄具体存在的心，或侧重以具体存在的心融通整体性的性理，把天然自在的宇宙生命与实然自觉的个体生命融合为一。在修养论上，以复性明心、希贤希圣为目标，或侧重明体达用的本体呈现，或侧重下学上达的豁然贯通，交相辉映出一幅道德理想主义画卷。

二程洛学是宋代新儒学兴起各派中最符合儒学传统精神，同时又最具有思想原创性的学派，但一种学术思想能够成为社会主导思想，这不仅需要学术思想上的内因，同样也离不开后世学者、统治者以至整个社会的传承、弘扬、接受、践行等诸种因缘。二程是宋代新儒学的中坚人物，不仅是儒家思想的创新者，同时也是著名的教育家，以自身的学术思想和社会声望引领当时的学术风气，吸引了一大批从学者，形成洛学一派。在北宋后期的学术界，不仅有传统的三教论争，更有新儒学内部王安石新学、苏氏蜀学、张载关学、二程洛学的学派论争，王安石新学占据官学地位盛行一时，但北宋亡国也标志着王学的没落，苏氏蜀学主要成就在文章之学，唯有二程洛学在北宋后期由小到大、由隐到显、由在野到在朝，逐渐成为最有影响的学派，最终占据了北宋以后儒家学说的主导地位，这其中离不开二程后学对二程学术思想的创承、弘扬，尤其离不开二程后学对其他学派特别是王安石新学的批判，从而在两宋之际的社会政治、学术思想的大变局中，使二程思想逐渐丰富、盛行。如果没有二程后学在两宋之际在学术、政治上的努力，宋代学术思想史的面貌就不见得会是现在这个样子。

二程后学是一个持续数代、数量众多的学者群体，其学术演进、社会影响主要显现在从二程到朱熹的时段，而到朱熹理学成熟之后，二程后学的影响逐渐衰落，所以二程后学研究的主要阶段就在程朱之间，程颐于1107年去世，朱熹生于1130年，其间大约150年。二程后学主要是传承二程学术思想，但他们也有自己的学术新创，如谢良佐"以觉论仁"是对程颢相关思想的推进，吕大临与程颐就"未发之中"反复辩难。二程后学在传承、弘扬二程学术思想的同时，逐渐形成了各具思想特色、地域特色的学术派别，杨时开创的道南学派，四传之后有朱熹这样集大成的大儒，胡安国、胡寅、胡宏父子为代表的湖湘学派在当时的学术界和社会政治上都有广泛影响。但我们也要看到，二程后学在传承、弘扬二程学术思想时，自觉不自觉地发生了对二程思想的偏离，尤其是在儒、佛之辩问题上难以接续二程对佛学的批判、超越。二程本身在学术思想上对佛、老有深入研究，而又能消化汉唐儒家经学、回归以孔孟为代表的先秦儒学真精神，在理论思维水平上得到了很大的提升。二程后学很难有二程在儒、佛之辩上的坚定立场和理论高度，所以常常自觉不自觉地在理论上倒向佛学的空寂本体和废弃人伦物理的人生取向。而在另一方面，二程后学在发展二程的社会伦理政治思想时，又容易走向忽视儒学核心价值观念的功利之路。

南宋时期的大儒朱熹作为二程的四传弟子，对二程后学从学术渊源到思想倾向作了较为全面的梳理，并站在自觉维护二程学术思想正统的立场上予以批判整合，从而形成了统治中国传统社会近千年的程朱理学。二程后学对于二程学术思想的传承、弘扬意义重大，但朱子学盛行后，程朱理学一体，把二程后学掩盖了，从而使学术思想史上这一重要历史阶段得不到清晰的梳理。从学术思想上看，朱熹对二程后学的批评有正本清源、推动儒学发展的重要意义，但也遮蔽了二程后学以至二程本身学术思想的多维发展态势，因此，梳理二程后学自身的学术思想内涵及其演进趋势，对于深入理解二程洛学、程朱理学以至儒家学术思想总体都有重要的学术意义。

关于二程后学研究，近现代的研究者已经作了一些探索，李敬峰博士的这本著作是这一研究领域的一本新作，也是一本成功之作。李敬峰博士的这本著作侧重从学术传承与思想演进的维度展开论述，以二程学术思想为逻辑基点，对二程后学的人员、地域分布、学术源流关系、学术派别形成、学术思想演进等都作了较为细致的梳理，使我们对二程之后洛学发展源流演变有了更加清晰的认识。

该论著在二程后学的源流演变上打破静态分析，注重从对二程学术思想的发展演变中把握各学派、各人物的思想发展脉络，在二程弟子的搜罗和学派分化的梳理上更完备，把二程后学演进概括为及门大弟子和学派分化两个阶段，首先论述谢良佐、杨时、吕大临、游酢、尹焞等及门大弟子的思想，而在其后则论述二程后学的分派，这符合二程之后洛学思想演进的实际，结构方式是合理的，对于传统上缺乏研究的金代洛学等的发掘具有重要的学术意义，把二程洛学以至整个儒学的时代面貌勾勒出来了。该论著在材料的搜集、整理上扩大范围，从原始材料的解读入手，在二程后学学派的分析上比前人更完备。该论著注重学术思想与社会现实的互动，对二程后学维护师门学术思想所做的种种努力作了较为细致的发掘，既有内在学术思想的传承、弘扬，也有对外在其他学派的批判，既有学术思想本身的维护，又有社会政治领域的拓展，相关研究细致深入。

该论著在二程后学思想的论述上也多有新意。在论述谢良佐的仁论时，认为其在仁与觉的关系上，继承程颢的观点，多强调两者合的一面，而在仁与爱的关系上，又继承程颐的观点，多强调两者离的一面，这样的论述把二程后学与二程思想本身在传承、演进过程中的变化深入、细致地抉发出来了。在论述杨时的性论时，揭示其在解释孟子性善论和化解现实善恶现象存在的人性论中存在的两性说，而这一思想倾向又对湖湘学派产生了重要影响，这对于理解二程洛学思想演进很有意义。在考察永嘉学派时，将其前期注重性理学与后期注重事功作了区别，在传统研究的基础上有所深化、细化，而在关于永嘉学派前期诸人的思想讨论时突出其中关于"格物致知"的论述，既肯定对朱熹等后来学者的影响，又突显其突破人伦而注重事物之理的认识，这对于理清宋代新儒学内部思想演进是细致深入的。该论著在细致研究的基础上，提出二程后学在心的认识上比前人以至比二程本人都有更清晰的认识，成为后来朱熹心性论思想的前驱，这样深入、细致的论述对于深化二程后学以至整个程朱理学的研究都是极有意义的。

该论著在二程后学与二程思想本身的关系上作了深入细致的辨析，同时又把二程后学的思想演进与南宋时期盛行的朱熹理学、陆九渊心学、永嘉事功学等的关系作了深入细致的探索，把二程后学对于南宋哲学思潮的影响清晰地勾勒出来了，对于深化宋代新儒学的思想流变具有重要的学术意义。朱熹本身是二程后学，但他不仅是二程思想与二程后学思想的传承者，同时又是宋代新儒学思想上的集大成者，该论著注重揭示二程后学与朱熹之间的学术交流、学术碰撞，如湖湘学派的论性、论仁，兼山学派的黎立武的《大学》研究等，都和朱熹思想的形成、成熟关系密切，不仅有朱熹对二程后学的批评，也有二程后学对朱熹的批评，这样的论述更加全面，相关义理的讨论更加深入细致，给后人的启发也更大。

李敬峰博士致力于二程后学研究十余年，博士论文即以此为题，博士毕业后就职于关学研究、儒学研究的重镇陕西师范大学哲学系，继续从事相关的博士后研究工作，今将学思所得整理成此系统著述，对于二程后学作了一个历史发生学意义上的深度阐释，具有重要的学术意义。李敬峰博士年富力强，学思并进，在中国哲学史研究领域已经取得了很好的成绩，希望持之以恒，猛晋不已，取得更多更好的成绩。

李祥俊
2020 年 3 月 3 日

目　录

导　论 ……………………………………………………………… 1

第一章　逻辑起点与思想渊源 ……………………………………… 6
第一节　二程洛学创立的时代背景 ……………………………… 6
第二节　二程的思想体系 ………………………………………… 10

第二章　学脉接续与思想推阐 ……………………………………… 26
第一节　二程门人概况及其特质 ………………………………… 27
第二节　程门后学与洛学复振 …………………………………… 33
第三节　谢良佐的思想 …………………………………………… 54
第四节　杨时的思想 ……………………………………………… 69
第五节　吕大临的思想 …………………………………………… 82
第六节　游酢的思想 ……………………………………………… 100
第七节　尹焞的思想 ……………………………………………… 107

第三章　学派谱系与思想旨趣 ……………………………………… 117
第一节　程门后学的学派谱系 …………………………………… 117
第二节　道南学派 ………………………………………………… 120
第三节　湖湘学派 ………………………………………………… 136
第四节　前期永嘉学派 …………………………………………… 169
第五节　兼山学派 ………………………………………………… 186
第六节　涪陵学派 ………………………………………………… 204
第七节　金代郝氏学派 …………………………………………… 219

· 1 ·

第四章　思想转化与学术走向 ………………………………… 237
　　第一节　转向闽学 ……………………………………………… 237
　　第二节　转向心学 ……………………………………………… 252
　　第三节　转向事功学 …………………………………………… 272

结　语 …………………………………………………………… 289

参考文献 ………………………………………………………… 295

后　记 …………………………………………………………… 308

导 论

英国哲学家艾耶尔说："哲学的进步不在于任何古老问题的消失，也不在于那些有冲突的派别中的一方或另一方的优势增长，而是在于提出各种古老问题的方式变化，以及对解决问题的特点不断增长的一致性程度。"[①] 艾耶尔之意是清晰明白的，那就是哲学的进步不在于问题的新旧，而在于提出解决问题的方式。

洛学是地域学派全国化的典范之一，它是由程颢、程颐共同开创的理学学派，因其长期居住并讲学在洛阳，故而得名。在近千年的理学史上，学派林立，而洛学无疑是其中的佼佼者，这个中原因也是显著明白的，那就是洛学奠基者二程本人在理学建构中的开拓性和奠基性的作用与地位。南宋学者黄震言："本朝之治，永追唐虞，以理学为根柢也。义理之学独盛本朝，以程先生为之宗师也。"[②] 当代学人冯友兰先生说："濂溪、康节、横渠虽俱为道学家中有力分子，然宋明道学之确定成立则当断自程氏兄弟。"[③] 陈来先生更进一步指出："没有二程，周敦颐、张载、邵雍的影响就建立不起来，没有二程，朱熹的出现也就不可能，没有二程，就没有两宋道学。"[④] 古今学者之论并非虚言，准确道出了二程的学术贡献和历史地位。切实而论，一方面洛学所标示的"天理"，为传统儒学确立形上依据，弥补传统儒学的短板，为新的学术形态的建构确立了根本依据；另一方面将此后理学的基本话语、范畴揭示出来，奠定了理

---

① 艾耶尔：《20世纪哲学》，上海译文出版社1987年版，第19页。
② （宋）黄震：《文渊阁四库全书》，影印本，台湾商务印书馆1986年版，第986页。
③ 冯友兰：《中国哲学史》下册，《三松堂全集》第三卷，河南人民出版社2001年版，第299页。
④ 陈来：《二程与宋代道学的文化意义》，《人民政协报》2017年4月10日。

学思想的基本格局。换而言之，追溯理学的缘起，探究理学的发生，二程洛学是无论如何都不能逾越和忽视的。

正是缘于二程洛学在宋明理学史上重要的价值和地位，学界历来不乏对二程后学的研究，出现了诸多研究扎实、新见纷呈的学术成果。这些成果为我们认识和把握二程的思想体系和脉络格局提供了丰富而有益的史料。然相对于当下朱子后学、阳明后学研究的火热和兴盛，程门后学[①]研究总体上显得过于沉寂和冷清。虽然这一领域已经引起现、当代学者牟宗三、何炳松、潘富恩、徐远和、陈来、向世陵、陆敏珍、刘京菊、王巧生、王宇等的关注和研究，然而截至到目前的研究，或失于宽泛，或不够全面，以致我们只能粗线条和轮廓式地把握二程洛学的流变，无法系统而全面地展示二程洛学的传承、演变和发展。主要呈现出以下研究特质：一是以个体研究为主，缺乏纵向和横向的比较。学术界当前的研究聚焦在"四大弟子"以及胡安国和胡宏等二程后学身上，忽视了其他弟子在诠释和发展二程思想方面的贡献；也缺乏从整体的角度对程门后学进行考察，没有注意到程门后学理论旨趣的总体趋向。二是集中在较有影响力的学派研究上。学界对程门学派的研究集中在道南学派和湖湘学派两大显学派上，而对其他学派如兼山、金代郝经学派等则基本忽略不计，且对这些同源异流的学派缺乏必要的比较，不能全面彰显二程思想的走向和差别，正如有的学者所言："地域学派研究对于厘清派别学术史主线及对时代精神的提炼有着无可比拟的优点。不过，它面临着横向比较的问题：对需要将不同学派间相似的学说加以分析比较的研究法而言，学派分类法显得不够直观，且由于叙述各学派主脉的需要，一些非正统的、在本学派内没有得到足够重视、因而未能得到进一步发挥的，但对于整个中国哲学史而言却意义非凡的观点很容易被纵向性的学术目光草草带过。与此相比较，基于逻辑的分类虽然抽象性强，较为晦涩，

[①] 一般而言，弟子主要指与学派宗师有直接授受关系的一代弟子，而后学则包含一代弟子、二代弟子、三代弟子等。就本书而言的程门后学，主要指的是二程之后、朱熹之前的程门后学，也就是所谓的从二程到朱熹之间。这样择取的原因是洛学经过朱子的整合，狭义的洛学已经很难说存在了。

但却较能理清学术史的脉络。"① 三是对已有的研究成果借鉴不够。程门后学的思想在朱子、叶适、真德秀、黄震、黄宗羲、刘宗周等学者那里已有反思和评判。同时,现代新儒家如牟宗三等借鉴西方哲学,对程门后学的思想有较为新颖的诠释和解读。当前学界的研究对他们的成果虽有所借鉴,但仍显不足。基于上述研究现状,且在学术研究日益精细和深入的当下,程门后学研究仍存相当大的发挥和研究空间,这就需要我们转换研究视角,扩大考察范围,利用新辑史料,从思想的角度切入,扩大程门后学研究的范围,对程门后学展开全面而系统的研究,同时对古人及现代学者的观点进行充分研读,借鉴研究成果,突出问题在传承过程中的纷争和实质,以期更为厚重、更为深入、更为贴近历史原貌地展现程门后学思想的演进与发展,从而进一步充实和拓展洛学史乃至宋明理学史。

在研究思路上,本书不是概论式、泛化式的研究,亦不是思想史、学术史的简单梳理和再现,而是将程门后学看作一个整体,一个活的历史存在,一个思想分化与问题争论相互交织的学术共同体进行微观和宏观相结合的研究。以是时程门后学关注和探讨的学术问题为线索,依据历史和逻辑相结合的方法,按照"渊源—推阐—建构—转化"的思想演进脉络,对程门后学思想的衍化与发展展开系统的考察,并着重借鉴以学术史、思想史为依托的研究视角,注重以原始史料为基础,既有宏观的整体考察,又有微观的具体比较;既有动态的审视,又有静态的提炼,充分利用文献考释、义理解读、思想演绎等方法,从中把握程门后学在传承与建构洛学中相关哲学问题的理论演进,揭示出程门后学思想衍化的内在逻辑、整体面貌、主导问题、义理内涵和演变脉络。

在研究方法上,台湾学者钟彩钧先生曾指出:"研究二程的思想,历来的做法,是将有关各个概念的资料加以归纳分析,更进而重构思想体系。"② 也就是说,以往学界针对洛学的研究多采用静止的哲学史进路,

---

① 王向清:《性之发端与尽心之始:先秦"心性之辨"的逻辑发展》,《湖南科技大学学报》2011年第6期。
② 钟彩钧:《二程心性说析论》,《"中央研究院"中国文哲研究集刊》1991年第1期。

借用西学的范畴论模式、框架去重新编排、组织相关史料，利用现代学术语言解读、诠释古人思想，且将思想抽离于所处的时代环境，虽有削足适履之嫌，但却便于我们最为直接简明地了解和掌握学者的思想内涵，也便于与西方哲学进行交流、融通和对话，成为时下学界广泛应用的研究范式。而这种方法的弊端亦是明显的，那就是千人一面，难以有深度、有脉络、立体而全面地展现程门后学错综复杂、多线交织的学术原貌。有鉴于此，本书在写作中，有意尝试避免和突破时下这种较为普遍的研究方法，深入原始文本史料，寻找程门后学思想演进历程中的脉络主线和问题意识。尤其借鉴当前学界关注的话语研究方法，进一步提炼和确定是时洛学所关注的核心道学话语，注重考察洛学学派话语的变迁，着眼于学术传承与思想演进，学派斗争与问题论辩之间的相互依存、相互影响，从而有理有据、有史有论地准确把握程门后学思想的差异与分化。

在史料择取上，本书面对的最大的困难是二程后学资料佚失很多，大多数重要的资料都已不存，已存的版本错乱，多无点校。如何进行正确的取舍，如何对材料加以分辨，是本书的研究难点。本书除了和既往学界研究一样，广泛使用二程后学的文集以及《宋元学案》《宋元学案补遗》《伊洛渊源录》《洛学编》等常见的学术史著作外，亦针对程门后学较多学者文献散佚的特殊情况，如谢良佐的《论语解》、侯仲良的《论语说》等，广泛搜集分布在各类文献中的史料，以期充实和完善程门后学的研究史料，如分布在朱子《论孟精义》中的谢良佐的《论语解》、侯仲良的《论语说》《孟子解》的部分史料，分布在卫湜《礼记集说》中的侯仲良的《中庸解》的部分史料等，这些史料的辑录极大地丰富和推进了程门后学的研究。更为重要的是，在具体研究中，亦突破学科壁垒，广泛采用文、史材料，通过文、史来补充和佐证哲学，力求在更为厚实的史料中寻绎出程门后学的思想体系以及理论蕴含。很显然，这种方法在具体的研究中有助于我们获得新知，得出新论。除此之外，也积极吸收和利用现当代学界的研究成果，争取在前人既有的积淀上，循着前人的足迹，将程门后学的研究打开一个新的视界，推进到一个新的高度，从而激活程门后学的研究。

在研究旨趣上，本书试图在前辈学者的研究基础上，以问题和话语的方式，细化、深化乃至具体化程门后学思想的研究，力求客观地探索和回答二程洛学是在什么样的时代背景下产生的，门人和后学是如何传承与发展洛学的，他们的思想又是如何分化，这种分化又在学术史上产生了什么影响等具体问题，进而从更为宽广的视角寻溯早期道学话语的起源和形成。我们力图在这种具体而微的探索中，做到更为细致和深入，更为丰富和立体，更为接近学术真相，而这亦是本书突破前贤所必须努力的方向。

总体而言，本书主要从思想演进的角度，以个案与学派相结合的方式来探讨程门后学思想的衍化与发展。首先从作为程门后学思想逻辑起点的二程开始，再梳理和归纳程门后学对二程洛学思想的推阐、传播和发展，最后揭示程门后学的学术走向和思想转化。借以这样贯穿始终的逻辑结构，勾勒出程门后学思想的演进脉络，揭示出程门后学思想传衍的真实面貌，展现程门后学的思想特质。尤其是本书的研究业已表明程门后学思想的衍化绝非如已有的研究成果所显示的那样简单，而是呈现出多线并进，但明道一脉独盛[①]的学术局面。

---

① 复旦大学哲学系中国哲学教研室主编：《中国古代哲学史》下册，上海古籍出版社2006年版，第437页。

第一章　逻辑起点与思想渊源

洛学作为宋明理学史上最为重要的学派之一，是有其特殊的创立背景以及颇具特质的思想体系的。而探究此问题，就成为明晰和把握程门后学思想衍化的逻辑起点。

第一节　二程洛学创立的时代背景

徐复观先生说："任何思想的形成，总要受某一思想形成时所凭借的历史条件之影响。"① 洛学自不例外，它并非凭空产生，而是有其特殊的时代背景：

一是北宋重"文"轻"武"的国策。宋代自立朝伊始，有鉴于五代十国藩镇割据所带来的经验教训，宋太祖即位之初，便从两方面入手削弱武将权利，一是"今之武臣，欲尽令读书，贵知为治之道"②；二是采取"杯酒释兵权"的平和方式逐渐限制和剥夺武将的权力，这就从根本上打压武将，形成轻"武"的政策和用人导向。与之相应的是，宋太祖开始重用儒者，据载：

>　　太祖皇帝以神武定天下，儒学之士初未甚进用，及卜郊肆类，备法驾，乘大辂，翰林学士卢多逊摄太仆卿，升辂执绥，且备顾问。上因叹仪物之盛，询致理之要。多逊占对详敏，动皆称旨。他日，

---

① 徐复观：《中国思想史论集》，上海书店出版社2004年版，第242页。
② 陈均：《皇朝编年备要》卷一，宋绍定二年刻本，第189页。

上谓左右曰："作宰相当须用儒者"，卢后果大用，盖肇于此。①

从这段话中可以看出，宋太祖对儒者的使用经历了从轻视到重用的转变，尤其太祖所确立的"作宰相当须用儒者"成为定律，被后世皇帝所沿用，更向社会释放出尊重儒者、尊重文人的积极信号。更进一步，宋太祖采取较为宽容的文化政策，通过刻立誓碑"不杀士大夫"②来保护文人，也采取"三教并用"的文化政策，允许各种流派思想和谐共存，后来仁宗的"儒以治世，佛以治心，道以修身"将此推至极致。而到宋太宗这，继续实施一篮子的文化发展策略，逐步实施盛世修典策略，在太平兴国二年（977），诏令李昉、扈蒙、徐铉、张洎等儒臣，编撰《太平御览》一千卷、《太平广记》五百卷、《文苑英华》一千卷等，推动文化的繁荣和昌盛，后继之君如真宗在景德二年（1005），诏命王钦若、杨亿、孙奭等十八人编纂《册府元龟》一千卷，宋仁宗在景祐元年（1034）又命张观、李淑、宋祁等校定整理三馆与秘阁藏书，是为《崇文总目》，著录北宋前期图书三千四百四十五部，计为三万零六百六十九卷，宋神宗又诏命儒臣搜访遗书，予以增补，宋徽宗时将其改名为《秘书总目》。历代皇帝的修典之举折射的正是对文的重视，这种治国方略自上而下地影响着整个社会，形成了宽松、包容的学术环境，为"道学"的诞生从外缘的角度提供夹持之力。

二是学风的转变。肇始于中唐时期的古文运动，至北宋时期已经初现成效，治学学风亦为之转变。也就是说，早在韩愈之时，已经开始对浮华无实的文学进行抵制和批判，认为其徒有华丽的文辞，脱离现实生活，空洞无味，难以承载圣人之道。因此，韩愈不遗余力倡导古文运动，他说："所志于古者，不惟其辞之好，好其道焉尔。"③这就是说，古文虽也推崇文辞，但更为看重是"道"，这就开风气之先，而这种风气演进至

---

① 王曾：《王文正公笔录》，载朱易安、傅璇琮等：《全宋笔记》第一编第三册，大象出版社2003年版，第267页。
② 详参杨海文《"宋太祖誓碑"与"不杀士大夫"》，《中华读书报》2010年11月24日。
③ （唐）韩愈：《上宰相书》，马其昶校注，《韩昌黎文集校注》卷三，上海古籍出版社1986年版，第175页。

宋初，以"三先生"为代表的学者继续推进这种学风，并将其从文学扩展至儒学研究、科举等领域，如胡瑗较之韩愈就更为明确地指出："国家累朝取士，不以体用为本，而尚声律浮华之词，是以风俗偷薄。"① 这就将批判的矛头指向国家科举考试，认为其取士不以体用为准，反倒追求华丽的辞藻，上有所好，下必甚焉，直接导致学风的颓废和败坏。为了针治此病，胡瑗有针对性地提出"明体达用"来扭转这种不切实用的学风。孙复深有同感地指出："国家钟隋唐之制，专以辞赋取人，故天下士人皆奔走致力于声病对偶之间，探索圣贤之阃奥者百无一二。"② 孙复痛斥的亦是科举考试取向所带来的士风败坏，致使圣人之道晦暗不明。而宋初"三先生"的另一位石介亦批判华而不实的西昆体文风，将其视为孔门大害，力主"学"必须以仁义为本，不能脱离这个根本，不能追求没有实质内容的浮华之词。这些宋初学者的不懈努力推动了学界风气的转变，逐渐形成崇道抑文的学术风气和氛围，贬斥浮华之文，凸显文以载道，将"文"拉回切实致用的轨道上来。

三是排斥佛老的思潮。佛教在两汉之际传入中国后，渐趋由星星之火发展成燎原之势，尤其在经历隋唐的长期发展和兴盛之后，至北宋，已对儒学的地位构成直接的威胁，出现"儒门淡薄，收拾不住"的局面，这从大多数士大夫皆有出入佛老数十年的经历可得到印证。而有识之士有感于儒学面临的这种危机，开始有意对佛老展开排斥和批判，开启辟佛兴儒的学术之路。当然，这种对佛老的批判虽早在宋代以前已经开始，但却只是停留在"迹"上，没有进一步深入佛学内部进行批判。而这演进至宋代，则大有改观，如宋初的石介说："佛老以妖妄怪诞之教坏乱之……吾学圣人之道，有攻我圣人之道者，吾不可不反攻彼也。"③ 石介认为，佛老以虚妄怪诞之论损害圣人之道，作为卫道者，他必须展开对

---

① （明）黄宗羲：《安定学案》，全祖望补，《宋元学案》卷一，中华书局1986年版，第25页。
② 曾枣庄、刘琳：《寄范天章书一》，《全宋文》第19册，上海辞书出版社2006年版，第246页。
③ 石介：《徂徕石先生文集》，中华书局1984年标点本，第63页。

佛老的批判。同时代的柳开亦批道："佛于魏隋之间，讹乱纷纷，用相为教。上扇其风，以流于下，下承其化，以毒于上。上下相蔽，民若夷狄，圣人之道陨然告逝，无能持之者。"① 可以看出，他们主要从伦理、功利等角度批判佛学，还未能提出有效的解决方式，但相对韩愈等从"迹"上辟佛，已有较大进步。后来的欧阳修则直接点出："然则将奈何？曰：'莫若修其本以胜之。……然则礼义者，胜佛之本也。今一介之士知礼义者，尚能不为之屈，使天下皆知礼义，则胜之矣'。"② 这里，欧阳修不再像以往的学者那样通过焚书、灭迹、还俗等形式来排佛，而是主张从根本处入手，虽然欧阳修所说的"根本"还不是后来张载、二程所要建构的形上本体，仍然停留在儒家伦理上。通过上面的分析，我们可以看出宋初、中期的排佛已经开始变得深入，这就为后来二程从佛教最为擅长的存在论和心性论上展开辨难和建构做好了理论铺垫。

四是经学的转向。"中国哲学家取历史或经典诠释方式阐发义理，其每一时代思想系统之差异，乃由于其所注重经典之不同和诠释原则之变化。……诠释原则的变化，一则由于现实境况或历史际遇的不同，一则由于外来思想的冲击。"③ 此语不虚，准确抓住了中国哲学范式转变的要义。众所周知，汉唐儒学倚重五经，解经方法上以训解名物为主，形成"疏不破注"的治经氛围，师法、家法延绵不绝，精于训诂，流于烦琐，恪守古训，不逾规矩，终成不切实用之学，背离经学"经世致用"的初衷，以致出现"经学自唐以至宋初，已陵夷衰微也"④ 的学术现状，但这种局面到庆历年间已有改观，"自汉儒至于庆历间，谈经者守训故而不凿。《七经小传》出而稍尚新奇矣。至《三经义》行，视汉儒之学若土梗"⑤，这就是说，经学到庆历年间，已经开始发生实质性的转向，学界开始质疑和鄙弃汉唐注疏之学，因为他们深深认识到"章句训诂不能尽

---

① 柳开：《答臧丙第一书》，《宋人文集》卷一，载傅云龙、吴可主编《唐宋明清文集》第1辑，天津古籍出版社2000年版，第14页。
② （宋）欧阳修：《本论中》，《欧阳修全集》卷六十，中华书局2003年版，第289—290页。
③ 李景林：《教化的哲学》，黑龙江人民出版社2006年版，第31页。
④ 皮锡瑞：《经学历史》，周予同校注，中华书局2012年版，第156页。
⑤ 皮锡瑞：《经学历史》，第156页。

餍学者之心"①，故开始转向义理解经的方式重新诠释经典，以求重新发挥经典之"经世致用"的作用。而刘敞所作的《七经新义》无疑开义理治经的先河，成为治经方式转变的重要标志。当然，不仅是诠释方法的转变，与之相随的则是经典依据亦在悄然发生变化，宋代建立以后，《五经》之学虽然仍占据科举考试的主流地位，但"四书"的地位亦在不断升格。早在韩愈、李翱之时，已经开始推崇《大学》《中庸》，并在北宋地位获得进一步的抬升。同时，《孟子》亦在经过激烈的尊孟和非孟的争辩之后，由子入经，至后来朱子合刊四书，正式确定"四书"之名，并于元代正式列入科场程式。当然这并不是简单的经典地位变化那么简单，而是直接预示着新的学术形态的即将到来。

以上这些因素综合构成二程洛学建构的时代背景，正是因为二程之前历代学者的累积、创辟之功，为二程洛学的诞生提供了有力的积淀，正如黄震所言的"本朝理学虽至伊洛而精，实自三先生而始，故晦庵有伊川不敢忘三先生之语"②。当然，这只是二程洛学建构的外缘因素，更为重要的是二程本人的以道自担，我们将在后面展开系统论述。

第二节 二程的思想体系

在理学的建构历程中，二程应该是探索型、问题型的哲学家，而非集成型、体系型的哲学家。二程以道自担，对传统儒学进行范式转换，使传统儒学发生新的面向。但是他们在洛学学派中只是创设者的角色，洛学学派的真正传衍与发展则有待其众多弟子来完成。程门弟子在师从二程之后，依各自所理解的二程，进行思想的传播和诠释。因此，二程的思想就构成了程门后学思想的"底色"、思考的逻辑起点。

回到洛学建构者那里，洛学虽由二程兄弟共同开创，但他们的思想并非毫无二致，而是有明显的差异。对于两者之异同，在二程本人看来，

---

① 皮锡瑞：《经学历史》，第156页。
② （明）黄宗羲：《泰山学案》，全祖望补，《宋元学案》卷二，中华书局1986年版，第73页。

并不以为然。程颢曾说:"异日能尊严师道者,是吾弟也。若接引后学,随人才而成就之,则不敢让焉。"① 可见,程颢主要从外在气象而非思想见解上论与其弟的异同。程颐的表述则更为明确,他说:"我昔状明道先生之行,我之'道'盖与明道同。异时欲知我者,求之于此文可也。"② 他认为他与明道的思想在终极的"道"上是一致的。不仅思想原创者本人,即使如传承者——二程的绝大多数弟子及其后学也对二程思想予以无差别的认识。③ 然思想的传承,必会因时代主题的变迁与转换和传承者的偏重与觉悟不同而发生流变,即使从学一师的阳明后学,在阳明身后也衍生出诸多学术流派,更何况是从学二师的程门后学。他们皆在有意或无意当中,推动和加速洛学的分化,并以地域或道统形成不同的学派,道学门户遂渐趋而成。尤其到近现代,随着冯友兰先生以理学与心学的创始者区分二程④,二程的异同被其他学者更加明确地区分,甚至到无以复加的地步。当然,作为独立的个体存在,二程思想不可能如出一辙,是毫厘之差还是截然相反,且在什么意义、什么层次的差别是需要探究的。本书以二程核心思想为立足点,不做全面铺开,借鉴前人的研究成果,着重考察二程思想的核心差异,从而为分析程门后学思想的分化和走向提供理论源泉和模型。

---

① 朱杰人等主编:《伊洛渊源录》卷四,《朱子全书》(修订本)第12册,上海古籍出版社、安徽教育出版社2010年版,第971页。
② 朱杰人等主编:《伊洛渊源录》卷四,《朱子全书》(修订本)第12册,第971页。
③ 在二程的众多门人后学中,较为明确地指出二程不同的是郝经,他说:"千载而下,闻而知之,纯诚静厚,尽性知天,笃恭徽章怒,形履实践,含章蕴道而立极,知几乘化而诣圣,振霜风而不槁,纳万物于一春,陨乎其顺,渊乎其奥,混涵汪洋,不露圭角,得颜氏之学,学者宗之,明道先生也。千载而下,闻而知之,高明正大,独造自得,穷神知化,以道自任,忧天下之不行,耻一人之不知,举世非之而学益粹,霆碎电折而志益坚,汇源委于六经,集大成于一《易》,传圣之心,续道之统,得孟氏之学,学者宗之,伊川先生也。"(郝经:《宋两先生祠堂记》,《陵川文集》卷二十七,山西古籍出版社2006年版,第385页)可见,郝经主要是从二程两人的气象以及学术造诣的角度来评述两者的不同,还未深入论述两者学术的差异。
④ 冯友兰先生说:"二人之学,开此后宋明道学中所谓程朱陆王之两派,亦可称为理学心学之两派。程伊川为程朱,即理学一派之先驱,而程明道则为陆王,即心学一派之先驱也。"[冯友兰:《中国哲学史》(下册),华东师范大学出版社2000年版,第238页]关于学界对"二程异同"的评述,可参见彭耀光《近百年来二程哲学思想异同研究述评》,《哲学动态》2007年第6期。

一 "性即理"与"心是理"

唐代李翱说：

> 性命之书虽存，学者莫能明，是故皆入于庄、列、老、释。不知者谓"夫子之道不足以穷性命之道"，信之者皆是也。①

李翱之言准确描绘了儒学在当时历史中的境遇，即因为不言"性命之学"，故而无法与佛老抗衡。因此，二程所要努力的方向即是为儒家的心性之学建构形而上的基础，黄百家说：

> 先生自道"天理二字，是我自家体贴出来。"而伊川亦云"性即理也"，又云"人只有个天理，却不能存得，更做甚人。"两先生之言如出一口，此其为学之宗主，所以克嗣续洙泗而迥异乎异氏之灭绝天理者也。②

黄氏从二程在思想上的独创性入手，认为二程之功是一样的，都在于高标"天理"。二程承接孔孟，重续道统，敏锐地意识到儒学的短板所在：即形而上的缺失和因此造成的心性论的粗糙。二程高标'天理'，以此作为建构心性论的形上根源，这实是儒学理论形态之一大转折。关于二程"天理"的论述，学界已有详尽研究，此不再赘述。虽在二人哲学中，偏重有所不同，但共同性亦展露无遗。二程首先清除"理"的主观性色彩，完全置"理"于客观层面，认为"理"是"不为尧存，不为桀亡"的。其次"理"则是下贯于人和万物的，是人和万物的本质规定。其不同处在于：程颢强调"理"与"物"的不可分离性，这本身与其不注重形上、形下之分相一致。而程颐则相反，认为"理"可离物独存。也就是说，

---

① 李翱：《复性书》上，《李文公集》，《四部丛刊》，（上海）商务印书馆1919年版，第34页。
② （明）黄宗羲：《明道学案》（下），《宋元学案》卷十四，全祖望补，第580页。

二程之分歧不在于对"天理"的设定上,而在于"天理"呈现、落实上出现差异。

言"理"言"气"并非二程所首创,但二程超越前人之处就在于明确以理气建构心性论的形上本体。理学心性论的超越之处就是把心、性、仁等心性论内容与理、气结合创设新形态的心性论。二程在把天理落实到心性层面上出现不同的面向。程颢是浑圆型的哲学家,他将心、性、天、理打并为一。他说:"道即性也;若道外寻性,性外寻道,便不是。"① 他认为,"道"与"性"是同一的。又说:"天者,理也"②,这是以"理"释天。另从他对形而上与形而下的论述中亦可以印证他的哲学气质。他说:"彻上彻下,不过如此。形而上为道,形而下为器。须着如此说。器亦道,道亦器。"③ 程颢是在讲合一的前提下作形上与形下的区分,他认为器就是道的朗现。这些都足以体现出程颢浑然一体的哲学特质。

当天道下贯到人时,他认为:"曾子易箦之意,心是理,理是心,声为律,身为度也。"④ 这是程颢将"心"等同于"理"的明确表达,但不是后来陆九渊所说的"心即理"⑤。"心即理"之"即"有两层意思:"是"和"相即不离"。显然程颢说的是第一层意思。对"心"与"理"关系的回答,是任何一个理学家都无法回避的问题。⑥ 对于程颢的"心是理",学界亦是众说纷纭。⑦ 程颢这里的"心"当然指的是"本心",

---

① (宋)程颢、程颐:《河南程氏遗书》卷一,《二程集》,中华书局1981年版,第1页。
② (宋)程颢、程颐:《河南程氏遗书》卷十一,《二程集》,第132页。
③ (宋)程颢、程颐:《河南程氏遗书》卷一,《二程集》,第4页。
④ (宋)程颢、程颐:《河南程氏遗书》卷十三,《二程集》,第139页。
⑤ 遍及《陆九渊集》,陆九渊也只有一处明言"心即理","四端者,即此心也;天之所以与我者,即此心也。人皆有是心,心皆具是理,心即理也。"(参见陆九渊《与李宰二》,《陆九渊集》卷十一,1980年版,第149页)
⑥ 陈来先生说:在整个宋明理学中,"心"与"理"之间的关系是基本哲学问题之一。……对心、理问题的解决是理学以"本体—工夫"为基本结构的全部体系的决定基础,也是新儒家知识分子精神生活的基本进路。参见陈著《有无之境:王阳明哲学的精神》,生活·读书·新知三联书店2009年版,第22页。
⑦ 陈来先生认为程颢并不像陆九渊那样强调心即是理,也不像王阳明那样主张心外无理。(参见陈著《宋明理学》,华东师范大学出版社2004年版,第70页)陈氏之说并非否定程颢之说的意义,只是认为程颢主要强调的是境界意。

从应然角度讲,"本心"就是"理",就是"性",而非"本心"合于"理"。

程颐则与程颢的进路不同,他属于分析型的哲学家。在把天道(理)落实到"人"身上时,他说:"性即理也。所谓理,性是也。天下之理,原其所自,未有不善。"① 又说:"性即是理,理则自尧舜至于涂人,一也"②,程颐直接把"性"等同于"理",并且"理"是没有对象差异性的,它含摄万物。"理"是至善无恶的,同样"性"也是纯善的。他又说:"在天为命,在人为性,论其所主为心,其实只是一个道"③,程颐认为,命、性、心其实都是对宇宙法则的不同侧面的解读,实际上都是为一的。显然,程颐认为心、性、命等是有区别和联系的。虽然在其哲学中亦有"心即性"的说法,但需要注意的是,对于程颐的"心即性"需要置于具体的语境之中分析,程颐当然也可以讲"心即性",但却需要经过一段工夫方可达到。在程颐的哲学中,"性即理"的真实内涵是"性"是天理赋予人和物者,人和物都是禀天理而生,而这个"理"存于"心"中,但"心"并不直接就是"理",而"性"才是"理",程颐此说受到朱子的赞赏:

> 程子云"性即理也",此言极无病。④
> 伊川"性即理也"四字,颠扑不破,实自己上见得出来。⑤

朱子服膺程颐的"性即理",认为其乃程颐自己发见出来,与横渠之说乃颠扑不破之真理,朱子在自己的哲学中亦对此肯认无疑,成为其哲学体系建立的基础,至明代薛瑄总结道:

> 孟子言性善,扩前圣人之未发。程子"性即理也"与张子论

---

① (宋)程颢、程颐:《河南程氏遗书》卷二十二上,《二程集》,第292页。
② (宋)程颢、程颐:《河南程氏遗书》卷十八,《二程集》,第204页。
③ (宋)程颢、程颐:《河南程氏遗书》卷十八,《二程集》,第204页。
④ 朱杰人等主编:《朱子语类》卷五,《朱子全书》(修订本)第14册,第227页。
⑤ 朱杰人等主编:《朱子语类》卷五十九,《朱子全书》(修订本)第16册,第1889页。

"气质之性",又扩孟子之未发。至朱子荟萃张、程之论性,至矣。①

此足见程颐"性即理"一语在哲学史上的地位。总而言之,二程在某种程度上都呈现出对心性的不加区分,程颢意更为明显,程颐虽有意区分,但仍然有混淆之处。② 在对"理"的呈现上,二程出现分歧,一是心;一是性。虽然二程均有混淆之嫌,但这也显示出理学在初创期时的复杂和多面。

二 性（心）、情二分与心、性、情分设

心、性、情的关系是宋明理学心性论所着力探讨的,如张学智先生所说"它对一个哲学家的致思倾向和修养实践起着比理气论更为直接和显著的作用"③。二程在心、性、情关系上的主张不尽相同。程颢因其浑然,故不注重概念之分析,而凸显其整体性,程颐则尤为注重概念之清晰明确。而这分歧实与其本体论之分歧相关联。

遍览二程著作,程颢论"心"甚少,这并非是程颢有意为之,实与其不重心、性之分设有关。在其代表性著作《定性书》中,虽名义为"性",但对应的实是"心",朱子说:

> 舜弼问《定性书》也难理会,曰:也不难。定性字说得也诧异,此性字是个心字意,明道言语甚圆转,初读未晓得,都没理会,子细看却成段相应,此书在鄠时作年甚少。④
>
> 问:"《定性书》是正心诚意功夫否?"曰:"正心诚意以后事。"⑤

---

① 薛瑄:《读书录续录》卷五,文渊阁四库全书,台湾:商务印书馆1986年影印版,第793页。
② 程颐亦有"心即性"之说,他说:"孟子曰'尽其心,知其性'。心即性也。"(程颢、程颐:《河南程氏遗书》卷十八,《二程集》,第204页)劳思光认为此处所谓"心即性"指的是人之有"自觉主宰"之能力,即人之"本性"也。虽如此,但劳思光亦承认程颐有将"心"与"性"二字混淆,与明道相似。(参见劳思光《新编中国哲学史》卷三上,广西师范大学出版社2006年版,第174—175页)
③ 张学智:《明代哲学史》,北京大学出版社2000年版,第324页。
④ 朱杰人等主编:《朱子语类》卷九十五,《朱子全书》(修订本)第17册,第3209页。
⑤ 朱杰人等主编:《朱子语类》卷九十五,《朱子全书》(修订本)第17册,第3214页。

也就是说,"定性"实质就是"定心"的问题。这已经是学术界的共识。程颢认为"心"因"憧憧往来,朋从尔思"而陷入无限纷扰之中,这源于"心"累于外物,程颢并不因此而断绝"心"对物的关照,相反,他要求抛弃"自私用智"之心,用"大公之心"去应物接物。当然,程颢所说的也不是二心,仍然是一心,牟宗三先生以"本心"和"习心"区分程颢的"圣人之心"与"自私用智之心"①,观程颢之思想,其确实是强调"本心"的,否定"自私用智"之私心。

对于"情",程颢不仅没有否定,反而肯定"情",而非如魏晋玄学那样否定"情"。他说:"圣人之常,以其情顺万物而无情……圣人之喜,以物之当喜;圣人之怒,以物之当怒;是圣人之喜怒,不系于心而系于物也。"② 在程颢看来,圣人不是没有"情",只是没有"私情",圣人之喜怒哀乐不是因"一己之心"而发,乃是循物而发,当喜则喜,当怒则怒。如孔子哭颜渊、舜担忧象等,都是"情"顺万物的体现。"心"与"情"之关系乃"心"循理而显其"情"。可见,在程颢哲学中,他对心、性没有明确的界定,但却肯定"情"的存在。

较之程颢,程颐作为分析型的哲学家,他的心性论尤其注重概念的分析。程颐主张理、气二分而又浑然一体,"理"赋予人而为"性",故程颐主性、气分设去建构天命之性和气质之性,而这种分设不仅解释善的根源,同时也阐释恶的产生。"气质之性"与"情"相联,程颐说:"性之本谓之命,性之自然者谓之天,自性之有形者谓之心,自性之有动者谓之情,凡此数者,皆一也。"③ 程颐认为"性"是"天"所命与人的,但它不是空无着落的,它落实到人的载体即是"心",据此可看,"心"是"性"载体,"性"以"心"显,这就是"自性之有形者谓之心",那么"心"动之就是"情"。在"性"与"理"之关系上,他明确提出"性即理":

---

① 牟宗三:《心体与性体》(中),上海古籍出版社1999年版,第196页。
② (明)黄宗羲:《明道学案》(上),《宋元学案》卷十三,全祖望补,第547页。
③ (宋)程颢、程颐:《河南程氏遗书》卷二十五,《二程集》,第318页。

问:"人性本明,因何有蔽?"曰:"此须索理会也。孟子言人性善是也。"

"虽荀、扬亦不知性。孟子所以独出诸儒者,以能明性也。性无不善,而有不善者才也。性即是理,理则自尧、舜至于涂人,一也。"①

又问:"性如何?"曰:"性即理也。所谓理,性是也。天下之理,原其所自,未有不善。喜怒哀乐未发,何尝不善?发而中节,则无往而不善。"②

程颐在此为"人性"提出新的来源,即人的道德理性是来源于先在的理。在此意义上,"性"与"理"是同一的,作为理学家,程颐亦必须对"心"与"理""性"之关系予以回应。程颐的观点是"性具于心"或"心具理",此从其所言"自理言之谓之天,自禀受言之谓之性,自存诸人言之谓之心"③ 可以得到反映。这无疑是从存在论的角度对心性关系的最直接的表述,他进一步论道:

心一也,有指体而言者(注:寂然不动是也),有指用而言者(注:感而遂通天下之故是也)。④

问:"心有善恶否?"曰:"在天为命,在义为理,在人为性,主于身为心,其实一也。心本善,发于思虑,则有善有不善。若要发,则可谓之情,不可谓之心。譬如水,只谓之水,至于流而为派,或行于东,或行于西,却谓之流也。"⑤

这是程颐在与吕大临辩论后的说法。程颐之意并不费解,"心"不论是从体言,还是从用言,都是这一个。"心"之不动之体无疑指"性","心"

---

① (宋)程颢、程颐:《河南程氏遗书》卷十八,《二程集》,第204页。
② (宋)程颢、程颐:《河南程氏遗书》卷二十二上,《二程集》,第292页。
③ (宋)程颢、程颐:《河南程氏遗书》卷二十二上,《二程集》,第296—297页。
④ (宋)程颢、程颐:《与吕大叔论中书》,《河南程氏文集》卷九,《二程集》,第609页。
⑤ (宋)程颢、程颐:《河南程氏遗书》卷十八,《二程集》,第204页。

之发用当然指"情",程颐此处的说法已经类似于张载的"心统性情"。由此,程颐在思想的成熟期对心、性、情予以明确的分设,已经与程颢思想呈现出不同的旨趣。在应然层面上,二程皆主心、性为一,程颢主张浑然一体,在心、性、理上融通为一,甚至有将应然直接当作现实的倾向。而程颐则走分析的路数,对心性论诸元素及概念予以清晰界定,他的心性论哲学仍须通过切实的工夫来体证。程颢虽未明确表述心性关系,但可由其理论推导出"本心即性"说。

在性、心与仁的关系上,二程亦出现明显的分歧,程颢认为"仁"就是心体,就是"性",就是"天理"。程颢虽未明确提出"以觉言仁",但已有思想的苗头,他说:

> 医书言"手足痿痹为不仁",此言最善名状。①
> 医书有以手足风顽谓之四体不仁,为其疾痛不以累其心故也。夫手足在我,而疾痛不与知焉,非不仁而何?②

程颢以医书为例,认为手足乃人身一部分,麻痹之人不能感到手足的存在,就像人不能感到本与其为一体的万物的存在。程颢把"仁"的境界较之先前儒学提高到宇宙本体的境界,人唯有如此之境界,能识此理,自然无人己、人物相隔。当然这里需要有一个预设的前提,就是人与万物的本体是共同的,所以仁者才可能体会到人与万物一体流行。程颢此意实是承孟子"万物皆备于我",并明确提出和升华。程颢在这里强调"觉"与"仁"的关联,其实也就是强调"心"与"仁"的关系,因为"觉"本身就是"心"之功能。正是程颢的这种诠释,为后学的分歧埋下伏笔。

而对于程颐,他强调"仁"与"心"的分别,他说:

> 问:"'仁'与'心'何异?"曰:"心是所主处,仁是就事言"。

---

① (宋)程颢、程颐:《河南程氏遗书》卷二上,《二程集》,第15页。
② (宋)程颢、程颐:《河南程氏遗书》卷四,《二程集》,第74页。

曰:"若是,则仁是心之用否?"曰:"固是。若说'仁者,心之用'则不可。心譬如身,四端如四肢,四肢固是身,所用只可谓身之四肢,四端固具于心,然亦未可便谓之心之用。或曰'譬如五谷之种,必待阳气而生'",曰:"非是阳气发处却是情也,心譬如谷种,生之性,便是仁也。"①

程颐认为"心"与"仁"是有区别的,"心"是就所主处而言,而"仁"是在事上言,故说"仁"是"心"之发用是可以的,但以"心之用"来定义"仁"则不可。他以"身"与"四肢"来譬喻"心"与"四端"的关系,又以"谷种"来加以说明,认为"仁"只是"心"的特性。

同时,他通过反对"以爱言仁""以觉言仁"来区分"仁"与"心""情"的区别,他说:

> 义训宜,礼训别,智训知。仁当何训?说者谓训觉、训人,皆非也。当合孔孟言仁处,大概研穷之,二三岁得之,未晚也。②
> 仁者必爱,指爱为仁则不可。不仁者无所知觉,指知觉为仁则不可。③

程颐明确反对"以觉训仁",仁与"觉""爱"只能单向度地诠释,而不能互释。他主张仁属性,爱属情。他说:

> 孟子曰:"恻隐之心,仁也。"后人遂以爱为仁。恻隐固是爱也,爱自是情,仁自是性,岂可专以爱为仁?④

程颐的区分无疑是深刻的,若坚持"以爱言仁",就是"以情为性",故须加以区别,但程颐反对以"爱"为"仁",亦在程门后学中引起误解和

---

① (宋)程颢、程颐:《河南程氏遗书》卷十八,《二程集》,第183—184页。
② (宋)程颢、程颐:《河南程氏遗书》卷二十四,《二程集》,第314页。
③ (宋)程颢、程颐:《河南程氏粹言》卷一,《二程集》,第1178页。
④ (宋)程颢、程颐:《河南程氏遗书》卷十八,《二程集》,第182页。

争论，后文会详加疏解。可看出，程颢与程颐在"仁"属"性"上是没有分歧的，区别在于程颢认为"仁"是"性"，是"理"，是"心"，是融通为一的；程颐则对"仁"与"心"进行区分，反对以"心"释"仁"。总而言之，在程颢与程颐那里，对心、性和情关系认识是不同的，程颢强调本心，主张本心即性；而程颐则以未发已发区分心，未发为性，已发为情，而心则贯通未发已发。两者的差异到朱、陆那更加显豁地彰显出来。

三 明体而达用与下学而上达

学界在评论二程思想的差异时，认为二程之不同主要在于其工夫论。① 这不无道理，但亦应注意到他们在本体下落心、性之区别，因为正是这方面的不同，导致工夫论出现差异。虽如此，但在最终目的上二者却是一致的，都是要实现成圣成贤或圣贤气象。但其区别正是在如何达之的路径上。唐枢②说：

> 明道之学，一天人，合内外，已打成一片。而伊川居敬又要穷理，工夫似未合并，尚欠一格。③

此虽赞明道贬伊川，但已从工夫论角度加以剖析。在心性修养路径上，二程确有实质性的分歧。程颢注重直接从本体入手，然后由此达"用"，即"明体达用"，这其实是对以胡瑗为代表的"宋初三先生"所一直主张的"明体达用"之精神的肯认和回归，但必须注意的是，他与胡瑗的"明体达用"意义是不一样的，胡瑗的"体"不指向本体，而程颢则是在本体意义上讲。他工夫论中最为主要的"识仁"即是明证。

---

① 李景林：《教化的哲学》，黑龙江人民出版社2006年版，第429页。
② 唐枢（1497—1574年），字惟中，号子一，人称"一庵先生"，归安（今湖州）人。湛若水弟子，著有《木钟台集》。
③ （明）黄宗羲：《伊川学案》（下），《宋元学案》卷十六，全祖望补，第653页。

第一章　逻辑起点与思想渊源

程颢首倡学者之工夫落脚处乃在于"识仁",① 并把"仁"作为众德之首,将"仁"之境界定义为"浑然与物同体",他又说:"仁者以天地万物一体,莫非己也,认得为己,何所不至?"② 程颢认为"仁"与大千世界是一体的,个体与宇宙不再是相隔相断的,而是息息相关的,最终实现"天人合一"之境界。而在这种境界中,他能感受到自己与万物的息息相通,否则就是麻木不仁。他说:

> 若夫至仁、则天地为一身,而天地之间,品物万形为四肢百体。夫人岂有视四肢百体而不爱者哉?③

程颢的重点不在于分析"仁"的内涵,重要的是如何"识仁"。他认为学者首要之务在于"识仁"。"识仁"之意就是在本心显现时,体认"仁",也就是体认天理。明道在这里实际上是即本体即工夫的,在体认本体之时,工夫即涵在此中。程颢的这一思路为其后学开辟了新的思考方向。对于此,后来学者抨击甚多,朱子说:"明道言'学者须先识仁一段'说话极好,只是说得太广,学者难入。"④ 朱子对程颢的不满主要在于其"识仁"乃地位高者事,学者难以把握。又说:"圣人只说做仁,如克己复礼为仁,是做得这个模样便是仁,上蔡却说知仁、识仁,煞有病。"⑤ 此处虽未直接批评程颢,但对上蔡的批评间接指向的是程颢。辩论讲究同一律,朱子不能认同程颢之识仁说,终极原因在于对"识仁"的非同一层次的解读。⑥

程颢工夫论的另一支点即是"定性"。而"定性"的实质就是"定

---

① 黄宗羲说:"明道之学,以识仁为主。"[参见(明)黄宗羲《明道学案》(上),《宋元学案》卷十三,全祖望补,第542页]
② (宋)程颢、程颐:《河南程氏遗书》卷二上,《二程集》,第15页。
③ (宋)程颢、程颐:《河南程氏遗书》卷四,《二程集》,第74页。
④ 朱杰人等主编:《朱子语类》卷九十七,《朱子全书》(修订本)第17册,第3266页。
⑤ 朱杰人等主编:《朱子语类》卷四十一,《朱子全书》(修订本)第15册,第1476页。
⑥ 此处认同郭晓东先生的分析,他认为对于明道来说,仁是心体,是理,是性,可以通过自身之流行来彰显自身。另在明道哲学中,识是体认之意,而在朱子哲学中,识乃认知,识仁只能是工夫以后的效验,而非工夫入手处。参见郭晓东《识仁与定性——工夫论视域下的程明道哲学研究》,复旦大学出版社2006年版,第120—121页。

心"，也即如何使纷扰的"心"安定下来，以便自然应物而不累于物。程颢反对关学强力把捉之工夫，主张通过"内外两忘"达至"廓然而大公"，从而实现"物来而顺应"之境界。在这里，程颢反对内外之分，而是将其打并为一。他的"定心"工夫显然具有守约内求之特征。他说：

> 学者不必远求，近取诸身，只明人理，敬而已矣，便是约处。①
>
> 且省外事，但明乎善，惟进诚心，其文章虽不中不远矣。所守不约，泛滥无功。②
>
> 只心便是天，尽之便知性，知性便知天，当处便认取，更不可外求。③

程颢此三句话意在表明学问之道，须于心体之当下流行处，体认不放，不要执著于外，不可外求，而要"且省外事"，使心日诚，进乎至善，在"本心""仁"呈露之时，以诚敬存之，方能守约，否则必将泛滥无功。程颢之意在于消除专意外求而不知守约所带来的不实与茫然，同时也将心性工夫简化至内省一边。程颢之工夫主张直接从本源入手，不是工夫凑合本体，而是即本体即工夫，体认本体就是工夫。当然，在程颢这里，他并没有如佛教那样完全斩断"体"与"用"的关联，而仍是"明体达用"的。

程颐之工夫路径与程颢恰恰是相反的，他主张下学而上达。心与性本然合一，但由于受气禀和物欲的影响，心性时常处于分离之状态，如何恢复心性合一，乃是程颐工夫论所致思的重要方向。程颐的工夫论总体特征是下学而上达。具体之路径就是"涵养须用敬，进学则在致知"④，他强调的是从内外两面用功，通过在下学工夫上的用力，从而上达本体。程颐对《中庸》之未发已发做出新的阐释，他思想成熟期认为心是分为

---

① （宋）程颢、程颐：《河南程氏遗书》卷二上，《二程集》，第20页。
② （宋）程颢、程颐：《河南程氏遗书》卷二上，《二程集》，第20页。
③ （宋）程颢、程颐：《河南程氏遗书》卷二上，《二程集》，第15页。
④ （宋）程颢、程颐：《河南程氏遗书》卷十八，《二程集》，第188页。

未发、已发的①，未发、已发时皆须工夫。在未发时，需要涵养，而涵养之法就是"敬"。程颐认为"敬"是在"心"上做工夫：

> 伯温问："心术最难，如何执持？"曰："敬。"②

当然，这只是程颐从内在的角度来论述"敬"，要使心保持清虚灵明，应物而不累于物，须以"主一无适"来达致内心的"敬"。他说：

> 敬，只是主一也。主一则既不之东，又不之西，如此则是中；既不之此，又不之彼，如此则只是内；在此则自然天理明。③
> （尹焞）先生曰："初见伊川时，教某看敬字，某请益。"伊川曰："主一则是敬。"④
> 所谓敬者，主一之谓敬。所谓一者，无适之谓一。且欲涵泳主一之义，一则无二三矣。⑤

程颐以"主一"来标示敬。"主一"指内心要有所主，保持心的虚灵不昧，不受外物牵引。无主，则易导致是非邪僻、私欲恶念的侵入。当然需要明确的是，主一并不是泛指心专于一处，专于一事，而是要"收敛身心"，不四处走作，这就是所谓的"敬则是不私之说也。才不敬，便私欲万端害于仁"⑥。他接着说：

> 人心不能不交感万物，亦难为使之不思虑。若欲免此，惟是心有主。如何为主？敬而已矣。有主则虚，虚谓邪不能入。无主则实，

---

① 程颐说："凡言心者，指已发而言，此固未当。心一也，有指体而言者，有指用而言者，惟观其所见如何耳。"（宋）程颢、程颐：《与吕大临论中书》，《河南程氏文集》卷九《二程集》，第609页。
② （宋）程颢、程颐：《河南程氏遗书》卷二十二上，《二程集》，第279页。
③ （宋）程颢、程颐：《河南程氏遗书》卷十五，《二程集》，第149页。
④ （宋）程颢、程颐：《河南程氏外书》卷十二，《二程集》，第433页。
⑤ （宋）程颢、程颐：《河南程氏遗书》卷十五，《二程集》，第148页。
⑥ （宋）程颢、程颐：《河南程氏遗书》卷十五，《二程集》，第153页。

> 实谓物来夺之。大凡人心不可二用，用于一事，则他事更不能入者，事为之主也。事为之主，尚无思虑纷扰之患。若主于敬，又焉有此患？①

这其实是对心有所主的再次强调，程颐认为"心"是必然要应物的，"心"有主，如此便无思虑纷扰之患，如他说："若主于敬，则自然不纷扰，譬如以一壶水投于水中，壶中既实，虽江湖之水，不能入矣。"② 可看出，程颐与程颢一样，他们面对的问题是一样的，都是要解决"心"如何不受万物纷扰的困惑，程颢开的方子是"定性"，而程颐则提出"主敬"。对于如何切实下手做去，他说：

> 有人旁边做事，己不见，而只闻人说善言者，为敬其心也。故视而不见，听而不闻，主于一也。主于内则外不入，敬便心虚故也。必有事焉，不忘，不要施之重，便不好。敬其心，乃至不接视听，此学者之事也。始学，岂可不自此去？至圣人，则自是从心所欲不逾矩。③

程颐主张初学者首先需要敬其心，使心保持虚的状态，然后达至"不接视听"的境地。而到圣人则已经到纯熟的境界，自然不必强力把捉，达到"从心所欲不逾矩"。当然，程颐与其他人的区别就是，他认为外在的"敬"亦可以促使内心的"敬"，故他的"主敬"是要从内外两方面入手。

"敬"只是克去己私，保持内心的清明虚灵，缺乏"知"的一面，故需要"格物致知""集义"的工夫，这就是所谓的"敬义夹持"。当然，格物不是格一物，也不是反身而诚，而是要"今日格一件，明日格一件，积习既多，然后脱然自有贯通处"④。对于物，程颐也给予明确的界定，

---

① （宋）程颢、程颐：《河南程氏遗书》卷十五，《二程集》，第153页。
② （宋）程颢、程颐：《河南程氏遗书》卷十八，《二程集》，第191页。
③ （宋）程颢、程颐：《河南程氏遗书》卷十五，《二程集》，第154页。
④ （宋）程颢、程颐：《河南程氏遗书》卷十八，《二程集》，第188页。

他说,"凡眼前无非是物,物物皆有理,如火之所以热,水之所以寒,至于君臣父子间皆是理"①,程颐的"物"既指人伦,也包含外在的万物。这就比程颢所强调的"格物之理,不若察之于身,其得尤切"② 要全面。程颐的工夫路径明显符合孔子"下学而上达"的主旨,主张通过日积月累的工夫自然上达天理。总之,二程的工夫都是在面对弟子关于如何使纷乱杂扰的心安定下来提出来的,但却走向两个不同的方向,程门后学则加速和扩大两者的分歧。但必须明确的是,他们是"殊途同归"。

综上分析,二程在思想上的分歧是明显的。他们在天理本体上是一致的,但在本体与心、性、仁关联时,出现分歧,而这种分歧亦导致对心、性、情关系的不同认识,并最终在工夫论上将分歧扩大。源流的差异及弟子因资质和兴趣对师道理解的偏差,导致程门后学出现分化,而这种分化正源于在思想上的不同见解。二程的独特之处就是为先秦以来儒家的心性之学提供终极依据和论证,而二程在完成论证之后,弟子、后学围绕不同的兴趣点,展开叙述,形成二程之后多线并进的学术发展格局,后来的南宋朱子理学、陆九渊心学、永嘉事功学派等不同学派皆与程门后学存在直接或间接的关联。

---

① (宋)程颢、程颐:《河南程氏遗书》卷十九,《二程集》,第247页。
② (宋)程颢、程颐:《河南程氏遗书》卷十七,《二程集》,第175页。

第二章 学脉接续与思想推阐

洛学的传承是由弟子以及弟子开创的学派共同完成的。二程的第一代弟子可考者概有 80 余人，他们亲炙二程，对二程思想进行传播和推阐，使二程思想能够在尽可能的方向上诠释出来，极大地推进了二程思想的影响和发展。在这些门人中，尤以"四大弟子"[1] 最为显著。"四先生"之名概因其在思想发越，传承师道上的卓越贡献而得之。但若仅仅将视野局限在"四大弟子"上，则容易导致化约论、以偏概全的情况出现，难以展现程门弟子思想的多样和复杂。因此，基于"四大弟子"涉及对象的争议，如吕大临和尹焞何者为四大弟子中剩余的一位，我们扩大考察范围，通过分析这五位主要弟子的思想，来彰显程门主要弟子对二程思想的推阐以及他们的思想趋向和旨趣。

---

[1] "程门四先生"中，谢良佐、杨时、游酢三人列入其中，学者并无争论。争论之焦点在于吕大临与尹焞二者，何为"四先生"之中剩余的另一个。"四先生"之称谓起于何时，确不可考。南宋时陈均说："史臣谓'学者出其门最多，渊源所渐，皆为名士。刘绚、李吁、张绎、苏昞、吕大钧，皆班班可书，而谢良佐、游酢、吕大临、杨时在其门号'四先生'。"（参见陈均《宋九朝编年备要》卷二十七，台湾商务印书馆，影印文渊阁四库全书1986年影印版，第741页。）南宋王应麟亦把吕大临列入"四先生"。（参见王应麟《历代类圣贤类名臣类》，《小学绀珠》卷五，明津逮秘书本，第448页）《宋史》称："谢良佐，字显道，寿春上蔡人，与游酢、吕大临、杨时在程门号四先生。"又论及吕大临时称："大临，字与叔，学于程颐，与谢良佐、游酢、杨时在程门号四先生。"（参见脱脱《宋史》卷428，刘浦江点校，卷340，吉林人民出版社1995年版，第8838、7646页）《宋史》把吕大临列入"四先生"之中。可看出，在古时，基本是把吕大临列入"四代弟子"之内，而认可尹焞的史料则几不可见。今人如徐远和、劳思光等皆认可古说。（参见徐远和《洛学源流》，齐鲁书社1987年版，第191页，劳思光：《新编中国哲学史》卷三上，广西师范大学出版社2005年版，第203页）而钱穆则把尹焞列入四大弟子之内。亦无材料印证，不知何故。（参见钱穆《宋明理学概述》，九州出版社2010年版，第80页）此处认同主流之说。

第一节　二程门人概况及其特质

通过对二程门人资料的整理和分析，概括性地总结二程门人所本具有，而不被时人所注意的异彩纷呈的特征，以揭示洛学作为一个学术群体的特质所在。

1. 师从二程，以程颐为主

二程门人并不像孔子门人和朱子门人那么庞大，可考的尚不足百人，这反衬出洛学尚未在当时取得独步学术舞台的地位，当时学界所呈现的新学、蜀学、关学等学派林立也印证了这一点。程颢因其享年不佳，54岁便终止了授业传道的短暂人生，他的及门弟子概有19人，且在其殁后，刘绚、李吁、谢良佐、杨时、游酢、吕氏三兄弟、田述古、邵伯温、苏昞等15人又改投程颐门下。若单从拜师形式来讲，二程门人实际主要是程颐门人，且这些门人并不是同时问道于二程，而是有着时间上的差异。时间的差异以及同时兼学二程决定了其所学的不同，也使程门后学思想的分化较之其他学派更加明显。二程在政治上的不得意也促使他们转向"觉民行道"，广开书院、收徒讲学，以图明道。嘉祐初年，程颢收刘立之为学生，这是程颢收的第一个年仅七岁的弟子，从学达三十年。他在任地方官时垂青教育，在嵩阳、扶沟等地设学庠。晚年政治上失意后，他则以更多的时间和精力转向学术研究和教育活动："时以读书劝学为事……士大夫从之讲学者，日夕盈门……身益退，位益卑，而名益高于天下。"[1] 著名的程门弟子，如谢良佐、游定夫、吕大临、杨时、刘绚、朱光庭都是在这个时期拜程颢为师求学的。程颐因第一次科考失意，便绝意仕途，专心于讲学活动。程颐18岁在太学时，胡瑗"即延见，处以学职"[2]。当时权贵吕公著的儿子吕希哲首以师礼从学于程颐，这也是程颐收的第一个学生。随后，四方之士，从程颐游者日益增多。程颐除在京师（开封）从事收徒讲学活动外，还到汉州、许州、洛阳、关中等地

---

[1] 朱杰人等主编：《伊洛渊源录》卷二，《朱子全书》（修订本）第12册，第904页。
[2] （明）黄宗羲：《安定学案》，《宋元学案》卷一，全祖望补，第26页。

讲学，收游定夫、吕大临、周纯明等众多学生。晚年遭贬居洛期间，还纳尹焞、张绎、孟厚、周孚先、王苹、马伸为弟子，并创立伊皋书院，在此讲学二十余年。崇宁初，"范致虚言'程某以邪说诐行惑乱众听，而尹焞、张绎为之羽翼'，事下河南府体究，尽逐学徒，复录党籍。四方学者犹相从不舍，先生曰：'尊所闻，行所知，可矣。不必及吾门也'"①。此是对当时程颐学术影响的概括，即使处在党禁，从学弟子仍络绎不绝。

至于兼学现象，即师从二程之外的学者，在程门并不如朱门普遍。弟子中，朱光庭曾从孙复、胡瑗游学，后从学于程颐；田述古学于胡瑗；苏昞、吕大临、吕大钧、吕大忠四人先从学张载，张载去世后，从学程颐；王苹、陈渊等人先从学程颐，程颐去世后，又师从杨时；而邵伯温、范冲、杨迪等又皆有家学传授。

2. 多数弟子思想杂染佛学

韩愈辟佛兴儒，摇旗呐喊，虽发出先声，但佛学依然以强势话语影响学界，始终作为"他者"存在于士大夫思考的思想境遇中。二程作为儒学复兴的代言人，以倡兴儒道为己任，始终把辟佛作为其复兴儒学的重要手段，正面回应虽不可少，但反面论证更能直击佛学之软肋。二程弟子并未很好地继承师门传统，而是多数堕入佛门中去。程颐自涪归来，见学者凋落，多从佛学，独先生（杨时）与谢丈（谢良佐）不变，因叹曰："学者皆流于夷狄矣，唯有杨、谢二君长进。"②《朱子语类》载"一日，论伊川门人，云：'多流入释氏。'文蔚曰：'只是游定夫如此，恐龟山辈不如此'，曰：'只《论语序》便可见。'"③ 又说，"伊川之门，谢上蔡自禅门来"④，"程门高弟如谢上蔡游定夫杨龟山辈，下梢皆入禅学去"⑤，"游杨谢三君子初皆学禅。后来余习犹在，故学之者多流于禅。游先生大是禅学"⑥。胡宏更为严苛，直指："定夫为程门罪人，何其晚谬一

---

① （明）黄宗羲：《伊川学案》（上），《宋元学案》卷十五，全祖望补，第590页。
② （明）黄宗羲：《龟山学案》，《宋元学案》卷二十五，全祖望补，第955页。
③ 朱杰人等主编：《朱子语类》卷一百零一，《朱子全书》（修订本）第17册，第3358页。
④ 朱杰人等主编：《朱子语类》卷一百零一，《朱子全书》（修订本）第17册，第3358页。
⑤ 朱杰人等主编：《朱子语类》卷一百零一，《朱子全书》（修订本）第17册，第3358页。
⑥ 朱杰人等主编：《朱子语类》卷一百零一，《朱子全书》（修订本）第17册，第3358—3359页。

至斯与!"① 硕儒的批评显然不是无凭无据,且从其本人的交往和思想来看,确与佛学纠缠不清,他们一面与佛教高僧往从甚密,如朱子说:"游定夫学无人传,无语录。他晚年嗜佛,在江湖居,多有尼出入其门。"② 另一面,思想主张里佛学成分甚重,谢良佐甚至"以禅证儒",他提出的"敬是常惺惺",直接借用的就是佛教术语。朱子深刻分析道:"程门诸子在当时亲见二程,至于释氏,却多看不破,是不可晓。"③ 二程门人堕入佛门,以朱子的立场来看,是因为"程先生当初说得高了,他们只见一截,少下面着实工夫,故流弊至此"④,此处的程先生盖指程颢。朱子的分析不无道理,程颢的学问为才高者事,走的是"自诚明"的路,这与佛学所主张的"顿悟"有颇多相似之处。除此之外,当时士大夫阶层沉迷佛学已成蔚为壮观之势,甚至以与佛门高僧来往为荣。遍观《宋史》,论述儒家士大夫多类似于程颢"泛滥于诸家,出入于佛、老者数十年,反求诸六经而后得之"⑤,这可谓是对当时士大夫为学经历的真实概括。

3. 弟子多在北宋,南宋寥寥无几

程颢(1032—1085),程颐(1033—1107)。从二程的生卒年可以看出,程颢早卒,程颐去世后的 20 年即 1127 年,北宋灭亡,南宋建立。程门弟子多享年不佳,如刘绚、李吁甚至在程颢之前去世,而谢良佐(1150—1103)、游酢(1053—1123)、郭忠孝(？—1128)、吕大忠(1020—1066)、吕大钧(1029—1080)、吕大临(1040—1092)、张绎(1071—1108)、吕希哲(1036—1114)、许景衡(1072—1128)、刘安节(1068—1116)、杨迪(1055—1104)、鲜于侁(1018—1087)、朱光庭(1037—1094)、田述古(1029—1098)、吕希哲(1036—1114)、周行己(1067—1125)、许景衡(1072—1128)、刘安节(1068—1116)等等,皆在北宋末年去世。唯独杨时(1053—1135)、尹焞(1061—1132)、侯仲良(生卒年不可考,但可考仍存于南宋初期)、邵伯温(1057—1134)、

---

① (明)黄宗羲:《鹰山学案》,《宋元学案》卷二十六,全祖望补,第 994 页。
② 朱杰人等主编:《朱子语类》卷一百零一,《朱子全书》(修订本)第 17 册,第 3359 页。
③ 朱杰人等主编:《朱子语类》卷一百零一,《朱子全书》(修订本)第 17 册,第 3361 页。
④ 朱杰人等主编:《朱子语类》卷一百零一,《朱子全书》(修订本)第 17 册,第 3358 页。
⑤ (明)黄宗羲:《濂溪学案》(下),《宋元学案》卷十二,全祖望补,第 532 页。

陈渊（？—1145）、罗从彦（1072—1135）及王苹（1081—1153）等跨越两宋，且多数弟子在南渡后十余年内去世。程颐是在洛学学禁中去世的，他之后洛学陷于萧条，急待后学振兴，然大批弟子的去世，使洛学几乎处在失传的局面，只得依靠几位年迈的弟子来维持局面，如南渡之后，洛学依靠杨时、尹焞等少数弟子领袖师门，不遗余力地提振洛学。

4. 弟子传承地域性特征明显

二程弟子的地域分布广泛，主要在河南、陕西、福建、浙江、河北等地。尤其以河南、福建弟子居多。洛学虽在二程在世时，屡遭学禁，但其学仍由从学的四方弟子在家乡收徒讲学，使其道脉相沿，源远流长，真德秀说：

> 二程之学，龟山得之而南传之豫章罗氏，罗氏传之延平李氏，李氏传之朱氏，此其一派也；上蔡传之武夷胡氏，胡氏传其子五峰，五峰传之南轩张氏，此又一派也；若周恭叔、刘元承得之为永嘉之学，其源亦同自出。然朱、张最得其宗。①

全祖望总结道：

> 洛学之入秦也以三吕，其入楚也以上蔡司教荆南，其入蜀也以谢湜、马涓，其入浙也以永嘉周、刘、许、鲍数君，而其入吴也以王信伯。②

二程之学的传承，全祖望的总结更为全面，而真德秀则概括出洛学传承的三个显学即道南学派、湖湘学派和永嘉学派，此三派的命名皆以地域。道南与湖湘都注重哲学义理的发挥，而永嘉却以事功而扬名。每一个地域性学派都在二程的基础上有所修正或创新。尤其是在南渡以后，洛学

---

① 真德秀：《西山读书记》卷三十一，文渊阁四库全书，台湾商务印书馆1986年影印本，第105页。
② （明）黄宗羲：《震泽学案》，《宋元学案》卷二十九，全祖望补，第1047页。

的传承主要靠亲炙弟子杨时和私淑胡安国，二者门人弟子蔚为壮观，堪称南渡后的显学。

5. 弟子来源以进士和官宦居多，与政治关系复杂

在可考的程门弟子中，弟子身份以进士、官宦居多，这也成为朱熹批评洛学不振的一大缘由。朱子《伊洛渊源录》收录洛学弟子42人，他对程门弟子评论道："门人多出仕宦四方，研磨亦少。杨龟山最老，其所得亦深。"① 朱熹此说不是空穴来风，对二程弟子的从政与否以及途径的统计显示，二程弟子中通过科举考中进士或以恩荫进入仕途，或者通过布衣征召做官的就达三四十人，一生不仕的则在少数，从政与为学虽然并不矛盾，如程门"四大弟子"皆有从仕的经历，学问则精进有余。但不可否认的是，程门的弟子中有的沉迷于科举和仕途，有的是借洛学之名图个人私利，如胡安国描述当时的情形："虽崇宁间曲加防禁，学者私相传习，不可遏也。其后颐之门人如杨时、刘安节、许景衡、马伸、吴给等，稍稍进用，于是传者浸广，士大夫争相淬励，而其间志于利禄者，托其说以自售，学者莫能别其真伪，而河洛之学几绝矣。自是服如儒冠者，以伊川门人妄自标榜，无以屈服士人之心，故众论汹汹，深加诋诮。夫有为伊洛之学者，皆欲屏绝其徒，而乃上及于伊川。"② 以此可见部分弟子投入洛学门下，并非是为了学术，而是趋炎附势，以获名利。如程门弟子郭忠孝"自党事起，不与先生往来，及卒，亦不致奠"③。程颐去世时，门人弟子畏党祸，只有四人送葬："先生之丧，洛人畏入党，无敢送者，故祭文惟张绎、范域、孟厚及焞四人。乙夜，有素衣白马至者视之，邵溥也，乃附名焉。盖溥亦有所畏而薄暮出城。"④ 门人弟子多有从政，亦为洛学与政治的纠葛不清埋下伏笔。

6. 弟子所记二程语录版本繁多，参差不齐

二程弟子在问学二程及在二程去世后，以各自所学、所闻，对二程语录进行记载和整理。杨时著有《二程粹言》、侯师圣著《雅言》、游酢

---

① 朱杰人等主编：《朱子语类》卷一百零一，《朱子全书》（修订本）第17册，第3358页。
② 朱杰人等主编：《伊洛渊源录》卷四，《朱子全书》（修订本）第12册，第974页。
③ 朱杰人等主编：《伊洛渊源录》卷四，《朱子全书》（修订本）第12册，第971页。
④ 朱杰人等主编：《伊洛渊源录》卷四，《朱子全书》（修订本）第12册，第974页。

著《师说》、尹焞著《师说》、吕大临著《东见录》等，其他弟子则在其著作中大量引用二程语录，朱子说：

  当时记录既多，如《遗书》、《外书》、《雅言》、《师说》、《杂说》之类，卷帙浩繁，读者不能骤窥其要。①

朱子认为当时语录版本繁多，以至无法把握要旨。实际上，程颐在世时，弟子尹焞曾以朱光庭所钞的《伊川语》向程颐问询，伊川有"某在何必读此书，若不得某之心，所记者徒彼意耳"② 之语，可见，程颐在世时，所传已颇失其真。《四库全书》记载：

  自程子既殁以后，所传语录，有李吁、吕大临、谢良佐、游酢、苏昞、刘绚、刘安节、杨迪、周孚先、张绎、唐棣、鲍若雨、邹柄、畅大隐诸家，颇多散乱失次，且各随学者之意，其记录往往不同。③

由此可以看出，二程弟子对二程语录的记载是呈现出多样性和复杂性的。朱子对二程弟子所记也评价道："游录语慢，上蔡语险，刘质夫语简，李端伯语宏肆，永嘉诸公语絮也。"④ 朱子对二程弟子所记语录皆评价不高，可看出弟子在记载《二程语录》时的不一和复杂。

  至于《二程外书》，亦二程门人所记，朱子综合朱光庭、陈渊、李参、冯忠恕、罗从彦、王蘋、时紫芝七家所录、所记，以及胡安国、游酢家本及《建阳大全》集印本三家，还包括传闻杂记，共一百五十二条，进行相互校对，编为十二篇，而这都是《二程遗书》所没有收录的。《朱子语录》尝谓其"记录未精，语意不圆。而终以其言足以警切学者，故

---

① 永瑢等编：《四库全书总目》子部卷九十二，文渊阁四库全书，台湾商务印书馆1986年影印本，第20—21页。
② 朱杰人等主编：《尹和靖手笔辩》，《晦庵先生朱文公文集》卷七十二，《朱子全书》（修订本），第24册，第3458页。
③ 永瑢等编：《四库全书总目》子部卷九十二，文渊阁四库全书，台湾商务印书馆1986年影印本，第21页。
④ 朱杰人等主编：《朱子语类》卷九十七，《朱子全书》（修订本）第17册，第3261页。

并收入传闻杂记中,无所刊削,其编录之意,亦大略可见矣"①。从朱子编写的实际情况可以看出,当时二程语录的繁多,使学者难以取舍,但因其言可以启示学者,故亦收录。需要指出的是,在二程弟子所编的《二程语录》中,杨时所编《二程粹言》乃其自洛归闽时综合二程门人所记师说,采撮编次,分为十篇。朱子对此评价甚高,曰:"程氏一家之学,观于此书,亦可云思过半矣。"② 二程弟子对二程语录的各自记载,造成后学分辨真假、择取语录的困难,故朱子在重振洛学时做的第一项工作就是对二程著作进行辨别和整理,以求重塑正统。

7. 弟子不喜著述且多数著作不存

二程兄弟皆不重视著述立说,程颐曾对弟子杨龟山说:"勿好著书,著书则多言,多言则害道"③。程颐不是绝对地反对著书,而是反对以此为务,以至多言害道。师之所主,弟子影从,二程的这一主张无疑深深影响弟子的治学,门人弟子多不勤著述,且仅有著述也因种种原因,造成佚失不存,如杨时的《论语解》、谢良佐的《论语解》、尹焞的《论语说》、侯仲良《论语说》、罗从彦的《论语师说》、郭忠孝的《易解》、《中庸说》等皆不存,这无疑给研究程门弟子带来文本的困难。

综上,二程弟子的这些共性特征有助于我们从一个侧面理解程门弟子作为一个道学群体的学术特质,也利于我们分析和把握他们的思想的生成与分化。

第二节 程门后学与洛学复振

两宋之际,由于政治、王学、佛学等因素的冲击,二程所开创的洛学如它所处的时代一样,跌宕起伏,几于熄灭。然幸赖程门弟子积极卫道,救洛学于大厦将倾之际,使得洛学得以薪火相传,终经朱熹之手,汇纳群流,洛学学脉得以延续,再现昔日盛貌。胡宏说:"道学衰微,风

---

① 永瑢等编:《四库全书总目》子部卷九十二,第21页。
② 永瑢等编:《四库全书总目》子部卷九十二,第21页。
③ 朱杰人等主编:《朱子语类》卷九十七,《朱子全书》(修订本)第17册,第3277页。

教大颓，吾徒当以死自担，力相规戒，庶几有立于圣门，不沦胥于污世也。"① 此说可见程门后学自觉担当复兴洛学的儒士情怀。鉴于此，以程门后学作为研究对象，从经学、判教和道统等方面考察洛学群体在争夺学术话语权上的努力。

一 编纂《二程语录》

学术著作是传承思想的载体。思想史上多少先贤往圣正是由于著作不存，致使学脉中断，成为思想史上的匆匆过客。二程后学自觉意识此问题之重要性，在从学二程及在二程死后，以各自所学、各自所闻，对二程语录进行记载和整理。杨时著有《二程粹言》、侯师圣著《雅言》、游酢著《师说》、吕大临作《东见录》等，其他弟子则在其著作中大量引用二程语录，四库馆臣曾说："当时记录既多，如《遗书》、《外书》、《雅言》、《师说》、《杂说》之类，卷帙浩繁，读者不能骤窥其要。"② 虽是批评之辞，但也从另一面说明二程弟子在整理二程语录上的努力。《四库全书》记载："自程子既殁以后，所传语录，有李吁、吕大临、谢良佐、游酢、苏昞、刘绚、刘安节、杨迪、周孚先、张绎、唐棣、鲍若雨、邹柄、畅大隐诸家，颇多散乱失次，且各随学者之意，其记录往往不同。"③ 朱子亦道："游录语慢，上蔡语险，刘质夫语简，李端伯语宏肆，永嘉诸公语絮也。"④ 其实，程颐在世时，已经觉察到此问题，弟子尹焞曾以朱光庭所钞《伊川语》质诸伊川，伊川有"若不得某之心，所记者徒彼意耳"之语。则程子在时，所传已颇失其真。⑤ 无独有偶，程颢对此亦激烈反对，谢良佐说："昔录五经语作一册，伯淳见曰'玩物丧志'。"⑥ 由此可以看出，二程弟子对二程语录的记载是呈现多样性和复杂

---

① （宋）胡宏：《胡宏著作两种》，王立新校，岳麓书社2008年版，第139页。
② （清）纪昀等：《四库全书总目》卷九十二，中华书局1965年版，第778页。
③ （宋）程颐、程颢：《二程外书》，文津阁四库全书，商务印书馆2008年影印版，第210页。
④ 朱杰人等编：《朱子语类》卷九十七，《朱子全书》（修订本）第17册，第3261页。
⑤ （宋）尹焞：《和靖集》，文津阁四库全书，商务印书馆2008年影印版，第569页。
⑥ 朱杰人等编：《上蔡语录》，《朱子全书》外编，安徽教育出版社、上海古籍出版社2010年版，第34页。

性的。不唯如此,二程著作更是散乱不堪,胡宏就指出:"十余年间,后进高第亦从而逝,故先生之文散脱不类,流落四方者皆诋舛天下,所传无完本。"① 针对二程著作的乱象,为了正本清源,二程部分弟子开始着手予以清理。杨时作为跨越两宋、复兴洛学的中坚人物,不遗余力地搜集和整理二程著作。为了清理老师的著作,杨时写信给胡安国探讨整理二程语录的事情,他在给胡安国的信中写道:"某衰朽杜门待尽,平时亲故凋丧略尽,绝无过从者。惟时亲书册以自适耳。家所藏书为贼弃毁,仅存一二语录,常在念先生之门余无人,某当任其责也。蒙寄示二册,尤荷留念。然兹事体大,虽寡陋不敢不勉。"② 又论道:"语录子才所寄已到,方编集诸公所录,以类相从,有异同当一一考正,然后可以渐次删润,非旬月可了也。俟书成即纳去。"③ 由此可以看出,杨时自任重担,积极承担整理和考证二程语录的任务,并最终编成《伊川语录》,然却遗失不存。同时杨时也编写《二程粹言》,此乃其自洛归闽时以二程子门人所记师说,采撮编次,分为十篇。朱子对此评价甚高,曰:"程氏一家之学,观于此书,亦可云思过半矣。"④ 至于程颐所最为看重的《易传》,杨时论道:"伊川先生著易传,方草具未及成书,而先生得疾将启手足,以其书授门人张绎,未几而绎卒,故其书散亡,学者所传无善本。政和之初,予友谢显道得其书于京师,示予而错乱重复,几不可读。东归待次毗陵,乃始校定去其重复,逾年而始完……其谬误有疑,而未达者,姑存之以俟知者,不敢辄加损也。然学者读其书,得其意忘言可也。"⑤ 杨时对《易传》不以己意为加损,体现其尊师的审慎态度。罗从彦、胡安国亦积极参与整理,只是罗从彦所存毁于战火,胡安国则把自己所存寄给杨时,并与杨时商榷语录的正误。另一跨越两宋的洛学旗手尹焞亦贡献甚多,他说道:"经兵火来蜀中,得数本窃观之,其间或详或略,因所问而答之。盖学者所见有浅深,故所记有工拙,未能无失,不敢改易。

---

① (宋)胡宏:《程子雅言后序》,《胡宏著作两种》,岳麓书社2008年版,第148页。
② (宋)杨时:《答胡康侯其十一》,《龟山集》卷二十,第101页。
③ (宋)杨时:《答胡康侯其十四》,《龟山集》卷二十,第102页。
④ (清)纪昀等:《四库全书总目》卷九十二,中华书局1965年版,第778页。
⑤ (宋)杨时:《校正伊川易传后序》,《龟山集》卷二十五,第115页。

焞虽未尽识其意，以所见无疑者，辄成此书。目为师说，览者各自得焉，不能详告也。"①尹焞详述二程著作的泛滥以及自己作书的态度，只参照诸书，采纳无疑部分编纂，可谓谨慎。然系统整理二程著作则成于朱子之手，他清理洛学、延续道统的第一步就是整理二程著作，这可从《二程外书》的编纂窥见一斑，此书"亦二程子门人所记，而朱子编次之，皆诸门人当时记录之全书，于是取诸人集录，参伍相除，得此十二篇，以为《外书》。凡采朱光庭、陈渊、李参、冯忠恕、罗从彦、王苹、时紫芝七家所录，又胡安国、游酢家本及《建阳大全》集印本三家，又传闻杂记自王氏《麈史》至孔文仲《疏》，凡一百五十二条，均采附焉。其语皆《遗书》所未录，故每卷悉以拾遗标目。其称《外书》者，则朱子自题所谓取之之杂，或不能审所自来，其视前书，学者尤当精择审取者是也"②。朱子的整理工作非一语可以道尽，亦非本文所探讨的范围，故兹不再述。程门后学的积极担当，使得二程的著作得以系统地保存下来，成为后学赖以传道的文本载体。

二　批判荆公新学

庆历之际，学统四起，洛学、新学、蜀学、朔学等相峙而存，至两宋之际，随着学派宗师的纷纷离世，能够主导当时学术格局，担当学派竞合主角的，主要是荆公新学与二程洛学，前者位居官方哲学，后者则是唯一能够与其相抗衡的学派。③余英时先生就明确指出："二程道学是在与安石'新学'长期奋斗中逐渐定型的"④。也就是说，这场学术竞合实际上是处于民间地位的程门后学如何对处于官学地位的王安石新学进行较量的一场学术角力。学界以往的研究较多聚焦在学派宗师二程与王安石本人的纠葛上，而伴随着程颐在党禁中的去世，洛学旋即陷入更加

---

① （宋）尹焞：《和靖集》，第596页。
② （宋）程颐、程颢：《二程外书》，《二程集》第210页。
③ 何俊先生就明确指出："洛学成为新学最强有力的对手，除了洛学本身为北宋儒学的最后成就，儒学的精神在洛学中得到自觉的阐发，从而在思想上与洛学根本对立以外，外在的但却是非常重要的原因，是二程兄弟在现实的政治斗争中，已实际上成为旧党的领袖。"（何俊：《南宋儒学建构》，上海人民出版社2004年版，第4页）
④ 余英时：《朱熹的历史世界》，生活・读书・新知三联书店2011年版，第54页。

艰难的生存境遇，如何提振洛学、维系学统就成为摆在程门后学面前的时代难题。换而言之，洛学在两宋之际的复振很大程度上是由程门后学完成的。

1. 政治罢黜

北宋晚期，虽然王安石的变法改革遭到根本性的否定，但其新学则继续作为官学而位居朝廷主导学术，称雄科场。① 然好景不长，北宋的灭亡，使得南宋在反思和清算亡国之失时将新学作为罪魁祸首而严厉批判，而充当批判的急先锋则是程门后学。我们不禁要追问，为何程门后学要不遗余力地批判荆公新学呢？这就有必要首先明晰洛学在两宋之际的命运。程颐门人尹焞年谱载：

> 年三十七，新学日兴，谏官范致虚上言曰："程颐倡为异端，尹焞、张绎为之羽翼。"②

两宋名臣陈公辅亦上言诋毁洛学：

> 然在朝廷之臣，不能上体圣明，又复辄以私意取程颐之说，谓之伊川学，相率而从之。是以趋时竞进、饰诈沽名之徒，翕然胥效，倡为大言，谓尧、舜、文、武之道传之仲尼，仲尼传之孟轲，孟轲传之程颐，颐死无传焉。③

从以上两段引文中可以看出，洛学在两宋之际受到学者、政客的大肆攻击，而尤以荆公一系的排击最为显著，如胡安国所言："会王安石当路，重以蔡京得政，曲加排抑，故有西山、东国之扼，其道不行，深可惜

---

① 刘挚说："王安石经训，视诸儒义说得圣贤之意为多，故先帝立之于学，以启迪多士。……至其所颁经义，盖与先儒之说并存，未尝禁也。"（《黄宗羲全集》第6册，浙江古籍出版社1986年版，第811页）

② （宋）尹焞：《和靖集》卷一，文津阁四库全书，第560页。

③ （明）黄宗羲：《濂溪学案》（上），《宋元学案》卷十一，全祖望补，第489页。

也"①，以此可见新学对洛学的无情打压，使得洛学几近熄灭，不行于世。而南渡之后，秦桧当国，继续尊奉安石新学，打击洛学，《宋元学案》载："方秦桧擅国，禁人为赵鼎、胡寅之学，而永嘉乃其寓里，后进为所愚者尤多，故绍兴末，伊洛之学几息。"② 也就是说，在秦桧当权之际，变本加厉地打击以赵鼎、胡寅为代表的洛学，致使洛学在南宋初年的命运更加悲惨，更加凋零。对此，全祖望说道："元祐之学，二蔡、二惇禁之，中兴而丰国赵公驰之。和议起，秦桧又禁之，绍兴之末又驰之"③。全氏之言可谓确论，当权者的政治和学术取向直接造就了洛学在两宋之际一波三折的命运。为根本扭转洛学几近消亡的被动局面，赓续学脉，程门后学亦开始在两宋之际对主要的学术公敌荆公新学展开激烈的反击和批判，在两宋之际得到拔擢和进用的程门"四大弟子"之首杨时首开其风，他在靖康元年（1126）金兵围城结束不久，忧心时政，便立即向宋钦宗奏陈道：

  臣伏见蔡京用事二十余年，蠹国害民，几危宗社，人所切齿，而论其罪者，曾莫知其所本也。盖蔡京以继述神宗为名，实挟王安石以图身利，故推崇安石加以王爵，配享孔子庙廷，然致今日之祸者，实安石有以启之也。④

在杨时看来，"六贼"之首蔡京当权之后，祸国殃民，人所不齿，然学者往往不知其根源何在，而他则鞭辟入里，认为这实是蔡京推崇王安石及其新学造成的，这就将蔡京之祸追溯至王安石。可见，杨时的批判较之其师二程已然向政治的维度转化，不再仅仅是围绕王安石学术和变法展开。既然王安石乃亡国之根，那就必须采取具体的措施以根除其影响，杨时继续向新学发难道：

---

① 朱杰人等编：《伊洛渊源录》，《朱子全书》第12册，第975—976页。
② （明）黄宗羲：《周许诸儒学案》，《宋元学案》卷三十二，全祖望补，第1153页。
③ （明）黄宗羲：《元祐党案》，《宋元学案》卷九十六，全祖望补，第3153页。
④ （明）黄宗羲：《龟山学案》，《宋元学案》卷二十五，全祖望补，第946页。

第二章 学脉接续与思想推阐

> 王安石著为邪说，以涂学者耳目，使蔡京之徒得以轻费妄用，极侈靡以奉上，几危社稷，乞夺安石配享，使学术不能为学者惑。①
>
> 臣伏望睿断，正安石学术之缪，追夺王爵，明诏中外，毁去配享之像，使淫辞不为学者之惑。实天下万世之幸。②

王安石于元祐元年（1086）去世，获赠太傅，并在绍圣元年（1094）配享孔庙，政和三年（1113）诏王安石封王爵为"舒王"，配享孔庙，列于孟子之后，其子王雱则配享文宣王庙庭。由此可见在北宋末年，在徽宗、蔡京统治时期，由于推崇"熙宁变法"，荆公新学再获新生，地位如日中天，达至鼎盛。但随着朝政腐败、国势衰微的日益加剧，杨时认为必须褫夺王安石的配享，追夺其王爵，毁掉其画像以安社稷民心。杨时此疏可谓石破天惊，结果是遭到大批推崇安石新学的士大夫的攻击而被罢官，虽以失败告终，但却吹响了政治上打击荆公新学的号角。洛学的追随者权相赵鼎于建炎三年（1129）继续发难，他说：

> 自熙宁间，王安石用事，肆为纷更，祖宗之法扫地，而生民始病。至崇宁初，蔡京托名绍述，尽祖安石之政，以致大患。今安石犹配享神宗庙庭，而京之党未族。臣谓时政之阙，无大于此，何以收人心而和气哉？③

与杨时一样，赵鼎亦将蔡京之罪、靖康之难归咎于王安石，认为罢黜王安石配享之位已成民心所向、时政之要，势在必行。不独赵鼎，洛学之徒吕好问亦上疏道："蔡京过恶，乞投海外，削王安石王爵"④，胡绩溪弟子魏掞之上疏"请废王安石父子从祀，追爵程颢、程颐列祀"⑤等，可见，罢黜王安石配享之位、削除其王爵，已然成为程门后学的共识。当

---

① （明）黄宗羲：《龟山学案》，《宋元学案》卷二十五，全祖望补，第946页。
② （宋）杨时：《上钦宗皇帝书其七》，《龟山集》卷一，文津阁四库全书，第39页。
③ 李心传：《建炎以来系年要录》卷二十四，商务印书馆1936年版，第494页。
④ （明）黄宗羲：《荥阳学案》，《宋元学案》卷二十三，全祖望补，第909页。
⑤ （明）黄宗羲：《刘胡诸儒学案》，《宋元学案》卷四十三，全祖望补，第1403页。

然这种不遗余力的攻击，目的亦是明确的，即废弃新学，重振洛学。洛学一系前仆后继的努力并没有白费，宋高宗为顺应情势，笼络人心，诏命洛学中人胡寅亲自撰写《追废王安石配飨诏》，将王安石从"配享孔子庙庭"降为从祀，绍兴四年（1134）五月又命范冲为宗正少卿兼直史馆，重修神宗、哲宗《正史》和《实录》，同年八月，毁王安石舒王制。到此，程门后学完成了政治上瓦解荆公新学的使命。要之，程门后学从政治上攻击荆公新学，可谓是击中要害，因为王安石新学本身就是因皇权政治而兴，必然也会因皇权政治而废，正可谓兴也政治，败也政治。我们可从王辟之的论述中略见一斑：

> 荆国王文公，以多闻博学为世宗师，当世学者得出其门下者，自以为荣，一被称与，往往名重天下。公之治经，尤尚解字，末流务多新奇，浸成穿凿。朝廷患之，诏学者兼用旧传注，不专治新经，禁援《字解》。于是学者皆变所学，至有著书以诋公之学者，且讳称公门人。故芸叟为挽词云："今日江湖从学者，人人讳道是门生。"传士林。及后诏公配享神庙，用《字解》。昔从学者，稍稍复称公门人，有无名子改芸叟词云："人人却道是门生。"①

2. 经学批判

在经学历史上，经学时常被作为政治改革的理论基础被注释、阐发和研究。王安石自不例外，他通过重新择取经典和诠释儒家经典以获得新义，以求为其政治改革提供理论支持。而这其中，尤以其《三经新义》为代表，借助科场程式，得到强力推行。《宋史纪事本末》记载是时情形："一时学者无不传习，有司纯用以取士……自是先儒之传、注悉废焉"②。《宋元学案》亦道：

---

① 王辟之：《渑水燕谈录》，载倪进《唐宋笔记选注》，上海教育出版社2016年版，第298页。
② 陈邦瞻：《宋史纪事本末》卷九，中华书局1977年版，第392页。

> 初,先生提举修撰经义,训释《诗》、《书》、《周礼》。既成,颁之学官,天下号曰"新义"。晚岁为《字说》二十四卷,学者争传习之。且以经试于有司,必宗其说。少异,辄不中程。①

由上可见,王安石所确立的新经学在成为科场程式后,获得前所未有的地位,一时学者无不影从,尽废古义,从其新义,科场考试凡与之经义相悖的,一概不予录取,以此足见其影响之大。然王安石政治地位的崩溃,亦波及经学。洛学中人杨栋奏陈道:

> 臣窃惟欲治天下者先正人心,欲正人心者先正学术,学术不正则名实淆乱,是非颠倒,上无所折衷,下无所则效,无所折衷故上听惑,无所则效故民志乱,民志靡定则遗亲后君之俗兴,而天下之患从此始矣。故正学术以正人心,诚当今之急务也。②

杨栋此论实为荆公经学而发,主张学术之正关乎人心,关乎平治天下,否则将导致名实混乱、是非颠倒、上下失守,由此开启天下大患,故建议治理天下先从正学术入手,杨栋之言可谓确论。洛学中人正是循着学术—人心—平天下这样环环相扣的思路来批判王安石经学的,杨时弟子陈渊就说:

> 穿凿之过尚小,至于道之大原,安石无一不差。推行其学,遂为大害。……圣学所传止有《论》、《孟》、《中庸》,《论》主仁、《中庸》主诚、《孟子》主性,安石皆暗其原。③

---

① (明)黄宗羲:《荆公新学略》,《宋元学案》九十八,全祖望补,第3239页。
② 罗豫章:《请谥罗李二先生状》,《豫章文集》卷十五,文津阁四库全书,商务印书馆2008年影印版,第552页。
③ (明)黄宗羲:《默堂学案》,《宋元学案》卷三十八,全祖望补,第1264—1265页。

陈渊认为王安石经学之失的根本在于不知"道",这一方面是对程颐之说①的重申,另一方面也显示出陈氏抓住要害,直击本根。而在洛学一系胡宏这里,则从另一角度展开批评:

> 本朝丞相王安石专用己意,训释经典,倚威为化,以利为罗,化以革天下之英才,罗以收天下之中流,故五十年间,经术颓靡,日入于暗昧支离,而六经置于空虚无用之地。②

显然,胡宏认为安石经学专以己意解经,多肆意穿凿之病,且其释经本意并不在于纯化学术,而在于借学术笼络人心,谋取私利。更为可惧的是,新学背离儒家正统经学,致使六经本旨暗而不彰,处于无用之地。陈公辅亦表达类似看法:

> 今日之祸,实由公卿大夫无气节忠义,不能维持天下国家,平时既无忠言直道,缓急讵肯伏节死义,岂非王安石学术坏之邪?议者尚谓安石政事虽不善,学术尚可取。臣谓安石学术之不善,尤甚于政事,政事害人才,学术害人心,《三经》、《字说》诋诬圣人,破碎大道,非一端也。《春秋》正名分,定褒贬,俾乱臣贼子惧,安石使学者不治《春秋》;《史》、《汉》载成败安危、存亡理乱,为圣君贤相、忠臣义士之高抬贵手,安石使学者不读《史》、《汉》。③

陈公辅严厉批评那种认为安石政治不善,但学术可取的论断,认为王安石学术之害甚于政事,政事只不过危及人才,而学术则直接戕害人心。尤其是王安石禁止学者研《春秋》、读《史》《汉》,危害更甚。公辅之论不可谓不严厉,直指要害,进一步瓦解了新学建构的理论基础。

---

① 程颐说:"介甫只是说道,云我知有个道,如此如此。只它说道时,已与道离。它不知道,只说道时,便不是道也。"[(宋)程颢、程颐:《二程集》,中华书局1981年版,第6页]
② (宋)胡宏:《程子雅言后序》,《胡宏著作两种》,岳麓书社2008年版,第147—148页。
③ (元)脱脱:《宋史》卷三百七十九,列传第一百三十八,刘浦江点校,吉林人民出版社1995年版,第8179页。

洛学中人更是将王安石经学与北宋灭亡勾连起来,"南渡昌明洛学之功,几侔于龟山"① 的胡安国说:

> 王介甫以字学训经义,自谓千圣一致之妙,而于《春秋》不可偏旁点画通也,则诋以为断烂朝报,直废弃之,不列学官。六籍惟此书(《春秋》)出于先圣之手,乃使人主不得闻讲说,学者不得相传习,乱伦灭理,中原之祸殆由此乎。②

王安石之所以废置《春秋》,一方面是因为其散乱难解;另一方面则是因为《春秋》只是有德无位的孔子所作,而非有德有位的圣王所作,故将此作为经书,太过牵强。胡安国当然不认同王安石此论,他认为《春秋》是六经当中唯一一个出自孔子之手的,而王安石轻弃《春秋》,一方面使君王不知其论;另一方面使学者难以研习,灭弃伦理,实是靖康之祸的导火索。程门四传弟子林之奇亦上疏论道:

> 王氏三经,率为新法也。晋人以王、何清谈之罪,深于桀、封。本朝靖康祸乱,考其端倪,王氏实负王、何之责。在孔孟书,正所谓邪说、陂行、淫辞之不可训者。③

林之奇将王安石比作晋代的王恺与何曾④,视为亡国的罪魁祸首,缘由即在于其主导的经学乃邪说淫辞,违背孔孟之道,惑乱人心,实不足训。洛学中人这种层层加码的批判,使王安石经学毫无可取之处。

洛学中人更从具体经义内容展开批判,杨时首作《三经义辨》,细致入微地批评王安石经学:

---

① (明)黄宗羲:《武夷学案》,《宋元学案》卷三十四,全祖望补,第1170页。
② (明)黄宗羲:《武夷学案》,《宋元学案》卷三十四,全祖望补,第1177页。
③ (明)黄宗羲:《紫微学案》,《宋元学案》卷三十六,全祖望补,第1244页。
④ 王恺,字君夫,晋武帝司马炎的舅舅。何曾,为晋武帝时期丞相,《晋书·范宁传》:"王、何蔑弃典文,不遵礼度,游辞浮说,波荡后生",认为两者尚清谈,导致晋朝灭亡。

二程后学研究

> 时科举罢词赋，专用王氏经义，且杂以释氏之说，学者至不诵正经，唯窃新经义以干进，精熟者转上第，故科举益弊。……荆公黜王爵，罢配享，谓其所论多邪说，取怨于其徒多矣。此三经义辨，盖不得已也。①

在此，杨时表明其辩解缘由，认为新学杂佛教之说，多邪说妄论，导致学者废弃正经，背离儒道，专以攻取科举功名为业，故不得不对王安石的经学进行条分缕析的批判。② 杨时门下弟子王居正紧随其后，比其师过之而无不及，作《三经义辨》《辨学外集》《书辨学》《诗辨学》《周礼辨学》等针锋相对地批驳王安石的经义，此书一出，据《宋史》记载："居正既进其书七卷，而杨时《三经义辨》亦列秘府，二书既行，天下遂不复言王氏学。"③《宋史》之辞难免有夸大成分，但杨时师徒深入经书义理进行还击，较之其他学者从形式上批判，确实给"荆公新学"造成沉重的打击。其他洛学中人如邵伯温作《邵氏闻见录》《辩诬》等皆以批判荆公经学义理为务。

总之，程门后学相继对王安石经学从立论根基，到经学义理，再到亡国学术进行批判，尤其是前述政治地位的垮台，王安石经学的瓦解已是顺理成章之事，在建炎二年（1128）四月，宋高宗就下诏改革科举取士之法，说道："经义当用古注，不专取王氏说。"这种政策取向直接导致"荆公《三经新义》，至南渡而废弃。"④

3. 人身攻击

人身攻击历来在学派争斗中为学者所青睐和使用。从人身角度对王

---

① （宋）杨时：《答胡康侯其十》，《龟山集》卷二十，文津阁四库全书，第100—101页。
② 杨时先宗新学，后改从洛学，对新学颇为熟悉。程颐对其评价道："杨时于新学极精，今日一有所问，能尽知其短而持之。介父之学，大支离。伯淳尝与杨时读了数篇，其后尽能推类以通之。"［（宋）程颢、程颐：《河南程氏遗书》卷二上，《二程集》，第27页］朱子亦道："龟山杨时指其离内外、判心迹，使道常无用于天下，而经世之务皆私智之鉴者，最为近之。"［朱杰人等主编：《晦庵先生朱文公文集》卷七十，《朱子全书》（修订本）第23册，上海古籍出版社、安徽教育出版社2010年版，第3384页］
③ （元）脱脱：《宋史》卷三百八十一列传第一百四十，刘浦江点校，第8206页。
④ （明）黄宗羲：《荆公新学略》，《宋元学案》卷九十八，全祖望补，第3253页。

第二章 学脉接续与思想推阐

安石进行攻击，二程早已开其端绪。程颢指出："王安石，其身犹不能自治，何足以及此！"① 程颢否认王安石的修身之功，认为其连最起码的德性修养都没有，又何以治国，并指责其学术道："王安石博学多闻则有之，守约则未也。"② 也就是说，程颢认为王安石之学博杂有余，但却不够精纯。程颐亦指出："荆公旧年说话煞得，后来却自以为不是，晚年尽支离了。"③ 程颐亦认为王安石思想前后不一，以致到晚年出现支离。二程从人身的角度批判王安石为后学所承继。罗豫章就说："迨熙宁间王安石用事，管心鞅法，甲倡乙和，卒稔裔夷之祸，未尝不为之痛心疾首也。"④ 罗豫章认为王安石是以管仲之心，行商鞅之法，最终招致夷狄之祸。其次，批判王安石缺乏为官能力。二程弟子谢良佐说：

> 王荆公平生养得气完，为他不好做官职。作宰相，只吃鱼羹饭，得受用底不受用，缘省便去就自在。尝上殿进一札子，拟除人，神宗不允。对曰："阿除不得？"又进一札子拟除人，神宗亦不允。又曰："阿也除不得"，下殿出来便乞去，更留不住，平生不屈也奇特。⑤

在谢良佐看来，王安石气质纯粹，只是不善于做官，他举两例予以说明，一是王安石官至宰相，只吃鱼羹饭，无论受用与否，方便省事即可；二是王安石凡遇与神宗不合处，皆挂冠而走。谢良佐在这里举王安石的生活例子来反衬王安石的性格，可以看出王安石性格倔强不屈，缺乏通达权变。我们从《宋元学案》的《荆公新学略》的记载也可以看出一二：

> 安石在金陵，见元丰官制行，变色曰："许大事，安石竟略不得与闻。"始渐有畏惧，作《前后元丰行》以谀上，盖求保全也。⑥

---

① （宋）程颢、程颐：《河南程氏遗书》卷二上，《二程集》，第17页。
② （宋）程颢、程颐：《河南程氏遗书》卷二上，《二程集》，第17页。
③ （宋）程颢、程颐：《河南程氏遗书》卷十八，《二程集》，第247页。
④ （明）黄宗羲：《豫章学案》，《宋元学案》卷三十九，全祖望补，第1270页。
⑤ 朱杰人等主编：《上蔡语录》，《朱子全书》（修订本）外编第3册，第5—6页。
⑥ （明）黄宗羲：《黄宗羲全集》第6册，第804—805页。

> 先是，安石作《诗义序》，极谀上，神宗却之，令别撰。①

以上所引皆反映的是王安石对神宗极尽阿谀奉承之能事，以求保全之意，可见王安石在个人德性上确有不尽完美之处，缺乏臣子以及士大夫应有之操守。湖湘学派的另一人物胡宏亦指出：

> 及丞相王安石轻用己私，纷更法令，不能兴教化，弭奸邪心以来远人，……弃诚而怀诈，兴利而忘义，尚功而悖道，人皆知安石废祖宗法令，而不知其并与祖宗之道废之也，邪说既行，正论屏弃，故奸谀敢挟绍述之义以逞其私。②

从胡宏的指摘中可以看出，他也认为王安石私心太重，完全是凭借一己私意实行变法，轻视教化，兴利忘义，尚功悖德，邪说肆行，祸害不小。程门后学对王安石个人品质的否定，进一步加速荆公新学的衰落。但必须指出的是，王安石的个人品质是否真的如程门后学所言的无足可观，我们可从其他学者的评论中一窥其情。如对于杨时的激烈批判，蔡上翔就曾为安石回护道：

> 荆公之时，国家全盛，熙河之捷，扩地数千里，开国百年以来所未有者。南渡以后，元祐诸贤之子孙，及苏程之门人故吏，发愤于党禁之祸，以攻蔡京为未足，乃以败乱之由，推原于荆公，皆妄说也。其实徽钦之祸，由于蔡京。蔡京之用，由于温公。而龟山之用，又由于蔡京，波澜相推，全与荆公无涉。至于龟山在徽宗时，不攻蔡京而攻荆公，则感京之恩，畏京之势，而欺荆公已死者为易与，故舍时政而追往事耳。③

---

① （明）黄宗羲：《黄宗羲全集》第6册，第805页。
② （宋）胡宏：《上光尧皇帝书》，《胡宏著作两种》，岳麓书社2008年版，第90页。
③ 蔡上翔：《王荆公年谱考略》，上海人民出版社1973年版，第329页。

由上可知，为王安石辩护之音并非没有，这一正一反的评价多少也反映出杨时对荆公新学的攻击内存私意。更进一步来讲，就连王安石的宿敌司马光亦不得不说"介甫文章、节义过人处甚多"①，肯定王安石的人品和文章，后来陆九渊说："洁白之操，寒于冰霜，公之质也。"② 邹元林对王安石亦评价道："儒而无欲者，儒而有为者，儒而自信者。"③ 以此可见王安石并非如程门后学所言的那么不堪。但从人身的角度对王安石进行攻击，其影响和破坏程度无疑是巨大的。因为在道德至上的传统社会里，一旦从道德品行上否定一个人，那么与此人有关的一切东西都会遭到清算和抛弃，这是中国传统伦理型社会的特质。而实际上，学术理论是否成立，并不由一个人的道德高低所决定，而完全与理论自身能否自洽息息相关。但是程门后学出于卫道的需要，从人身角度攻击王安石，虽然有失公允，但却加速了荆公新学的衰落。

程门后学承继二程之志，以道自担，对荆公新学展开全方位的批判。这种批判一方面借助皇权的推动，加速荆公新学的衰落，使荆公新学在两宋之际盛行六十余年之后，走下神坛，渐趋无声，消失在历史深处；另一方面程门后学的批判亦扭转洛学日趋衰微的命运，使洛学由程颐去世后的艰难演进转进至"绍兴之初，程氏之学始盛"④ 的局面，为南宋儒学的展开赓续学脉。同时，程门后学在批判荆公新学过程中，亦形塑了早期道学的学术话语，使"道与日常事物的关系问题、心性关系的问题、言仁求仁的问题、性善气质的问题"⑤ 成为南宋前期道学特别关注的话题。更为重要的是，由洛学和新学此消彼长的历程我们可以看出，荆公新学的衰落，虽然程门后学充当了排击的急先锋，但荆公新学本身与皇权的瓜葛不清，已给其消亡埋下祸种。在皇权统治的时代，"其人存，则其政举；其人亡，则其政息"⑥ 是再正常不过的现象，尤其是荆公新学的

---

① 李焘：《续资治通鉴长编》，中华书局1992年版，第9069—9070页。
② （宋）陆九渊：《荆国王文公祠堂记》，《陆九渊集》，中华书局1980年版，第232页。
③ 蔡上翔：《王荆公年谱考略》，第2页。
④ （宋）陆游：《老学庵笔记》卷九，三秦出版社2003年版，第313页。
⑤ 陈来：《略论早期道学话语的形成》，《石家庄学院学报》2009年第2期。
⑥ （宋）朱熹：《四书章句集注》（上），金良年译，上海古籍出版社2006年版，第35页。

兴废本身就与皇权有莫大关系，神宗、徽宗推崇有加，新学获得官方身份，鼎盛一时，高宗态度反复①，新学趋向衰落，再加上"朝廷所尚，士大夫因之"的刺激，士子望风而动，到南宋初期，研习、传承荆公新学已无复几人矣。雪上加霜的是，新学思想的载体——经学文本在程门后学的持续攻击下，雕版被毁，以致荆公《三经新义》《字说》，后世基本无传。失去经典的支撑，思想也就难以传承，这就从学派内核方面进一步瓦解了荆公新学。平实而论，若作为一种纯粹的学术，荆公新学或许本身并没有太大的问题，著名学者邓广铭先生就曾富有洞见地指出：

> 假如王安石不曾参预大政，不曾变法改制，他的那些学术思想见解，在他生前虽未必能风行一时，到他的身后，却必定还要被治经术的儒家们长久传承的。②

邓氏之言可谓确论，准确点出学术与皇权政治之间的微妙关系。也就是说，学术有其自身发展的逻辑，若要保持长久的生命力，就必须与皇权政治保持合理张力，必须与功名利禄保持一定的距离，而这一点吕思勉先生提揭得最为直接明白：

> 一种学术，当其与名利无关时，治其学者，都系无所为而为之，只求有得于己，不欲眩耀于人，其学自无甚流弊。到成为名利之途则不然。治其学者，往往不知大体，而只斤斤计较于一枝一节之间。甚或理不可通，穿凿其说。或则广罗异说，以自炫其博。引人走入旁门，反致抛荒正义。从研究真理的立场上言，实于学术有害。但流俗的人，偏喜其新奇，以为博学。此等方法，遂成为哗众取宠之资。③

---

① 宋高宗执政之初，推崇洛学，反对新学，提出"朕最爱元祐"，后又同情新学，罢禁"伊川学"。这种依违态度，极大地影响荆公新学的发展，也难以阻挡荆公新学的衰败。
② 邓广铭：《邓广铭学术论著自选集》，首都师范大学出版社1994年版，第286页。
③ 吕思勉：《吕著中国通史》，华东师范大学出版社1992年版，第274页。

在吕思勉看来，学术只有与名利无关才能永葆生机，否则必然如荆公新学一样因皇权政治的向背而大起大落。换而言之，在"君子小人进退之机，实系于人君"①的皇权社会，学术既不能作为皇权政治的附庸，亦不能完全脱离皇权政治，而是应该与皇权政治保持一定的张力，在相切互动的状态中保持良性的发展。

三 排佛与辟佛

佛学自西传以来，一定程度上受到儒学的批判，尤其是到宋代时，批判的重心已转向义理，而不再像以前只是从外在批判佛教。我们知道，宋明理学正是针对佛教的泛滥而兴起，佛教也因宋明理学的崛起，而一改隋唐鼎盛的命运，钱穆先生就曾敏锐地指出："有了宋明儒，佛学才真走上衰运，而儒家则另有一番新生命新气象。"② 回到程门后学这，他们破斥佛教亦是振兴洛学、对抗王学的题中之义。杨时说："道废千年，学士大夫溺于异端之习久矣，天下靡然成风，莫知以为非，士志于道者，非见善明用心刚，往往受变而不自知此俗习之移人，甚可畏也。若夫外势利声色不为流俗诡谲之行，以是为不变于俗则于学者未足道也。"③ 可见，佛氏对于天下的毒害已成为儒士维护儒家正统所必须破除的对象。二程后学，多数被认为已经滑向佛学，这一现象在程颐在世时，已经显露端倪。据载，程颐自涪归来，见学者凋落，多从佛学，独先生（杨时）与谢丈不变，因叹曰："学者皆流于夷狄矣，唯有杨谢二君长进。"④《朱子语类》载："一日，论伊川门人，云：'多流入释氏。'文蔚曰：'只是游定夫如此，恐龟山辈不如此。'曰：'只《论语》序便可见。'"⑤ 朱子也说："伊川之门，谢上蔡自禅门来"⑥，"程门高弟如谢上蔡、游定夫、

---

① 吕中：《宋大事记讲义》卷十九，文渊阁四库全书，台湾商务印书馆1986年影印版，第378页。
② 钱穆：《中国思想史》，九州出版社2012年版，第168页。
③ （宋）杨时：《与杨仲远一》，《龟山集》卷十六，第89页。
④ （宋）程颢、程颐：《河南程氏外书》卷十二，《二程集》，第429页。
⑤ 朱杰人等编：《朱子语类》卷一百零一，《朱子全书》（修订本）第17册，第3359页。
⑥ 朱杰人等编：《朱子语类》卷一百零一，《朱子全书》（修订本）第17册，第3358页。

杨龟山辈，下梢皆入禅学去"①。"游杨谢三君子初皆学禅。后来余习犹在，故学之者多流于禅。游先生大是禅学。"② 胡安国更为严苛，直指："定夫为程门罪人，何其晚谬，一至斯与！"③ 硕儒的批评显然不是无凭无据，且从其本人的交往和思想来看，确与佛学纠缠不清，他们一面与佛教高僧往从甚密，如朱子说："游定夫学无人传，无语录。他晚年嗜佛，在江湖居，多有尼出入其门。"④ 另一方面思想主张里佛学成分甚重，谢良佐甚至"以禅证儒"。他提出的"敬是常惺惺"，直接借用的就是佛教术语。程门后学虽多被批流入佛学，但这不影响其对佛学讨伐的热情，只是由于其学术不纯，而最终被裹挟进去。朱子敏锐地意识到这个问题，他说："程门诸子在当时亲见二程，至于释氏，却多看不破，是不可晓。"⑤ 又说："程先生当初说得高了，他们只见一截，少下面着实工夫，故流弊至此。"⑥ 因此，虽然程门后学在辟佛方面多有瑕疵，但其破佛立儒的努力则不应被忽视。儒佛区别甚多，一一列举不可能也无必要，故择其要以展现程门后学排佛的焦点和方向。1. 有内无外：谢良佐在被问及儒释之辨时说："吾儒下学而上达，穷理之至，自然见道，与天为一。故孔子曰：知我者其天乎，以天为我也，佛氏不从理来，故不自信，必待人证明然后信。"⑦ 他又说："释氏所以不如吾儒，无义以方外一节，义以方外便是穷理。释氏却以理为障碍，然不可谓释氏无见处，但见了不肯就理，诸公不须寻见处。但且敬与穷理，敬以直内义以方外，然后成德。故曰德不孤。"⑧ 谢良佐总体认为佛氏只有上达，而无下学一节，非全体达用之学。胡宏与谢良佐见处实无二，他说："释氏定其心而不理于事，故听其言如该通，征其行则颠沛，儒者理于事而心有止，故内不失

---

① 朱杰人等编：《朱子语类》卷一百零一，《朱子全书》（修订本）第17册，第3358页。
② 朱杰人等编：《朱子语类》卷一百零一，《朱子全书》（修订本）第17册，第3358页。
③ （明）黄宗羲：《鹰山学案》，《宋元学案》卷二十六，第994页。
④ 朱杰人等编：《朱子语类》卷一百零一，《朱子全书》（修订本）第17册，第3359页。
⑤ 朱杰人等编：《朱子语类》卷一百零一，《朱子全书》（修订本）第17册，第3361页。
⑥ 朱杰人等编：《朱子语类》卷一百零一，《朱子全书》（修订本）第17册，第3358页。
⑦ 朱杰人等编：《上蔡语录》，《朱子全书》外编第3册，第25页。
⑧ 朱杰人等编：《上蔡语录》，《朱子全书》外编第3册，第34页。

成己，外不失成物，可以赞化育而与天地参也。"① 胡宏认为佛氏有内无外，有理无事，在现实事业上缺了一节，这也是儒家批驳佛教的基本指向。2. 以实为空：胡宏说："释氏以尽虚空沙界为吾身，大则大矣，而以父母所生之身为一尘刹幻化之物，而不知敬焉。是有间也，有间者至不仁也，与区区于一物之中沈惑而不知反者何以异？"② 胡宏认为佛教以大千世界实存的万物为空，空才是世界的本来面貌，而正是这实质上即本体论上的分歧，导致了儒佛的异途异归的理论走向。胡寅作为系统辟佛的斗士，他阐述得更加明确："佛之道，以空为至，以有为幻，此学道者所当辨也。今日月运乎天，山川着乎地，人物散殊于天地之中，虽万佛并生，亦不能消除磨灭而使无也。"③ 他也把实空之辩作为儒佛的分际。3. 心性之辨：对心性之辨的探讨可谓直击儒佛之别的本质。杨时说："六经不言无心，惟佛氏言之。"④ 胡宏说："释氏直曰吾见是性，故自处以静而万物之动不能裁也。自处以定而万物之纷不能止也，是亦天地一物之用耳。自道参天地明，并日月功用配鬼神者，观之则释氏小之为丈夫矣，其言夸大岂不犹坎井之蛙欤。"⑤ 谢良佐说："释氏所谓性，乃吾儒所谓天。释氏以性为日，以念为云，去念见性，犹披云见日，释氏之所去正吾儒之当事者。吾儒以名利关为难透，释氏以声色关为难透，释氏不穷理以去念为宗，释氏指性于天，故蠢动含灵与我同性，明道有言以吾儒观释氏终于无异，然而不同。"⑥ 他们认为佛教以心为本，性不具道德意识而无差别，这与儒家所强调的"性"的差异截然相反。同时他们也认为佛教论心是有体无用，把心分为本体与现象两层存在，而儒学论"心"是体用、动静等合一的。程门后学的排佛论继承二程排佛而拒绝儒、佛会通的思路，在心性论上的批判更加深刻和详尽。这彰显了程门后学的理论深度和魅力，促进了洛学学理的发展。

---

① （宋）胡宏：《知言》卷一，《胡宏著作两种》，王立新校，第10页。
② （宋）胡宏：《知言》卷二，《胡宏著作两种》，王立新校，第16页。
③ （宋）胡寅：《崇正辨》，文津阁四库全书，商务印书馆2008年版，第15页。
④ （宋）杨时：《荆州所闻》，《龟山集》卷十，第63页。
⑤ （宋）胡宏：《知言》卷一，《胡宏著作两种》，王立新校，第11页。
⑥ 朱杰人等编：《上蔡语录》，《朱子全书》外编第3册，第11页。

四　积极参政

在中国学术史上，学术与政治的关系从来都不是截然分隔的。两宋之际，洛学的命运可谓是这一历史现象的生动注脚。如程颐弟子李朴所论："熙宁元丰以来，政体屡变，始出一二大臣，所学不同，后乃更执圆方，互相排击，失今不治，必至不可胜救。"① 李朴的话实是对当时社会现状的真实描述，当权大臣由于所学不同，在选拔官吏方面，必然倾向志同道合者，从而通过政治影响学术。程门弟子如杨时，南渡前后获得重用，虽并不意味着洛学的全面转势，但不失为洛学拨开云雾见晴天的积极信号。杨时利用政治地位和学术影响，广招门徒，弟子过千，为洛学的复兴积淀传道群体。罗从彦说："龟山倡道东南，从游者千余人。"② 即使当国者并非真心复兴洛学，如吕好问、胡安国推荐尹焞为侍讲时，高宗言道："尹焞学问渊源，足为后学矜式，班列中得，老成人为之领袖，亦足以见朝廷气象。"③ 高宗之言虽是为了粉饰朝廷而起用尹焞，但其作为南渡后的洛学领袖，其正面昭示意义是值得肯定的。尹焞积极卫道，在其赴任途中，闻听陈公辅上书诋毁伊川学，当即辞任不就。卫道之心可见一斑。程颐的再传弟子张浚，位至宰相，与赵鼎大量擢用洛学弟子，一时洛学弟子见用于朝廷内外。当然，这离不开对洛学不反感的宋高宗的支持。全祖望论道："中兴二相，丰国赵公尝从邵子文游，魏国张公尝从谯天授游，丰公所得浅而魏公则惑于禅宗，然伊洛之学从此得昌。"④ 虽然二人皆有不足之处，但洛学的复振则归功于二者的接引。"丞相赵丰公方振洛学，已起用和靖、汉上诸老。"⑤ 而洛学名士胡安国、尹焞、范冲和朱震得到朝廷的重用，亦是张浚的功劳，这些洛学弟子仕途上的突破，极力推动洛学走出颓势。胡安国说："虽崇宁间，曲加防禁，

---

① 刘浦江：《宋史》卷三七七，列传第一三六，第8154页。
② 吴洪泽、尹波主编：《豫章罗先生事实》，《宋人年谱丛刊》第6册，四川大学出版社2002年版，第3788页。
③ （明）黄宗羲：《横渠学案》（下），《宋元学案》卷十八，全祖望补，第756页。
④ （明）黄宗羲：《周许诸儒学案》，《宋元学案》卷三十二，全祖望补，第1411页。
⑤ （明）黄宗羲：《刘李诸儒学案》，《宋元学案》卷三十，全祖望补，第1076页。

学者私相传习不可遏也。其后颐之门人，如杨时、刘安节、许景衡、马伸、吴给等稍稍进用，于是传者浸广，士大夫争相淬砺。"① 洛学虽然遭到学禁打击，但由于程门弟子杨时等的任用，师承洛学之士仍不乏来者，莫不以投身洛学为荣，不言而喻，弟子政治地位的晋升，相应地引起学习洛学的热潮。但好景不长，秦桧当国，对洛学的态度随宋高宗一样，由喜变恶，对洛学采取高压政策，程颐再传弟子韩元吉（师从尹焞）论道："建炎龙兴，先生门弟子相继有闻，《易》、《春秋》、《孟》、《语》之学始行与天下，而赵丞相曾官于洛，素知推敬其书，一时士君子靡然向之。及秦益公当国，诸贤零落殆尽。秦亦旧从洛学者也，晚乃谓人为其所惑盖三十年，且诋其说为先提手，由是虽进士之文，亦不复道之矣。"② 韩氏之说可谓切实之论，秦桧早时也深喜洛学，后转而否定洛学，且其本人实属奸诈小人，其好恶程度较之他人对洛学的打击更为严重。他一面打击洛学，另一面又笼络故交，朱子云："秦桧当国却留意故家子弟，往往被他牢笼出去，多坠家声，独明仲兄弟却有树立，终不归附。"③ 明仲兄弟即胡宏、胡寅等人，积极维护洛学，对秦桧的笼络予以拒绝。胡宏"初以荫补右承务郎，避桧不出，至桧死，被召以疾卒"④，而胡寅则"秦桧当国，乞致仕，归衡州，桧既忌先生，虽告老犹愤之坐与李光书讥讪朝政，安置新州，桧死复官。"⑤ 同时，朱震和尹焞亦同样展现正统儒家"进退以义"的士人情怀。当陈公辅奏言："伊川之徒，伪为大言，皆宜屏绝，于是朱公震求去，上坚留之；和靖亦辞召命。"⑥ 以胡氏兄弟为代表的洛学弟子在政治上的抗争为洛学保留了纯洁的火种，否则必如王学一样，因被臭名昭著的蔡京推崇而遭后人唾弃。直到尊奉王学的秦桧去世，推崇洛学的孝宗即位后，洛学才迎来了迟到的春天。程门后学尤袤记载："乾淳间，程氏学稍振"⑦，可谓实情。两宋之际，洛学伴随程门

---

① （明）黄宗羲：《伊川学案》（下），《宋元学案》，全祖望补，第648页。
② 韩元吉：《南涧集》，文津阁四库全书，商务印书馆2008年影印版，第36页。
③ （明）黄宗羲：《陈邹诸儒学案》，《宋元学案》卷三十五，第1214页。
④ （明）黄宗羲：《五峰学案》，《宋元学案》卷四十二，全祖望补，第1367页。
⑤ （明）黄宗羲：《衡麓学案》，《宋元学案》卷四十一，全祖望补，第1342页。
⑥ （明）黄宗羲：《水心学案》（上），《宋元学案》卷五十四，全祖望补，第1742页。
⑦ （明）黄宗羲：《龟山学案》，《宋元学案》卷二十五，全祖望补，第982页。

后学在政治上的浮沉而在兴衰之间游走,但也正是大批弟子在政治上"行道不以用舍为加损"的情怀,使洛学在历经大浪淘沙之后,沉淀下来,成为南宋中期以后学术界的强势话语。

总而言之,程门后学通过在经学、判教、政治上等的不懈努力,使得洛学在两宋之际复杂的学术局面下得以保存并延续下来,程门后学群体庞大,再加上两宋之际复杂的政治和学术局面,欲对其复振洛学进行细致入微的揭示和彰显,非寥寥数语可得,且限于篇幅,只能择其复振洛学之重要维度,揭开学术史的冰山一角,展现程门后学在复振洛学的卓越贡献,从而使这段复杂的学术史走向清晰和明确,加深我们对洛学命运的理解。

第三节 谢良佐的思想

谢良佐(1050—1103),字显道,河南上蔡人。在程门弟子当中地位甚高,尤为二程所赞赏,程颢说:"此秀才展拓的开,将来可望。"① 而程颐曾指良佐谓朱公掞说:"此人为切问近思之学。"② 后黄宗羲说:"程门高弟,余窃以上蔡为第一。"③ 全祖望说:"洛学之魁,皆推上蔡。"④ 从二程、黄宗羲以及全祖望这些先贤往圣的评述中可见谢良佐在程门中的卓绝地位。洛学宗师二程在高标"天理"之本体后,以谢良佐为代表的门人弟子基本搁置对理气论等本体问题的讨论,重点转向对心性论的探索。然学界仅有的关于谢良佐的研究成果,一方面多从仁、天理等哲学范畴解读谢良佐的思想,缺乏将其置于是时的学术思潮中予以动态、整体的思考和观照;另一方面在史料引用上少有关注陈来先生主编的《早期道学话语的形成与演变》一书中所辑录的谢良佐佚著《论语解》。因此,转换研究视角,紧扣时代热点,引用未采史料,回归到是时的学术思潮之中,以当时学界儒释道辩论的核心话题以及二程洛学的核心话语

---

① 朱杰人等主编:《上蔡语录》卷三,《朱子全书》外编第3册,第18页。
② (明)黄宗羲:《上蔡学案》,《宋元学案》卷二十四,全祖望补,第916页。
③ (明)黄宗羲:《上蔡学案》,《宋元学案》卷二十四,全祖望补,第916—917页。
④ (明)黄宗羲:《上蔡学案》,《宋元学案》卷二十四,全祖望补,第916—917页。

心性论为切入点，分析谢良佐在此问题上对二程的承继、融合、突破与超越，从而彰显谢良佐的理论特质以及二程洛学思想的演进与嬗变。

一 "天理者，自然的道理"

谢良佐是二程门下为数不多的对洛学"天理"思想进行承继和发展的弟子，他首先认为"天理"是自然的道理，这也是其标志性的理论，他说：

> 天理者，自然底道理，无毫发杜撰。①
> 学者直须明天理，为是自然底道理，移易不得。②
> 物物皆有理，自然之理也，天也。③

可以看出，谢良佐认为"天理"并非是人为杜撰的，是自然而然、不假安排的，且这"天理"是涵盖整个宇宙及万物的。可见，谢良佐从"天理"的性质以及"天理"的创生过程的角度来认识，把"天理"理解为贯通宇宙和社会的普遍原理，这显然是对二程思想的承继，如程颢说："天地万物之理，无独必有对，皆自然而然，非有安排也"④，可见，谢良佐与其师思想的一致，只是谢良佐更为凸出"天理"的自然一面，尤其是强调伦理的一面，他说："仁者，天之理，非杜撰也"⑤，又说："所谓天者，理而已。只如视听动作，一切是天"⑥，由此可以看出，谢良佐更为偏向的是"天理"的伦理指向，也就是有将"天理"道德化的倾向，当然这也符合儒家道德哲学的基本宗旨。

既然"天理"是贯通宇宙和人伦的，是普遍性的道理，作为现实中的人，就必须去体认"天理"，他明确指出："所谓格物穷理，须是识得

---

① 朱杰人等主编：《上蔡语录》卷上，《朱子全书》外编第3册，第4页。
② 朱杰人等主编：《上蔡语录》卷上，《朱子全书》外编第3册，第5页。
③ 朱杰人等主编：《上蔡语录》卷上，《朱子全书》外编第3册，第7页。
④ （宋）程颢、程颐：《河南程氏遗书》卷十一，《二程集》，第121页。
⑤ 朱杰人等主编：《上蔡语录》卷上，《朱子全书》外编第3册，第3页。
⑥ 朱杰人等主编：《上蔡语录》卷上，《朱子全书》外编第3册，第10页。

天理使得。……识得天理，然后能为天之所为"①，谢良佐认为学问工夫必须以识得本体、识得"天理"为先，也就是去体认"天理"，那什么是"天理"呢？谢良佐说：

> 今人乍见孺子将入于井，皆有怵惕恻隐之心。方乍见时，其心怵惕，即所谓天理也。要誉于乡党朋友，内交于孺子父母兄弟，恶其声而然，即人欲耳。天理与人欲相对，有一分人欲即灭却一分天理，有一分天理即胜得一分人欲。②

谢良佐引用《孟子》，认为那种见孺子入于井时，不假思虑所产生的怵惕之心，那种意识，就是天理，反之，若是为了结交孩子的父母，博取乡党朋友的好感，这就是人欲。所以谢良佐认为体认"天理"就是去体认人伦的道德法则，就是"穷理"。总而言之，谢良佐的"天理"说基本沿袭程颢的观点，但更为偏重道德伦理的一面。

二 性体心用③

"心"与"性"是心性论的基本支点，宋代以前的哲学史论"性"多于谈"心"，甚至往往不加分别地使用，这从汉唐学者多谈人性论，而不及心性论可以得到印证，即使经过北宋前期儒释道三教在此问题上的激烈争辩，到二程之时仍然对心、性经常混而不分，如程颢在《定性书》中所言的"定性"实际上说的乃是"定心"之意④，也就是如何使心不累于万物，从而保持平静无扰，而程颐亦说："孟子曰'尽其心，知其

---

① 朱杰人等主编：《上蔡语录》卷中，《朱子全书》外编第3册，第4页。
② 朱杰人等主编：《上蔡语录》卷中，《朱子全书》外编第3册，第4页。
③ 朱子亦曾以"性体心用"概括谢良佐之学，他说："心性体用之云，恐自上蔡谢子失之。"[参见（明）黄宗羲《上蔡学案》，《宋元学案》卷四十二，第1377页]
④ 朱子说："舜弼问：'《定性书》也难理会'，曰：'也不难。定性字说得也诧异，此性字是个心字意，明道言语甚圆转，初读未晓得，都没理会，子细看却成段相应，此书在鄠时作年甚少。'"[朱杰人等主编：《朱子语类》卷九十五，《朱子全书》（修订本）第17册，第3209页]

性'。心即性也"①，可见二程还没有明确界定"心"与"性"的差异，仍有混淆使用之嫌，而这到二程弟子那已经有意识地进行区分，尤以谢良佐最为显著，他说：

> （曾本云）问孟子云"知天、事天如何别？"曰："今人莫不知有君，能事其君者少，存心养性便是事天处。"……曰："心性何别？"曰："心是发用处，性是自然。"②

从谢上蔡的答语中，可见当时之世学者多缺乏具体的操存工夫，同时他认为心、性是有明显差异的，"心"是发用处，也就是意念的发用之地，这里谢良佐实际上主张的是以作用为心，而与佛教的以作用为性相异，但他与程颢一样，并未对此"发用"进行详细的阐释。对于"性"，他以"自然"解释，这与其对"理"的解释可谓同出一辙，他说："自然不可易底，便唤作道体"③，又说："所谓天理者，自然底道理，无毫发杜撰"④，在上蔡看来，无论是"道体"，还是"天理"，都是自然而然，没有人为的造作和杜撰，这与二程，尤其是程颢的主张是一致的。在上蔡哲学中，性、道体、天理是异名而同实的，"自然而然"则是它们的共性，上蔡的这种解释是符合正统儒家的主张的，虽然谢良佐在心性之别上仍显粗糙，但这种理论推进的努力是值得肯定的。他更从儒释对比中区分"心"与"性"，他说：

> 佛之论性，如儒之论心；佛之论心，如儒之论意。循天之理便

---

① （宋）程颢、程颐：《河南程氏遗书》卷十八，《二程集》，第204页。劳思光认为此处所谓"心即性"指的是人之有"自觉主宰"之能力，即人之"本性"也。虽如此，但劳思光亦承认程颐有将"心"与"性"二字混淆，与明道相似。（参见劳思光《新编中国哲学史》卷三上，广西师范大学出版社2006年版，第174—175页）程颐、朱子当然也可以讲"心即性"，但不是实然层面的。
② 朱杰人等主编：《上蔡语录》卷中，《朱子全书》外编第3册，第29页。
③ （明）黄宗羲：《上蔡学案》，《宋元学案》卷二十四，全祖望补，第935页。
④ 朱杰人等主编：《上蔡语录》卷上，《朱子全书》外编第3册，第4页。

是性，不可容些私意，只有意，便不能与天为一。①

释氏所谓性，乃吾儒所谓天。释氏以性为日。②

孟子所以异于释氏，心也。③

心本一，支离而去者，乃意尔。④

从本体上区分儒释，程颐早就以"圣人本天，释氏本心"⑤示之，谢良佐承之，他认为佛教论"性"主"作用是性"，即以人的知觉活动为性，而在儒家看来，人的知觉活动只能是"心"所专有的功能，若把"心"的一切功能都当作"性"之本体的自然呈现，就容易使人走向明末王学"一念发动即是良知"的任意妄行之窠臼。对此，上蔡有明确表述："见于作用者，心也"，"意"虽然是"心"之所发，但"意"并非涵盖所有的意念，而专指私意。至于佛教所说的"性"不过是儒家的"心"，而佛教讲的"心"，是儒学所讲的"意"，不过是"心之所发"而已，不能与"心"等同。可见，谢良佐实际是降低了佛教所讲的"心""性"的地位，明辨两者的差异。朱子对谢上蔡此意赞赏有加，他说：

上蔡云"释氏所谓性，犹吾儒所谓心；释氏所谓心，犹吾儒所谓意。"此说好。⑥

至于赞赏的缘由，朱子并未进一步解释，但至少表明他对谢良佐的观点是认可的。在明辨"心"与"性"的差异后，谢良佐对心性关系论道："性，本体也。目视耳听，手举足运，见于作用者，心也"⑦，谢良佐明确以"性体心用"表述两者的关系，"性"为"心"之本体，而"心"被限定为作用。谢良佐的这种划分类似于传统儒家的观点，即将性作为本

---

① 朱杰人等主编：《上蔡语录》卷中，《朱子全书》外编第3册，第28页。
② 朱杰人等主编：《上蔡语录》卷上，《朱子全书》外编第3册，第15页。
③ 朱杰人等主编：《上蔡语录》卷上，《朱子全书》外编第3册，第16页。
④ 朱杰人等主编：《上蔡语录》卷下，《朱子全书》外编第3册，第34页。
⑤ （宋）程颢、程颐：《河南程氏遗书》卷二十一下，《二程集》，第274页。
⑥ 朱杰人等主编：《朱子语类》卷一百零一，《朱子全书》（修订本），第17册，第3367页。
⑦ 朱杰人等主编：《上蔡语录》卷上，《朱子全书》外编第3册，第2页。

体，情作为发用，心则等同于情。这种对心性关系的论述遭到朱子的强烈反对，朱子说：

> 谢氏心性之说如何？曰："性，本体也，其用情也，心则统性情该动静而为之主宰也。故程子曰'心一也，有指体而言者，有指用而言者，盖谓此也。'今直以性为本体，而心为之用，则情为无所用者，而心亦偏于动矣。"①

朱子认为谢良佐之说既与程颐之意不同，更与己意有异，缘由在于他的"性体心用"之说一方面使"情"无所着落，另一方面以作用为"心"，使"心"失却静的一面而永远处在已发的动之中。可见，朱子是以张载"心统性情"的模式来批评谢良佐的"性体心用"之说，理论相抵牾自不用言说。虽如此，但谢良佐区分心、性，则突破二程心性混而不分的主张，明确厘定心性的概念，尤其是他的"性体心用"之说则是他融合程颢的"本心即性"和程颐的"心分体用"，创造性地提出的观点，直接为湖湘学派的"性本论"所承继和发扬。②

三 "以觉言仁"与"离爱言仁"

"仁"是传统儒学的核心范畴，亦是心性儒学的主旨。宋代以前学者多从用的角度，以爱的方式言"仁"，而到宋代，在辟佛兴儒的刺激下，儒家学者则着意凸显仁的本体、超越的一面。谢良佐首先承继程颢、程颐③的从"生"的角度言"仁"的方式，他说：

> 心者何也？仁是已。仁者何也？活者为仁，死者为不仁。今人

---

① 朱杰人等主编：《孟子纲领》，《朱文公文集》卷七十四，《朱子全书》（修订本）第24册，第3584页。

② 湖湘学派的代表性人物胡宏说："圣人指明其体曰性，指明其用曰心。性不能不动，动则心矣。"（胡宏：《胡宏集》，中华书局1987年版，第336页）

③ 以往学界多认为以生言仁乃程颢专属，而实际上程颐亦说："心譬如谷种，生之性便是仁也。"[（宋）程颢、程颐：《河南程氏遗书》卷十八，《二程集》，第184页]

> 身体麻痹不知痛痒谓之不仁，桃杏之核可种而生者谓之桃仁杏仁，言有生之意。推此仁可见矣。①

在此，谢良佐认为"心"就是"仁"，仁与不仁的区别就在于是否有生意，但不同的是"程颢的生是就天地万物本然状态而言，……上蔡此处是就人心的知觉状态而言"②。也就是说，上蔡虽继承二程，但理论主旨却不尽相同，他更为强调从人的生理的感受性言"仁"，他说：

> 有知觉、识痛痒，便唤作仁。③
> 仁是四肢不仁之仁，不仁是不识痛痒，仁是识痛痒。④
> 心有所觉谓之仁。仁则心与事为一。草木五谷之实谓之仁，取名于生也。生则有所觉矣。四肢之偏痹谓之不仁，取名于不知觉也。不知觉则死矣。事有感而随之以喜怒哀乐，应之以酬酢尽变者，非知觉不能也。身与事接，而心漠然不省者，与四体不仁无异也。……此善学者所以急急于求仁也。⑤

知觉属"心"之功能为张载所明确。张载提出："合虚与气，有性之名；合性与知觉，有心之名"⑥，他重点强调"心"不仅包含"性"，更有知觉活动的一面。

而程颢则将这种知觉性直接规定为"仁"，谢良佐则明确继承程颢以生理性、感受性的"痛痒"言觉，能够感受到"痛痒"，感受到这种感通性、流畅性即是仁，但其本意并非仅止于一般肢体性是否通畅的感觉，而是更高层次的境界，即一种道德的觉悟，谢良佐说"知者，心有所觉也"⑦ 即此意。

---

① 朱杰人等主编：《上蔡语录》卷上，《朱子全书》外编第 3 册第 2 页。
② 陈来：《仁学本体论》，生活·读书·新知三联书店 2014 年版，第 272 页。
③ （明）黄宗羲：《上蔡学案》，《宋元学案》卷二十四，全祖望补，第 935 页。
④ 朱杰人等主编：《上蔡语录》卷中，《朱子全书》外编第 3 册第 20 页。
⑤ 朱杰人等主编：《论语精义》卷六下，《朱子全书》（修订本）第 7 册，第 417 页。
⑥ （明）黄宗羲：《横渠学案》（上），《宋元学案》卷十七，全祖望补，第 672 页。
⑦ 朱杰人等主编：《论语精义》卷四上，《朱子全书》（修订本）第 7 册，第 273 页。

可见，谢良佐推进和深化程颢的主张，直接将程颢所言的感受性，以"觉"视之，但由于他并未真切体悟其师的哲学内涵，故他的学说与其师存在相歧之处，招致朱子的激烈批判，朱子说：

> 或问："谢上蔡以觉言仁是如何？"曰："觉者是要觉得个道理，须是分毫不差，方能全得此心之德，这便是仁，若但知得个痛痒，则凡人皆觉得，岂尽是仁者耶，医者以顽痹为不仁，以其不觉故谓之不仁，不觉固是不仁，然便谓觉是仁则不可。"①

朱子认为上蔡的"觉"与知觉痛痒一样属生理层面，且"觉"与"仁"只能单向解释，而不能互训。朱子的批评并非妄言，他认为："上蔡之病患在以觉为仁，但以觉为仁，只将针来刺股上才觉得痛亦可谓之仁矣，此大不然矣。"② 在上蔡著作中，他反复以人体知觉痛痒来解释仁，朱子说：

> 上蔡以知觉言仁，只知觉得那应事接物底，如何便唤做仁，须是知觉那理方是，且如一件事是合做与不合做，觉得这个方是仁。唤着便应觉着便痛，这是心之流注在血气上底觉得那理之是非，这方是流注在理上底，唤着不应觉着不痛，这个是死人，固是不仁，唤得应抉着痛，只这便是仁，则谁个不会如此，须是分作三截看，那不关痛痒底是不仁，只觉得痛痒，不觉得理底，虽会于那一等，也不便是仁，须是觉这理方是。③

朱子认为"觉"须落在实处，不能只是觉个痛痒，而要"觉理方是"，也就是觉解到"一件事是合做与不合做"的理，这才是落实到实处，才是"仁"，否则"觉"就落在空处，谢良佐恰恰落入此窠臼。更为重要的是，

---

① 朱杰人等主编：《朱子语类》卷一百零一，《朱子全书》（修订本）第17册，第3365—3366页。
② 朱杰人等主编：《朱子语类》卷二十，《朱子全书》（修订本）第14册，第691页。
③ 朱杰人等主编：《朱子语类》卷一百零一，《朱子全书》（修订本）第17册，第3366页。

朱子认为谢良佐的以觉言仁，难以与佛氏划清界限，在与弟子的问辩中，朱子说：

> 问："上蔡以觉训仁，莫与佛氏说异，若张子韶之说则与上蔡不同。"曰："子韶本无定论，只是迅笔便说，不必辨其是非。某云佛氏说觉，却只是说识痛痒。"曰："上蔡亦然。"又问："上蔡说觉乃是觉其理。"曰："佛氏亦云觉理，此一段说未尽，客至起。"①

虽然最后并未探讨清楚，但在朱子眼中，上蔡之说实与佛教同出一辙。上蔡之说源于程颢确然无疑，但上蔡之说与程颢仍存差异，朱子认为：

> 行夫问"觉"，曰："程子云：'知是知此事，觉是觉此理。'"②
> 问："遗书中取医家言仁，又一段云医家以不识痛痒为不仁，又以不知觉不认义理为不仁，又却从知觉上说"，曰："觉是觉于理。"问与上蔡同异，曰："异，上蔡说觉只见此心耳。"③

在朱子看来，程颢与谢良佐虽然都强调"以觉训仁"，但程颢是要觉理，而上蔡则只是以觉识心。朱子对谢氏之批评，有确然处，亦有过当处。但无论如何，"明道所说的知觉是一种大心同体的内在感受和体验，并不是知痛痒一类的直接经验，而上蔡则明确宣称'仁'是'有知觉、识痛痒'，这就容易使境界混同于感觉"④，可见，谢良佐虽继承程颢，但旨趣已呈现差异，谢良佐更多的是在"觉"上较之程颢更为详细和丰富，更精微地分析"仁"的结构以及与心的关系，凸显"心"的地位，推进"仁"与心性的关联，成为张九成"仁即是觉，觉即是心"理论的直接

---

① 朱杰人等主编：《朱子语类》卷一百零一，《朱子全书》（修订本）第17册，第3366—3367页。
② 朱杰人等主编：《朱子语类》卷五十八，《朱子全书》（修订本）第16册，第1859页。
③ 朱杰人等主编：《朱子语类》卷三十三，《朱子全书》（修订本）第15册，第1196页。
④ 陈来：《程门仁说略论》，《二程与宋学——首届宋学暨程颢程颐国际学术研讨会论文集》，2012年。

来源。

谢良佐除继承和推阐程颢的"以觉言仁"外，他同样也认可程颐所反对的"以爱言仁"之说。程颐说：

> 问仁，曰："此在诸公自思之，将圣贤所言仁处，类聚观之，体认出来。孟子曰：'恻隐之心，仁也。'后人遂以爱为仁。恻隐固是爱也，爱自是情，仁自是性，岂可专以爱为仁？孟子言恻隐为仁，盖为前已言'恻隐之心，仁之端'。既曰仁之端，则不可便谓之仁。退之言'博爱之谓仁'，非也。仁者固博爱，然便以博爱为仁，则不可。"①
>
> 仁者必爱，指爱为仁则不可。②

"以爱言仁"是先秦以来儒家的主流说法，程颐认为这实是后人对孟子的误解，因为仁能包含爱，但爱却不能直接为仁，爱不过是仁的发用，且爱属于情，而仁则属于性，"性"与"情"自然不属于同一个层次，故不能等同。程颐所开启的反对"以爱训仁"说为谢良佐所继承，谢良佐说：

> 晋伯甚好学，初理会仁字不透，吾因曰："世人说仁，只管着爱上，怎生见得仁？只如'力行近乎仁'，力行关爱甚事？何故却近乎仁？推此类具言之"。晋伯因悟曰："公说仁字，正与尊宿门说禅一般。"③

从谢良佐的答语中可以看出，是时"以爱言仁"已然成为一种普遍性的看法，谢良佐显然反对此说，因为孔子在《论语》中多从"为仁""行仁"的角度言之，也就是强调具体的行仁之方。显然，谢良佐是认为"以爱言仁"说不如"力行"等更强调"仁"的导向现实生活的指向。

---

① （宋）程颢、程颐：《河南程氏遗书》卷十八，《二程集》，第182页。
② （宋）程颢、程颐：《河南程氏粹言》卷一，《二程集》，第1173页。
③ 朱杰人等主编：《上蔡语录》卷中，《朱子全书》外编第3册，第6页。

由此可见，谢良佐是在羽翼程颐的基础上，为反对"以爱言仁"说提出新的缘由。但必须明确的是，上蔡之说较之程颐则有矫枉过正之嫌，程颐是反对"以爱训仁"，仍强调仁主于爱，而谢良佐则直接"离爱言仁"，直接割裂"仁"与"爱"的关联，又走向另一极端。后来朱子对其中缘由分析道：

> 仁离爱不得，上蔡诸公不把爱做仁，他见伊川言"博爱非仁也，仁是性，爱是情"，伊川也不是道爱不是仁，若当初有人会问，必说道"爱是仁之情，仁是爱之性"，如此方分晓。惜门人只领那意，便专以知觉言之，于爱之说若将浇焉，遂蹉过仁地位去说，将仁更无安顿处。①

朱子认为谢上蔡等人之所以"离爱言仁"，乃是因为错解程颐之意，将程颐的有限反对理解为绝对强调，以至于出现偏差，使"仁"没有安顿之地。朱子的分析可谓确然。总体来说，谢良佐强调"以觉言仁"，实质上是"以心言仁"，将"心"的地位凸显出来，从而推动"儒家人生哲学的根基由汉唐时期的人性论向宋明时期的心性论转换"②。

四 以知仁、求仁为要

除强调"以觉言仁"外，谢良佐更从工夫的意义上着重突出知仁和求仁，而这集中体现在其轶著《论语解》中，现只能从朱子的著作中得以窥见，故我们首先从朱子对其思想的评判中来反观谢良佐的工夫主张，朱子道：

> 圣人只说做仁，如克己复礼为仁，是做的这个么样便是仁，上蔡却说知仁识仁煞有病。③

---

① 朱杰人等主编：《朱子语类》卷六，《朱子全书》（修订本）第14册，第261页。
② 李祥俊：《道通于———北宋哲学思潮研究》，北京师范大学出版社2006年版，第431页。
③ 朱杰人等主编：《朱子语类》卷四十一，《朱子全书》（修订本）第15册，第1476页。

第二章 学脉接续与思想推阐

其（上蔡）意不主乎为仁，而主乎知仁。①

从朱子的转述中可以得知，谢上蔡的工夫与圣人之意相悖，自孔孟以来，圣人只说为仁、做仁，而知仁、识仁则是为仁、做仁之后达至的境界，但上蔡却继承和发挥程颢的"学者须先识仁"②的观点，主张应以知仁、识仁为先务，也就是去体会仁者的精神境界。对于如何做到知仁，上蔡说：

仁虽难言，知其所以为仁者，亦可以知仁矣。③
知方所斯可以知仁，犹观天地变化草木蕃，斯可以知天地之心矣。④
三人之行，皆出于至诚恻怛，斯知仁矣。⑤
若实欲知仁，则在力行、自省，察吾事亲从兄时此心如之何，则知仁矣。⑥

在上蔡看来，达到知仁有以下几个途径：一是知其所以为仁；二是知仁之所在；三是"至诚恻怛"，即诚实无妄，恻隐恳切，也就是保持内心的坦诚，实际上就是他所说的"敬是常惺惺"，使内心时刻保持兢省的状态；四是要力行，自省，尤其在事亲从兄的日常行为中察见仁。由此可见，谢良佐的知仁工夫既包含内在的"敬""诚"，亦涵盖外在事亲从兄等人伦之事上的力行。较之程颢在《识仁篇》中强调的"诚敬"工夫，谢良佐的工夫兼摄内外，更为丰富完备。实际上，上蔡对"知仁"的强调表明其工夫论的走向是"先察识，后涵养"，也就是保证善良意志的准确无误，然后才能使心体流行无碍。他的"知仁"与"以觉训仁"并非

---

① 朱杰人等主编：《朱子语类》卷四十一，《朱子全书》（修订本）第15册，第1476页。
② （宋）程颢、程颐：《河南程氏遗书》卷二上，《二程集》，第17页。
③ 朱杰人等主编：《论语精义》卷一上，《朱子全书》（修订本）第7册，第33页。
④ 朱杰人等主编：《论语精义》卷三下，《朱子全书》（修订本）第7册，第241页。
⑤ 朱杰人等主编：《论语精义》卷九下，《朱子全书》（修订本）第7册，第595页。
⑥ 朱杰人等主编：《论语精义》卷一下，《朱子全书》（修订本）第7册，第31页。

是断裂的，恰好是顺承的，他说："知者，心有所觉也"①，上蔡对"知"的解释与传统儒家一致，在他看来，"知"是通"觉"的②，上蔡的"知仁"是其"以觉训仁"思想的直接演绎。

"求仁"之说出自《论语·述而》，乃孔子赞伯夷、叔齐之语，后成为"南宋早期道学的中心话语"③，而这与谢良佐、杨时等程门弟子的推崇分不开。在"求仁"上，谢良佐非常重视"求仁"之功，他说：

> 问："求仁如何下工夫？"谢曰："如颜子视听言动上做亦得，如曾子颜色容貌辞气上做亦得。出辞气者，犹佛所谓从此心中流出。"④

在此，谢良佐认为"求仁"不仅可以像颜回那样从具体的行为上做到，亦可以像曾子那样从外在的容貌辞气上得到，因为外在的辞气亦是由内在显发出来，正所谓"诚于中，形于外"而已。可见，谢良佐实际上是继承程颐的"主敬"思想的。程颐的"主敬"思想是要求从外在的行为举止和内在的主一无适入手，而谢良佐则认为外在的容貌齐整亦是由内在决定的，换而言之，良佐更为强调内在的工夫，这就与程颐之论有所不同，体现出程门后学在工夫上已有"内转"的倾向。但同时需要指出的是，上蔡在其哲学中一再强调"下学而上达"，他说：

> 谢子曰："道须是下学而上达始得。"⑤
> 学须先从理上学，尽人之理斯尽天之理，学斯达矣。下学而上达，其意如此。故曰"知我者其天乎。"⑥

---

① 朱杰人等主编：《论语精义》卷四上，《朱子全书》（修订本）第 7 册，第 273 页。
② 朱子说："觉是智，以觉为仁，则是以智为仁。觉也是仁里面物事，只是便把作仁不得。"［朱杰人等主编：《朱子语类》卷二十，《朱子全书》（修订本）第 14 册，第 690 页］可以看出朱子正是因为认为"觉"属于"智"，故不赞同谢良佐的"以觉言仁"，认为有将"仁"与"智"相混淆之嫌。
③ 陈来：《仁学本体论》，第 275 页。
④ 朱杰人等主编：《上蔡语录》卷上，《朱子全书》外编第 3 册，第 14 页。
⑤ 朱杰人等主编：《上蔡语录》卷上，《朱子全书》外编第 3 册，第 12 页。
⑥ 朱杰人等主编：《上蔡语录》卷中，《朱子全书》外编第 3 册，第 27 页。

上蔡认同《论语》"下学而上达"在体道中的重要性，学者须先识得道体，也就是其所说的"凡事须有根"，否则就流荡而无着落。学者为彻悟天理，则必须从人事上积累做起，唯有此才可以尽人事从而上达天理，上蔡之语似然无病，但其"下学而上达"已经偏离孔子乃至其师的本意。对此，朱子敏锐指出：

> 谢说则源于程子之意，而失之远矣。夫下学而极其道，固上达矣，然此方论下学之始为，未遽及夫极其道而上达之意也。①

朱子认为谢氏此论源于程子，但已然背离。程子的"下学而上达"是按照一定的为学次序着实去做洒扫、应对的工夫，而谢氏的主张有名无实，刚一涉及下学，便妄图上达超越之天理，无传统儒学的循序渐进之质。谢良佐本身就是颇具发越性的哲学家，他的工夫论的实质与其表述存在着截然相悖的矛盾，孔子所主张的"下学而上达"是经由切实的工夫而上达"天""本体"，程颐对此解释道："学者须守下学上达之语，乃学之要。盖凡下学之事，便是上达天理。然习而不察，则亦不能以上达矣。"②据上可知，谢良佐的工夫实质并非是"下学而上达"，而是超越程颢主张的"识仁"与"定性"以及程颐的"涵养须用敬，进学则在致知"，主张"知仁""识仁"，他在回答同门游酢之问时将其工夫表述得更加明确：

> 游子问谢子曰："公于外物，一切放得下否？"谢子谓胡子曰："可谓切问矣。"胡子曰："何以答之？"谢子曰："实向他道，就上面做工夫来。"胡子曰："如何做工夫？谢子曰："凡事须有根。屋柱无根，折却便倒。树木有根，虽翦枝条，相次又发。如人要富贵，要他做甚？必须有用处寻讨要用处，病根将来斩断便没事。"③

---

① 朱杰人等主编：《论语或问》卷十九，《朱子全书》（修订本）第6册，第907页。
② （宋）朱熹：《四书章句集注》（上），金良年译，上海古籍出版社2006年版，第205页。
③ 朱杰人等主编：《上蔡语录》卷上，《朱子全书》外编第3册，第12页。

谢良佐认为做工夫应该从根本处着手，就像树木一样，因为有根，即使枝条被剪断，亦依旧生发新枝，否则就像没有根的房柱一样，一推即倒。也就是说，谢良佐主张的是从大本、根本之处下手做工夫，也就是先要明体，然后可以达用。之所以如此，乃是因为他不重视"气质之性"或不从"气质之性"立论，导致对现实人心中的"恶"认识不足，故在工夫论上出现直从本体入手的倾向。因此，从总体来说，谢良佐虽吸收二程，但实质上更为接近程颢的工夫主张，直接形塑湖湘学派的"先察识，后涵养"工夫理论。

二程草创理学的体系与格局，程门弟子在问学二程，载道而归之后，依各自所理解的"二程"，进行思想的诠释和传播。谢上蔡作为二程门下最具创造性的弟子，他的思想不仅仅是对二程思想的简单羽翼和重复，而是在心性关系、仁学、工夫等方面吸收、融合二程，提出诸多创造性的观点，极大地开掘二程思想的衍化方向。正因为此，谢良佐被认为是湖湘一系理论建构的渊源与先导，他严分心性亦被湖湘学派承认和发展，如胡宏即说道："'心'、'性'二字，乃道义渊源，当明辨不失毫厘，然后有所持循矣"[①]，他的"性体心用"对湖湘学派建构"性本论"有着思想上的逻辑关联；他的"以觉言仁"被湖湘学派直接承继，并与朱子围绕此展开激烈辩论，成为南宋学术史上的焦点。谢良佐对朱子思想的形成多有发蒙之效，朱子曾自述道："某少时妄志于学，颇藉先生（谢良佐）之言以发其趣"[②]，以此可见谢良佐对朱子的影响，而这种影响一方面可从朱子第一部编纂、删定的著作即《上蔡语录》反映出来，另一方面更可从朱子对谢良佐所主天理既是主观的，又是客观的吸收融合得到进一步的印证[③]，所以黄宗羲称谢良佐乃"朱子之先河"[④]并非虚言。谢良佐推动二程洛学的心学化转变。全祖望曾在描述心学源流时说道："程门自谢上蔡、王信伯、林竹轩、张无垢至于林艾轩，皆其前茅，及象山

---

① （宋）胡宏：《与曾吉甫书三首》，《五峰集》卷二，《胡宏著作两种》，王立新点校，第113页。
② （明）黄宗羲：《上蔡学案》，《宋元学案》卷二十四，全祖望补，第917页。
③ 复旦大学哲学系中国哲学教研室主编：《中国古代哲学史》（下），第535页。
④ （明）黄宗羲：《上蔡学案》，《宋元学案》卷二十四，全祖望补，第917页。

而大成"①，全氏之言不虚，谢良佐的工夫从本体入手、以心言仁、不从气质之性立论等皆遥启陆九渊思想，成为心学草创期的关键一环。综上可见，谢良佐通过对二程思想的创造性推阐，成为维系湖湘学派、朱子理学、陆九渊心学等三方学术流派的中心人物。

第四节 杨时的思想

伴随着程颐于"学禁"声中的去世，洛学一度陷入"立言垂训为世之大禁，学者胶口无敢复道"②的艰难生存境遇之中，但"于厄运中的唯一意外之喜是程门高足，也是后来南宋儒学的开始者杨时竟在古稀以后被委以重任"③，由此洛学借势于政治开始走向复振之路，而这复振的核心便是对二程洛学建构的义理要旨的接续和推阐，以杨时为首的程门弟子以道自担，积极维护、阐扬和发挥师说，体现出羽翼、融合和突破二程洛学的诠释特质，使二程洛学在尽可能的诠释方向上显豁出来，形成独树一帜、特色鲜明的道南学派，推动二程洛学在两宋之际复杂多变的学术格局中，得以薪火相传，脱颖而出。

一 "盖天下只是一理"

二程以"天理"为至上本体，杨时承之，但他对"天理"的论述和创获并不多，主要是对二程思想的绍述，进一步强化和推进师说。杨时说："盖天下只是一理。"④这无疑是二程思想的变相说法，也就是认为"天理"贯穿于万事万物当中，通天下之物，无不是"理""天理"的体现。杨时又进一步论道："有物必有则也，物即是形色，即是天性。……盖形色必有所以为形色者。"⑤则即是理的意思，理作为万物之则，也即事物所以然之"道"。很显然，杨时对"天理"、道的认识基本没有溢出

---

① （明）黄宗羲：《上蔡学案》，《宋元学案》卷二十四，全祖望补，第1884页。
② （宋）杨时：《中庸义序》，《龟山集》卷二十五，第115页。
③ 何俊：《南宋儒学建构》，第6页。
④ （宋）杨时：《余杭所闻》，《龟山集》卷十三，第80页。
⑤ （宋）杨时：《南都所闻》，《龟山集》卷十三，第81页。

二程矩镬，强调人伦日常、万事万物等皆是道的体现，凸显道不远人、道不离物的特质，强调道、天理的平常性、遍在性。

众所周知，二程虽然不满张载将"气"作为至上本体，但并不否定"气"的作用，提出："论性不论气，不备；论气不论性，不明"①，强调理（性）与气的相即不离以及相互支撑。这一点在杨时的思想中亦有明确的体现，他同样不否定"气"在万物构成中的作用，他曾明确指出："通天下一气耳。天地，其体也；气，体之充也。……则塞乎天地之间，盖气之本体也"②，杨时这一论述，若不加详考，则与张载论述有相近之处，而实际则不然，杨时认为"气"虽然充塞天下，遍及万物，但天地是其赖以存在的形上本体，气还不具有形上本体的性质，这实际上是将"气"作为构成万物的材料来看待，与张载之论自然不同。但就气的某些特质来说，杨时表达了与张载相近的意思，他说："通天下一气耳。合而生，尽而死，凡有心知血气之类，无物不然也"③，杨时主张"气"聚而生，散而死，涵盖所有血气心知之物，也就是说，生死离别并没有什么惊奇的，只是气聚散的结果。杨时这里所说的与张载几于一致，甚至有朱子"禀气以为形"的理论雏形。要之，杨时在理气思想上，较之二程，除了强调"气"的作用和地位之外，并没有太多的突破之处，这也预示着程门后学思想的转向：将理论关注的重心从理气向心性、工夫等转移。

二 "心不可无、性不假修"

理学被冠以"心性之学"之名，理学家谈及此所首要解决的是"心"与"性"的内涵以及两者的关系，正如陈来先生所说："'性'在本体论上是最重要的，'心'在道德实践中是最重要的。"④杨时作为正统儒家，自不例外，他首先对"心"阐释道：

> 未言尽心，须先理会心是何物。（罗从彦）又问，曰："心之为

---

① （宋）程颢、程颐：《河南程氏遗书》卷十八，《二程集》，第193页。
② （宋）杨时：《孟子解》，《龟山集》卷八，第58页。
③ （宋）杨时：《踵息庵记》，《龟山集》卷二十四，第110页。
④ 陈来：《宋明理学》，华东师范大学出版社2004年版，第115页。

物，明白洞达，广大静一，若体会得了然分明，然后可以言尽。"①

在杨时看来，明白"心"为何物是言"尽心"的前提，否则工夫就是无的放矢，盲目无下手处，杨时之说可谓确论，因为"心"是工夫的落脚点和下手处。但杨时并没有给"心"下具体的定义，而是描述"心"的特质，即"明白洞达，广大静一"。就儒学而言，孟子和荀子分别从道德和认知的角度阐释"心"的作用，开创哲学史言"心"的两种方式。②而在杨时这里，他所言之"心"显然既有传统儒学的影子，又有吸收佛学的痕迹，旨在强调"心"的"不染一物，湛然虚明"的特质，而这为后来的朱子进一步发明，他说："人之一心，湛然虚明，如鉴之空，如衡之平，以为身之主者，固其真体之本然。"③可见，朱子指明杨时所言的"心"乃是"心"的本然状态，而非实然之"心"。在此，杨时对"心"的这种提揭和凸显貌似一般，但在两宋之际确有特殊的意义，即推动"汉唐时期的人性论向宋明时期的心性论转换。"④

在"性"论上，杨时的思想特质是异常鲜明的，他首先在"性"的善恶上论道：

> 自孟子没，圣学失传，荀卿而下皆未得其门而入者也。七篇之书具在，始终考之，不过道性善而已，知此则天下之理得，而诸子之失其传，皆可见也。⑤

---

① （宋）杨时：《余杭所闻》，《龟山集》卷十二，第77页。
② 蒙培元先生详细分析中国哲学中的"心"，他说："大概言之，心有三种主要含义：一是道德之心，以孟子为代表，指人的情感心理升华而形成的道德意识，是道德理性范畴；二是理智之心，以荀子为代表，指认识事物的能力，是认知理性范畴；三是虚灵明觉之心，以佛道为代表，指虚而明的本体状态或精神境界，是超理性的本体范畴。"（蒙培元：《理学范畴系统》，人民出版社1998年版，第195页）
③ 朱杰人等主编：《大学或问》，《朱子全书》（修订本）第6册，第534页。
④ 李祥俊：《道通于一——北宋哲学思潮研究》，北京师范大学出版社2006年版，第431页。
⑤ （宋）杨时：《答胡康侯其二》，《龟山集》卷二十，第99页。

"孟子有大功于世，以其言性善也"①，杨时亦深赞孟子的性善论，甚至认为这是《孟子》一书的全部精义所在，并以荀子、扬雄和韩愈的错误观点来反衬孟子性善论的高深和正确。杨时的强调和肯定在两宋之际尊孟与非孟的争斗中具有特别的意义，有力地推动了《孟子》的"升格"运动。他更进一步论道："言性善可谓探其本，言善恶混乃是于善恶已萌处看"②，杨时肯定孟子的性善论乃是抓住根本，而性善恶混则是从善恶"已发"处看。杨时此论，后来被朱子认为是开启湖湘学派"性论"的重要媒介。朱子说：

> 此文定之说，故其子孙皆主其说，而致堂、五峰以来，其说益差，遂成有两性，本然者是一性，善恶相对者又是一性，他只说本然者是性，善恶相对者不是性，岂有此理。然文定又得于龟山，龟山得之东林常摠。③

朱子的考证是否可信尚不可考，但至少在他看来，杨龟山接受常摠的"两性说"，并将其传授给胡安国，遂成为湖湘学派的宗旨。同时也可以看出，杨时的观点已然不同于二程，出现"本然之性"与"善恶相对之性"的两性说的倾向，而实际上，杨时所讲的"善恶混乃是于善恶已萌处看"实际是在说"情"，也即"气质之性"，但由于他在此表述不清，确实容易造成"两性说"的倾向。

在宋代以前，不同时代的哲学家对"性"从不同侧面作出解读，先秦儒学多关注心性的本原，少有论及人现实才质的差异，而汉唐儒学则恰恰相反，对人性的现实差异以品级解析，对性之本原问题则关注不够。唯到理学自张载借鉴佛学、融合传统，开始对"性"予以层次的区分，而这种划分较好地呈现应然层次的人性与实然层次的人性之间的差距，比单纯地从任何一个角度论述更为完整，较好地解决了现实人性中"恶"

---

① （宋）朱熹：《孟子集注》序言，金良年译，上海古籍出版社2006年版，第261页。
② （宋）杨时：《南都所闻》，《龟山集》卷十三，第82页。
③ 朱杰人等主编：《朱子语类》卷一百零一，《朱子全书》（修订本）第17册，第3393—3394页。

的来源问题以及人与人之间的差异问题。杨时论"性"的另一个鲜明特质就在于他非常重视张载、二程开示的"气质之性",而这恰恰是程门其他弟子所忽略的。他说道:

> 天下之言性,则故而已矣,告子曰"生之谓性"是也。列子曰"生于陵而安于陵故也"。生之谓性,气质之性也。君子不谓之性,则故而已矣。①

这是杨时对《孟子·离娄下》"天下之言性"章的诠释。关于此章,历来争议不断,尚未定论。②但杨时将"天下之言性,则故而已矣"解释为"生之谓性",则恰恰是对二程的承继,二程皆对"生之谓性"予以肯定,程颢说:

> 告子云"生之谓性"则可。凡天地所生之物,须是谓之性。皆谓之性则可,于中却须分别牛之性、马之性。③

程颢一改传统儒家批判告子"生之谓性"的说法,转而从"以气说性""气质之性"的角度吸收告子的"生之谓性"说,因为天地所生之物,皆是有"性"的,但却须分别不同物之间的"性",这里显然内含着"性"的"一般"与"特殊"。至于程颐,他说道:

> 生之谓性,止训所禀受也。④
> 生之谓性,论其所禀也。⑤

---

① (宋)杨时:《孟子解》,《龟山集》卷八,第58页。
② 田智忠:《论故者以利为本——以孟子心性论为参照》,《福建师范大学学报》2007年第5期。
③ (宋)程颢、程颐:《河南程氏遗书》卷二上,《二程集》,第29页。
④ (宋)程颢、程颐:《河南程氏遗书》卷二十四,《二程集》,第313页。
⑤ (宋)程颢、程颐:《河南程氏遗书》卷十八,《二程集》,第207页。

可见，程颐对"生之谓性"也不否定，也从"气禀""才"的角度进行肯定，并以此来解释现实人性的差异。杨时认可师说，他亦承认"生之谓性"即是"气质之性"，但同时他也指出："告子知生之谓性，而不知生之所以谓性，故失之。非生之谓性有二说也，特告子未达耳。"① 也就是告子只知结果，而不知造成此结果的根源。他对"气质之性"论道：

> 仲素问："横渠云'气质之性'如何？"曰："人所资禀，固有不同者。若论其本，则无不善。盖一阴一阳之谓道，阴阳无不善，而人则受之以生故也。然而善者，其常也，亦有时而恶矣。犹人之生也，气得其和，则为安乐人。及其有疾也，以气不和则凡常也，然气不和非其常，治之而使其和，则反常矣。其常者，性也。此孟子所以言'性善'也。横渠说'气质之性'，亦云人之性有刚柔缓急、强弱昏明而已，非谓天地之性。然也今夫水清者，其常然也，至于湛浊，则沙泥混之矣。沙泥既去，其清者自若也。是故君子于气质之性，必有以变之，其澄浊而水清之义欤！"②

杨时肯定人在本源上都是一样的，都是善，且性善是人的常态，而人在后天的资质禀赋上是不同的，有差异的，根源即在于"气质之性"。同时，他也继承中国传统哲学以水喻人性的传统，认为人唯有对"浊水"加以澄清之功，才可以如张载所说"形而后有气质之性，善反之则天地之性存焉"③。较之二程，杨时实际上是以更为清晰明白的方式将二程所揭示的性论凸显出来，起到推阐和昭示之功。当然也可以看出，杨时与张载一样，亦是将"天地之性"与"气质之性"完全对立，还没有像朱子那样深刻论述两者的内在关系。

区分心、性之后，杨时明确论道：

---

① 何俊：《南宋儒学建构》，第89页。
② （宋）杨时：《余杭所闻》，《龟山集》卷十二，第76页。
③ （宋）程颢、程颐：《河南程氏遗书》卷十，《二程集》，第110页。

扬雄云"学所以修性"。夫物有变坏,然后可修。性无变坏,岂可修乎!惟不假修,故《中庸》但言"率性"、"尊德性",孟子但言"养性",孔子但言"尽性"。①

六经不言"无心",惟佛氏言之。亦不言"修性",惟扬雄言之。心不可无,性不假修。故《易》止言"洗心尽性",《记》言"正心尊德性",孟子言"存心养性",佛氏和顺于道德之意。②

杨时认为"性"是"具足圆成,本无亏欠"的,也就是圆满自足的,因此他提出"性不假修",也就是说物坏可以修,而"性"天生自足,故不可修,也无须修。因此先贤往圣从不言修性,而言率性、尽性和养性。而"心"则不可无,这恰恰是继承程颐的主张③,以此反对和纠正佛教的"无心"之说。综上,可以看出杨时在心性上,羽翼二程的"性圆满自足"、接续二程的"生之谓性"之论、突破二程心性不分的理论窠臼,严分心性界限,显豁和推进张载、二程的"气质之性"之说。

三 "君子之学,求仁而已"

"仁"是传统儒学的核心范畴,亦是心性儒学的主旨,宋代以前学者多从用的角度,以爱的方式言"仁",而到宋代,在辟佛兴儒的刺激下,儒家学者则着意凸显仁的本体、超越的一面,以对抗佛教心性论的挑战。杨时承接二程"仁"学,着意凸显"求仁"之学,他说:

君子之学,求仁而已。④

今学者将仁小却,故不知求仁,孔子曰若圣与仁则吾岂敢,孔子尚不敢当,且罕言之,则仁之道不亦大乎?⑤

---

① (宋)杨时:《余杭所闻》,《龟山集》卷十二,第76页。
② (宋)杨时:《荆州所闻》,《龟山集》卷十,第63页。
③ 《河南程氏外书》第十二卷记载:"有人说无心,伊川曰:'无心便不是,只当云无私心。'"[(宋)程颢、程颐:《河南程氏外书》卷十二,《二程集》,第440页]
④ (宋)杨时:《与杨君玉》,《龟山集》卷十六,第90页。
⑤ (宋)杨时:《荆州所闻》,《龟山集》卷十,第69页。

> 学者求仁而已，行则由是而之焉者也，其语相似无足疑者。世儒之论仁不过乎博爱自爱之类，孔子之言则异乎。此其告诸门人可谓详矣。然而犹曰罕言者，盖其所言皆求仁之方而已，仁之体未尝言故也。要当遍观而熟味之，而后隐之于心而安，则庶乎有得，非言论所及也。①

从以上引文中可知，杨时认为当时学者皆将"仁"小看，也就是"不过乎博爱自爱之类"，故忘却"求仁"之旨。为诊治时弊，杨时承继二程洛学推崇"仁学"的门下传统，将"求仁"作为学者的首要工夫以贯穿个体为学的始终，这就拔高了仁学在德性修养中的地位。他认为孔子所言皆"求仁"的具体方法和路径，而没有涉及仁之体，而仁之体则大，通过广泛的体察以及玩味，然后默识心通，即可有得。在此，杨时所主张的"求仁"之方乃是通过切实的"下学而上达"以达到对"仁体"的体悟。但必须指出的是，杨时的"下学"工夫并非程颐所主张的于事中磨炼和体认，而是将工夫收缩在意识之内。这从他对程颢所主张的"学者须先识仁"与"仁者，以天地万物为一体"的推阐中更能体现出来，他说：

> 范济美问："读《论语》以何为要？"曰："要在知仁，孔子说仁处最宜玩味。"曰："孔子说处甚多，尤的当，是何语？"曰：皆的当，但其门人所至有不同，故其答之亦异，只如言刚毅木讷近仁，自此而求之，仁之道亦自可知。②

从杨时的答语中可以看出，他认为《论语》一书的核心要旨即在于"知仁"，这显然是本于程颢之意，而非孔子本意，但他赞同孔子不给"仁"下具体定义而因人之异、随机指点的方法。他言道：

---

① （宋）杨时：《答胡德辉问》，《龟山集》卷十四，第84页。
② （宋）杨时：《京师所闻》，《龟山集》卷十一，第70页。

第二章 学脉接续与思想推阐

> 人大抵须先理会仁之为道，知仁则知心，知心则知性，是三者初无异也。①

杨时认为人应该首先明白"仁"之道，明白"仁"是何物，缘由即在于知仁则可知心，然后进乎知性。在他看来，仁、心、性三者在最初是同一的，也就是同实异名，因对象的不同而有相应的名称，因此可以实现"通"。在此，杨时实际上是推进"仁"与心性的关联，为后来在朱子那将"仁"消解在心性论的视域内吹响前奏。那么如何是"知仁"工夫的下手处呢？他说：

> 李似祖、曹令德问"何以知仁"，曰："孟子以恻隐之心为仁之端，平居但以此体究，久久自见。"因问似祖："令尊寻常如何说隐？"似祖云："如有隐忧，勤恤民隐，皆疾痛之谓也。"曰："孺子将入于井，而人见之者，必有恻隐之心。疾痛非在己也，而为之疾痛，何也？"似祖曰："出于自然不可已也。"曰："安得自然如此？若体究此理，知其所从来，则仁之道不远矣。"二人退，余从容问曰：万物与我为一，其仁之体乎？曰："然。"②

杨时在回答弟子"何以知仁"时，以孟子之语答之。盖在杨时看来，知仁需要体究"恻隐之心"，因为"恻隐之心"是"仁之端"，通过在燕然幽静之时的用力体究，则自然通达。以"孺子入于井"为例说明，如能加以体究之功，则自会知仁之道、仁之体，那么何谓"仁之体"呢？杨时认为这就是程颢所说的"仁者，以天地万物为一体"。总之，杨时的仁学主要是秉承程颢的思想主旨，主张通过直觉体验来达到对"仁体"的证悟，较之二程，将"知仁""求仁"工夫向内收缩，更为偏重内向工夫。更为重要的是，他的仁学亦体现出杂糅二程，但却消化不透、不够纯粹的弊病和矛盾，如他表面上主张程颐的"下学而上达"，但实质却是

---

① （宋）杨时：《余杭所闻》，《龟山集》卷十二，第78页。
② （宋）杨时：《京师所闻》，《龟山集》卷十一，第70页。

程颢的向内收缩的"由体达用"的路径。虽有如此之不足,但杨时对"求仁"的推崇和强调使"'求仁'成为南宋早期道学的中心话语"①,以此可见杨时在仁学上的贡献和特质。

四 "未发体中"与"反身格物"

二程在高标"天理"本体之后,程门弟子基本搁置对本体的探讨,而转到对本体的体认上,即通过何种心性工夫去体悟本体,杨时便是这一群体性特征的集中代表。与谢良佐注重《论语》不同,杨时沿袭二程,尤为注重《中庸》。他说:

> 《中庸》之书,盖圣学之渊源,入德之大方也。②
>
> 熙宁以来,士于经盖无所不究,独于《中庸》阙而不讲。余以为圣所传,具在此书,学者宜尽心焉,故为之训传,藏于家,初不以示人也。③

杨时对《中庸》的推崇不可谓不高,他认为是时学者对《中庸》阙而不讲是不可理解的,因为《中庸》是圣人之学的源头,也是入德的门户。基于此,他着力对《中庸》进行注解,并自信可以使"学者因吾言而求之于圣学之门墙,庶乎可窥而入也"④,正是杨时对《中庸》的重视,故他思想多借《中庸》而阐发。他继承程颐,将《中庸》里的"中和"作为建构心性之学的切入点,把"体认未发之中"作为其传授指诀,成为道南学派的学术宗旨。⑤ 实际上,关于"中和"问题的争论早在程颐和弟子吕大临之间已经展开,程颐主张"中"与"和"只是作为形容词来描述心性的状态,而吕大临则以"中"统摄"心""性","中"具有本

---

① 陈来:《仁学本体论》,第275页。
② (宋)杨时:《中庸义序》,《龟山集》卷二十五,第115页。
③ (宋)杨时:《题中庸后示陈知默》,《龟山集》卷二十六,第118页。
④ (宋)杨时:《中庸义序》,《龟山集》卷二十五,第115页。
⑤ 朱子说:"李先生教人,大抵令于静中体认大本未发时气象分明,即处事应物自然中节。此乃龟山门下相传指诀。"[朱杰人等主编:《晦庵先生朱文公文集》卷四十,《朱子全书》(修订本)第22册,第1802页]

体的意义。面对他们的争论,杨时亦做出积极的回应,他说:

> 天道,止于中而已矣。……道心之微,非精一,孰能执之?惟道心之微而验之于喜怒哀乐未发之际,则其义自见,非言论所及也。尧咨舜,舜命禹,三圣相授,惟"中"而已。①
>
> 《中庸》曰"喜怒哀乐之未发谓之中,发而皆中节未之和"。学者当于喜怒哀乐未发之际以心体之,则中之义自见,执而勿失,无人欲之私焉,发必中节矣。②

在这两段话中,杨时再次重申"中"的重要性,将"中"与"道"相提并论,并认为这是圣人代代所传的核心要义。他同时将"道心"与"中"联系起来,认为"道心"即"中","道心"隐蔽难显,人心因私欲蒙蔽,容易陷入危险境地,唯有通过"精"与"一"的工夫才能使"道心"显现,达到"中"的境界。也就是说"道心"难显,需要在喜怒哀乐未发之际去体验,然后即可知"中"或"时中"之义。杨时对"中"的理解接近吕大临而不同于程颐,都将"中"视为"心"与"性"的合一,强调人的"道心"无所偏倚或无时不中的状态。至于如何做,他进一步说道:

> 夫至道之归,固非笔舌能尽也。要以身体之,心验之,雍容自尽,于燕闲静一之中,默而识之,兼忘于书言意象之表,则庶乎其至矣,反是皆口耳诵数之学也。③

在中国传统哲学中,心性本体作为超越的价值源泉,需要在工夫中呈现自己。杨时认为"道"并非笔与舌可尽,需要在幽静之时以身体之,以心验之,去体会不受外物纷扰的道大化流行之本心。可见,杨时的"悠

---

① (宋)杨时:《辨一》,《龟山集》卷六,第48—51页。
② (宋)杨时:《书六·答学者其一》,《龟山集》卷二十一,第102页。
③ (宋)杨时:《寄翁好德》,《龟山集》卷十七,第92页。

闲静一"中体验道体其实质已经把工夫转向于个体的内在觉悟上，主张以内心的直觉体验作为工夫的下手处，从而偏到内向一边。当然，他并未直接提出于"静中体验未发之中"，而这要到李侗时方明确阐述，但他的意思已经涉及。总之，杨时的"体中"其实就是对程颢"体认本体"思想的发展，而又糅合程颐对"未发涵养"的论述，体现出工夫偏向内倾的为学路径，而他这种主张在他对"格物致知"的阐述中得到淋漓尽致的体现。

"涵养需用敬，进学则在致知"①乃是程颐工夫论的纲领，杨时承接其师，对"格物致知"给予极大关注，他在诠释"格物致知"时说：

> 为是道者，必先乎明善，然后知所以为善也，明善在致知，致知在格物。号物之数至于万，则物盖有不可胜穷者。②

在此段话中，杨时把为道的目的设定为"明善"，保持儒家所一贯的非知识性立场，而回归到价值性的维度。他认为"明善"最终要通过"格物"来实现，"格"之意杨时与程颐并无二致，差异在于对"物"的诠释上。程颐认为"物"的对象是涵盖内外的，他说：

> 问："格物是外物，是性分中物？"曰："不拘。凡眼前无非是物，物物皆有理，如火之所以热，水之所以寒，至于君臣父子见皆是理。"③

程颐认为"物"的范围是极其广泛的，既包括万物之理，亦涵盖人伦之理。但格物不可能格尽天下之物，须是"今日格一件，明日格一件，积习既多，然后脱然自有贯通处"④。虽然程颐做了近乎全面的解释，但杨时并未领会从而遵守其师的真意，而是走向另一条路径，即将"物"的

---

① （宋）程颢、程颐：《河南程氏遗书》卷十八，《二程集》，第188页。
② （宋）杨时：《答李杭》，《龟山集》卷十八，第94页。
③ （宋）程颢、程颐：《河南程氏遗书》卷十九，《二程集》，第247页。
④ （宋）程颢、程颐：《河南程氏遗书》卷十八，《二程集》，第188页。

解释收缩到人的意识里面，因为他认为天下物名目繁多，不可能穷尽，干脆舍弃程颐所开启的"积习既多，豁然贯通"的道路，而走向专守一边的修养路径。那么，该如何做呢？他认为唯有"反身而诚"可以实现，他说：

> 反身者，反求诸身也。盖万物皆备于我，非自外得，反诸身而已。反身而至于诚，则利人者不足道也。……反身而诚则常体而足，无所克也。①
>
> 反身而诚，则举天下之物在我矣。诗曰"天生蒸民，有物有则"，凡形色具于吾身者，无非物也，而各有则焉。反而求之，则天下之理得矣。由是而通天下之志，类万物之情、参天地之化，其则不远矣。②

在此，杨时发挥孟子、程颢的思想，解释"反身"乃反观内省之意，因为万物皆备于我，非从外面而来，故"格物"只需从自身上下手做工夫即可，以此获得对天理的认识和觉悟，更可以通晓世间万物的规则与变化。当然，"万物具备于我"只是虚说，并非真的万物就在我心中，而是说通过反躬自省，诚实无妄，万物之理与我心中之理就可为一。杨时的这一思想与程颢极为接近，程颢说："且省外事，但明乎善，惟进诚心，其文章虽不中不远矣。所守不约，泛滥无功"③，可见程颢亦是要"明善"，标明价值性的立场，摈弃对外事的执着，而向内收心用功。综上，无论是他主张的"未发体中"还是"反身格物"，皆是将工夫限定在自我意识之内，体现出融合二程，但又偏于程颢的思想特质。

杨时以复振洛学为己任，以阐扬洛学核心话语心性论为要务，借鉴、融合二程的思想，推动二程洛学思想的演进和发展，创设道南学派，使洛学在两宋之际得以薪火相传，完成二程与朱子之间的学术连接。杨时

---

① （宋）杨时：《与杨仲远》其三，《龟山集》卷十六，第89页。
② （宋）杨时：《答李杭》，《龟山集》卷十八，第94页。
③ （宋）程颢、程颐：《河南程氏遗书》卷二十五，《二程集》，第316页。

在对二程洛学核心话语的传承上，体现出羽翼、融合、突破和内倾的治学转向。具体来说，杨时在羽翼和承接二程的"天理"道统、"识仁""涵养须用敬，进学则在致知"等思想纲领的基础上，又有所发展和突破，而这恰恰是杨时心性论的特质所在，主要体现在突破二程心性不分；融合二程工夫，提出"未发体中"成为学派宗旨等。但需要指出的是，杨时的心性工夫已然出现整体内倾的趋势，借助他的"南渡洛学大宗"之地位，使洛学整体发生内转的倾向，朱子对此敏锐地指出："建炎中兴，程氏之言复出，学者又不考其始终本末之序，而争为妄意躐等之说以相高"[①]，以此可见杨时在羽翼、融合和发展洛学的同时，亦有意无意地将洛学带入偏于内向、好高骛远的维度和路径，而这则在后来朱子清理洛学之时，得到一定程度的纠偏。

第五节　吕大临的思想

吕大临，作为程门四大弟子之一，因出入关洛两大学派，故在程门中显得颇为特殊。二程对其赞赏有加，朱子更是对其称赞不已。[②] 且不论其争议不断的生卒及著作，只其思想的厘清已然成为学术界纷争不断的话题。无论何者，吕大临成熟或者说相对完备的思想当在从学二程之后，融关学于洛学思想之中，使关学一定程度上出现洛学化的倾向。他之所以能在程门众多弟子中跻身四大弟子之列，在于其思想的独特和创发，其论"中"则既受张载的影响，同时也是在与程颐的问辩中逐渐成熟的，而其仁学则受程颢点拨而成。

一　以"中"为大本之体

较之以往儒学，北宋儒学更为注重建构形上本体以辟佛立儒，吕大

---

① 朱杰人等主编：《晦庵先生朱文公文集》卷三十四，《朱子全书》（修订本）第21册，第1499页。

② 朱子说："吕与叔惜乎寿不永，如天假之年，必所见。程子称其深潜缜密，可见他资质好，又能涵养，若只如吕年，亦不见得到此天地矣。"（朱杰人等主编：《朱子语类》卷一百零一，《朱子全书》第17册，第3363—3364页）

临以道自担，在诠释《中庸》时刻意凸显"中"之形上本体的地位，他说：

> 中者，道之所由出。①
>
> 盖中者，天道也、天德也。……由中而出者莫非道，所以言道之所由出也。②
>
> 圣人之学，以中为大本。虽尧、舜相授以天下，亦云"允执其（厥）中"。③
>
> 大本，天心也，所谓中也。④

"中"在《中庸》一书中占有重要地位，在某种程度上揭示了《中庸》的核心精神与主旨。"中也者，天下之大本"本是《中庸》首章的经文，原不具有本体之意味，但吕大临在对此章句诠释时，将"中"的地位无限拔高，与天道、天德、天心这些一向被视为至高无上的范畴相等同，不仅具有客观实体性，亦有伦理性的内涵，认为一般意义的"道"亦出自于"中"。至此吕大临确立以"中"为形上本体的哲学基础，且以此为圣人之学的根本，以此为圣贤代代相授之道。就整个经学史而言，吕大临的诠释渊源有自，朱子明确指出：

> 吕与叔云："圣人以中者不易之理，故以之为教。"如此，则是以中为一好事，用以立教，非自然之理也。先生曰："此是横渠有此说，所以横渠殁，门人以'明诚中子'谥之。"⑤

当学生质疑吕大临之论有强为立说之嫌，非自然而然之理时，朱子认为此实是源于张载，正是因为张载对"中"的重视，故门人将"中"列入

---

① 陈俊民：《论中书》，《蓝田吕氏遗著辑校》，第495页。
② 陈俊民：《礼解解·中庸》，《蓝田吕氏遗著辑校》，第271页。
③ 陈俊民：《论中书》，《蓝田吕氏遗著辑校》，第497页。
④ 陈俊民：《礼解解·中庸》，《蓝田吕氏遗著辑校》，第307页。
⑤ 朱杰人等主编：《朱子语类》卷一百零一，《朱子全书》（修订本）第17册，第3364页。

其谥号当中。换而言之，推崇和重视"中"是张载关学的一贯传统①，只是吕大临将其作为独立之实体，无限拔高至本体之境。吕大临的《中庸解》是在问学二程之时所做，因此从程颐的批评中更能反衬其思想特色，程颐说：

> 中者，道之所由出，此语有病。……中即道也，若谓道出于中，则道在中外，别为一物矣。……不偏之谓中，道无不中，故以中形道。若谓道出于中，则天圆地方，谓方圆者天地所自出，可乎？②

吕大临是直接将"中"作为至高无上的本体，而程颐则认为吕氏此说有病，因为"中"本身就是"道"，"道"无不"中"，故只能以"中"来形容"道"。若依吕氏之说，则有将"中"与"道"判分为二之嫌。后吕大临虽稍改前说，但前后主旨并未有太大变化。总之，吕大临对关学主旨"中"进行推阐，将其作为大本之体，以此为思想的逻辑起点。

二 以"中"统摄性、心

吕大临论"性"，与其同门既有一致处，亦有自己的特色，他说：

> 性与天道一也。天道降而在人，故谓之性。性者，生生之所固有也。③
>
> 盖中者，天道也，天德也，降而在人，人禀而受之，是之谓性。《书》曰："惟皇上帝，降衷于下民"，《传》曰："民受天地之中以生"，此人性所以必善，故曰："天命之谓性。"④
>
> 性一也。流形之分有刚柔昏明者，非性也。有三人焉，皆有目

---

① 对于关学重视"中"的缘由，文碧方先生认为是与关学重视礼分不开的，礼的作用就是"无过与不及"，就是"中"。文先生之分析实为确论，笔者认同此说。（参见文碧方《关洛之间——以吕大临思想为中心》，中华书局2011年版，第190—191页）
② 陈俊民：《论中书》，《蓝田吕氏遗著辑校》，第495—496页。
③ 陈俊民：《礼解解·中庸》，《蓝田吕氏遗著辑校》，第271页。
④ 陈俊民：《礼解解·中庸》，《蓝田吕氏遗著辑校》，第271页。

以别乎众色,一居乎密室,一居乎帷箔之下,一居乎广庭之中。三人所见昏明各异,岂目不同乎?随其所居,蔽有厚薄尔。凡学者,所以解蔽去惑,故生知、学知、困知,及其知之,一也。安得不贵于学乎?①

吕大临认为"性"与"天道"是相同的,只不过是所指的对象不同,性是天道在人身上的体现,天道的纯善无恶,亦保证其落实在人身上的性是善的,但实然上的呈现却不尽相同,吕大临亦以禀气之不同来解释现实人性之差异。他以"三人之目"为例来诠释他的观点,认为三人皆靠目来识别颜色,但是因为所处环境不同,故结果也不同,这不是说他们的眼睛有问题,皆因后天所习导致。只是吕大临受学张载,却未能见其沿用其师"天地之性"与"气质之性"的哲学概念。但在强调变化气质方面,他与其师的观点是毫无二致的,他说:

> 君子所贵乎学者,为能变化气质而已。德胜气质,则柔者可进于强,愚者可进于明。不能胜气质,则虽有志于善,而柔不能立,愚不能明。②

吕大临强调变化气质的重要性,唯有德胜气质方可使柔转为强,愚转为明,同样的意思,张载亦曾表达过,张载说:"德不胜气,性命于气;惟胜其气,性命于德。穷理尽性,则性天德,命天理。气之不可变者,独生死修夭而已。"③ 以上仅是吕大临论性之普通意,若吕氏仅仅止于此,他的理论也就毫无特色而言。他首次明确提出"中即性",开显程门中独具特色的性论。

吕大临首先标出"中即性",他说:

---

① 陈俊民:《礼解解·中庸》,《蓝田吕氏遗著辑校》,第291页。
② 陈俊民:《礼解解·中庸》,《蓝田吕氏遗著辑校》,第297页。
③ (宋)张载:《正蒙·诚明》,《张载集》,中华书局1978年版,第23页。

> 既云"率性之谓道",则循性而行莫非道。此非性中别有道也,中即性也。在天为命,在人为性,由中而出者莫非道,所以言道之所由出也,与"率性之谓道"之义同,亦非道中别有中也。①

吕大临把"中"等同于"性",此论与其所注解《礼记解·中庸》中"所谓中,性与天道也"② 相一致,他认为"率性之谓道",可以理解为道出于性,而中与性则是异名同实的关系,这遭到程颐的强烈反对,程颐说:

> "中即性也",此语极未安。中也者,所以状性之体段(若谓性有体段亦不可,姑假此以明彼)。如称天圆地方,遂谓方圆即天地乎?方圆既不可谓之天地,则万物决非方圆之所出。如中既不可谓之性,则道何从称出于中?盖中之为义,无过不及而立名。若只以中为性,则中与性不合,与"率性之谓道"其义自异。性道不可合一而言。中止可言体,而不可与性同德。③
>
> 又曰:"不偏之谓中。道无不中,故以中形道。若谓道出于中,则天圆地方,谓方圆者天地所自出,可乎?"④

程颐之所以反对是因为他认为"中"这个词只可以用来形容"性",换言之,"中"在此做形容词,他举形容天地的方圆来晓此意,并回答"中不可谓之性"所带来的问题,认为把"中"等同于"性",则会导致"中"与"性"的不合一。由此可看出吕大临与程颐思想的差异,在于其对"中"的认识和定位出现差异。在吕氏那里,"中"是贯通心、性的,而在程颐,"中"只是用来形容具体的心性之体。到后来,在程颐的启发下,吕大临亦改变对"中即性"的坚持。

朱子亦论道:

---

① 陈俊民:《论中书》,《蓝田吕氏遗著辑校》,第495页。
② 陈俊民:《礼解解·中庸》,《蓝田吕氏遗著辑校》,第273页。
③ 陈俊民:《论中书》,《蓝田吕氏遗著辑校》,第496页。
④ 陈俊民:《论中书》,《蓝田吕氏遗著辑校》,第496页。

问："吕氏言'中则性'也，或谓此与'性即理也'语意似同，铢疑不然。"先生曰："公意如何？"铢曰："理者，万事万物之道理，性皆有之而无不具者也，故谓性即理则可，中者又所以言此理之不偏倚无过不及者，故伊川只说状性之体段"，曰："中是虚字，理是实字，故中所以状性之体段"，铢曰："然则谓性中可乎"，曰："此处定有脱误，性中亦说得未尽"。①

在此段答论中，朱子师徒与程颐一样，都反对"中即性"的说法，中是虚的，只能是描述性的状态而不能直接释"性"。

至于"心"，吕大临之论亦不同于他人，他更为强调"赤子之心"与中和的关系，说：

喜怒哀乐之未发，则赤子之心。当其未发，此心至虚无所偏倚，故谓之中，以此心应万物之变，无往而非中矣。孟子曰"权，然后知轻重；度，然后知长短。物皆然，心为甚"，此心度物所以甚于权衡之审者，正以至虚无所偏倚，故也有一物存乎其间，则轻重长短皆失其中矣，又安得如权如度乎，故大人不失其赤子之心，乃所谓允执其中也。大临始者有见于此，便指此心名为中，故前言中者，道之所由出也。今细思之乃命名未当尔，此心之状可以言中，未可便指此心名之曰中。……所谓以中形道，正此意也。率性之谓道者，循性而行，无往而非理义也。以此心应万事之变，亦无往而非理义也。皆非指道体而言也，若论道体又安可言由中而出乎！（先生以为此言未是）②

可以看出，吕大临是把"喜怒哀乐之未发"之时当作"赤子之心"，未发之时，此心虚明，无所偏倚，这就是"中"，以此心去接物应物，则皆合理而至中。他承认其认"中"为"性"乃是命名不当，而只能"以中形

---

① 朱杰人等主编：《朱子语类》卷六十二，《朱子全书》（修订本）第16册，第2042页。
② 朱杰人等主编：《中庸或问》上，《朱子全书》（修订本）第6册，第549页。

道"。程颐对此反驳道:"喜怒哀乐未发谓之中,赤子之心发而未远于中,若便谓之中是不识大本也。"程颐认为"赤子之心"不能为"中",若如此,则不能识"性"。也就是说,在程颐这里,"赤子之心"是已发,已杂入气质,"气质之性"当然不能为"中"。吕大临显然不能认同,吕大临提出"本心即中"的提法,中是本心之状态,即"天命之谓性",他说:

> 此心之动,出入无时,何从而守之乎,求之于喜怒哀乐未发之际而已。当是时也,此心即赤子之心,纯一无伪,即天地之心。……此心所发纯是义理,与天下之所同然安得不和,大临前日敢指"赤子之心"为中者,其说如此。来教云赤子之心可谓之和,不可谓之中,大临思之所谓和者,指已发而言之,今言"赤子之心"乃论其未发之际,纯一无伪、无所偏倚可以言中,若谓已发恐不可言心来。①

> 情之未发,乃其本心,元无过与不及,所谓"物皆然,心为甚",所取准则以为中者,本心而已。②

吕大临认为"赤子之心"在纯一无伪上,与圣人是相同的,就是"天地之心",此"心"所发皆是天理,无丝毫私欲遮蔽,这就是他以"赤子之心"为"中"的缘由。如果说"心"皆是已发,则未发之前,将置"心"于何地?朱子亦称赞:"吕氏未发之前心体昭昭俱在,说得亦好。"③吕大临认为心分为未发已发,未发之际为赤子之心,已发为心之用,为"情",吕大临论述其与程颐之异:

> 大临以"赤子之心"为未发,先生(程颐)以"赤子之心"为已发,所谓大本之实,则先生与大临之言未有异也。但解"赤子之

---

① 陈俊民:《礼解解·中庸》,《蓝田吕氏遗著辑校》,第273页。
② 陈俊民:《礼解解·中庸》,《蓝田吕氏遗著辑校》,第273页。
③ 朱杰人等主编:《朱子语类》卷六十二,《朱子全书》(修订本)第16册,第2042页。

心"一句不同尔,大临初谓"赤子之心,止取纯一无伪与圣人同一有处字,恐孟子之义亦然,更不曲折,一一较其同异,故指以为言,固未尝以已发不同处为大本也",先生谓"凡言心者,皆指已发而言。然则未发之前谓之无心,可乎?窃谓未发之前心体昭昭具在,已发乃心之用也。此所深疑未喻,又恐传言者失指,切望指教"。①

吕大临认为他与其师在大本处是一致的,区别就在于赤子之心属已发还是未发,他认为只能以未发之处为大本。程颐正是因为吕大临的反问修改其前说而论道:"心一也,有指体而言者,寂然不动是也;有指用而言者,感而遂通天下之故是也。"② 程颐这一说法可谓是其成熟的想法,这得到朱子的肯定。③ 同时,他对吕大临的观点评道:

> 郑问"吕氏与伊川论中书",曰:"吕说大概亦是,只不合将赤子之心一句插在那里便做病,赤子饥便啼,寒便哭,把做未发不得,如大人心千重万折,赤子之心无恁劳攘,只不过饥便啼寒便哭而已,未有所谓喜、所谓怒、所谓哀、所谓乐,其与圣人不同者只些子。"④

朱子认为"赤子之心"只能是已发,不能当未发讲,因为赤子饥便啼,饿便哭。与圣人不同处就在于"赤子之心"没有所谓的喜怒哀乐。吕大临认为"性之未发,乃其本心"⑤,赤子之心就是本心,而这本心就是性,中可以形容性,也可以形容本心之状态。总之,吕大临论述心性,则重在强调心、性与"中"的联系,因为"中"在其哲学中具有本体之意。这是其心性论的独特之处,通过"中即天道"来建构"中"之形上本体。故两者的区别就在于对"中"的定位不同,实质上又与他们对"心、性"

---

① 陈俊民:《论中书》,《蓝田吕氏遗著辑校》,第498页。
② (宋)程颢、程颐:《河南程氏文集》卷九,《二程集》,第609页。
③ 朱子说:"心一也,有指体而言者,有指用而言者,伊川此语与横渠'心统性情'相似。"[朱杰人等主编:《朱子语类》卷九十五,《朱子全书》(修订本)第17册,第3179页]
④ 朱杰人等主编:《朱子语类》卷九十七,《朱子全书》第17册,第3290页。
⑤ 陈俊民:《礼解解·中庸》,《蓝田吕氏遗著辑校》,第481页。

的看法不同，吕大临主张"本心即性"，而程颐则严格区分三者。

在儒家哲学中，"性"从来就不是现成的，它需要去不断地"成性"。对此，吕大临致思不殆，着墨甚多。在如何"成性""尽性"上，吕氏接续张载，提出多种途径以求达致效果。他肯认张载对人性之区分，对于如何根治昏昧之气以返天地之性，他说：

> 故君子之学，必致养其气而成性，则不系所禀之盛衰，所谓"纵心所欲不逾矩"、"不勉而中，不思而得"者，安得违仁者哉？可久，贤人之德，颜子其几矣。①

在吕氏看来，"成性"必须养气。为何必须养气呢？是因为"气"乃构成人性之材料，但是气有清浊之别，气质之性遮蔽天地之性的显露，故须加治克气之功，这其实是对张载思想的重申。此处吕大临只是提出修养之总纲，他对养气所产生的结果亦论道：

> 君子所贵乎学者，为能变化气质而已。德胜气质，则柔者可进于强，愚者可进于明；不能胜气质，则虽有至于善，而柔不能立，愚不能明。盖均善而无恶者，性也，人所同也；昏明强弱之禀不齐者才也，人所异也；承之者，反其同而变其异也。②

在此，他强调变化气质的重要性，认为其是君子为学重要的方法。若能克气质之偏，则弱者可变强，愚者可进于明。反之，虽有志于向善，亦不能实现目的。人之相同的地方在于人性，不同的在于才，人的目标在于变革相异之处，回归相同之性善上。可见，此时吕大临的观点受张载影响颇深。③

---

① 陈俊民：《论语解·雍也》，《蓝田吕氏遗著辑校》，第439页。
② 陈俊民：《礼记解·中庸》，《蓝田吕氏遗著辑校》，第297页。
③ 张载说："德不胜气，性命于气；德胜其气，性命于德。穷理尽性，则性天德，命天理，气之不可变者，独死生修夭而已。"[（宋）张载：《正蒙·诚明》，《张载集》，第23页] 吕氏之意与张载之相似可见一斑。

吕大临"尽性"的第二个途径即是"穷理",他首先阐述何以穷理便能尽性,他说:

> 理、性与命,所言三者之状,犹各言之,未见较然一体之实,欲近取譬,庶可共言所见。穷理尽性,性尽至命。理穷无有不尽性者,所谓未善,但未化;所云入性之始,非尽性而何?①

在吕氏看来,《大学》只是穷理尽性,而理、性与命三者是一体的,所以穷理便能尽性。对于如何"穷理",吕氏深刻分析道:

> "致知在格物",格之为言至也,致知,穷理也。穷理者,必穷万物之理,同至于一而已,所谓"格物"也。②
> 故《大学》之序,必先致知,致知之本,必知万物同出于一理,然后为至。一物不至,则不能无疑,……知万物同出于一理,知之至也,故曰"物格而后知至。"③

在吕大临的哲学中,他将《易传》的"穷理"与《大学》的"致知"相等同。穷理即是要穷万物之理,然万物之理是同一的,而这就是吕氏"穷理"说之前提。能知万物同出于一理,即为致知。显然,吕大临认为"万物之理是同一"的这没有错,这就是"理一",但他恰恰没有注意到"分殊",故遭到朱子批判:

> 吕与叔说许多一了,理自无可穷得,说甚格物?④

朱子认为若按照吕大临所言,万物都是一理,那就没必要格物。他认为吕大临没有注意到"分殊"之别。很显然,朱子承袭程颐的"理一分

---

① 陈俊民:《易章句·说卦》,《蓝田吕氏遗著辑校》,第184—185页。
② 陈俊民:《礼记解·大学》,《蓝田吕氏遗著辑校》,第373页。
③ 陈俊民:《礼记解·大学》,《蓝田吕氏遗著辑校》,第373页。
④ 朱杰人等编:《朱子语类》卷十八,《朱子全书》(修订本)第14册,第629页。

殊",注重的是事物的多样和差异,自然对吕大临单向强调"一理"的思想不能契合。

三 克己求仁

通观吕大临的著作,其论述仁多强调与心性的关联,这与其同门多有相似之处。他说:

> 夫尽性之德,合内外之道以成己,则仁之体也。①
> 所谓性之者,安仁者也。②
> 中心憯怛,仁发于性者也。③

吕大临承认心、性是为一的,当然此处的为一之心乃是"本心"。他首先认为仁是由性而发,"性之"就是"安仁"的意思。吕大临亦将"仁"与人之憯怛怵惕之心相联系。吕大临的仁说最突出之处在于强调仁的"一体"意义,他多次提道:

> 兼天下而体之之谓仁。④
> 仁者之于天下,无一物非吾体,则无一物忘吾爱。⑤
> 仁者,以天下为一身者也,疾痛疴养,所以感吾憯怛怵惕之心,非有知力与乎其间也。以天下为一身者,一民一物,莫非吾体,故举天下所以同吾爱也。⑥
> 安仁者,以天下为一人而已。⑦
> 仁者以天下为一体,天秩天叙,莫不具存。人之所以不仁,己自己,物自物,不以为同体。胜一己之私,以反乎天秩天叙,则物

---

① 陈俊民:《礼记解·中庸》,《蓝田吕氏遗著辑校》,第 301 页。
② 陈俊民:《礼记解·表记》,《蓝田吕氏遗著辑校》,第 315 页。
③ 陈俊民:《礼记解·表记》,《蓝田吕氏遗著辑校》,第 315 页。
④ 陈俊民:《易章句·说卦》,《蓝田吕氏遗著辑校》,第 191 页。
⑤ 陈俊民:《礼记解·缁衣》,《蓝田吕氏遗著辑校》,第 342 页。
⑥ 陈俊民:《礼记解·曲礼下第二》,《蓝田吕氏遗著辑校》,第 233 页。
⑦ 陈俊民:《礼记解·曲礼下第二》,《蓝田吕氏遗著辑校》,第 233 页。

我兼体，虽天下之大，皆归于吾仁术之中。一日有是心，则一日有是德。有己，则丧其为仁，天下非吾体；忘己，则反得吾仁，天下为一人。故克己复礼，昔之所丧，今复得之，非天下归仁者与？①

从所引用的吕氏语录中，可以看出，吕氏一再强调仁的与天地万物为一体的境界，仁者要"兼天下而体之""以天下为一身者""以天下为一人"等，这是对程颢思想的直接继承和阐发，意在突出"仁"的与宇宙万物为一体的境界。吕氏仁说与程颢的一致，概源于二者对"仁"进行的往复辩论，程颢的《识仁说》因吕氏的请教而发，而吕氏亦为回应师说，而作《克己铭》。②《克己铭》短小意精，全文共144字，为分析之便，将其内容全录如下：

凡厥有生，均气同体。胡为不仁？我则有己。立己与物，私为町畦。胜心横生，扰扰不齐。大人存诚，心见帝则。初无吝骄，作我蟊贼。志以为帅，气为卒徒。奉辞于天，孰敢侮予？且战且徕，胜私窒欲。昔焉寇雠，今则臣仆。方其未克，窘我室庐，妇姑勃溪，安取厥余？亦既克之，皇皇四达。洞然八荒，皆在我闼。孰曰天下，不归吾仁？痒疴疾痛，举切吾身。一日至之，莫非吾事。颜何人哉？晞之则是。③

此文不长，采取的是四言体的格式，然其主旨如冯从吾所点出的是为呼应程颢的"识仁"而作，故其通篇皆是为"识仁"而发。细析之，大致可疏解为几层意思：一是首句"凡厥有生，均气同体"为其仁学思想体系建构形上基础，吕认为万物皆因"气"而生，以"气"为体，"气"作为实体，无所不在，仁学之形上基础便建构于此。吕氏此说显然还是秉承关学一脉之风格。二是阐明"克己"工夫之缘由及意义，是因为

---

① 陈俊民：《论语解·颜渊第十二》，《蓝田吕氏遗著辑校》，第454页。
② （明）冯从吾说："纯公（大程）语之以'识仁'，先生默识深契豁如也，作《克己铭》以见意。"（参见陈俊民《与叔吕先生》，《蓝田吕氏遗著辑校》附录一，第624页）
③ 陈俊民：《东见录》，《蓝田吕氏遗著辑校》，第509—510页。

"立己与物，私为町畦。胜心横生，扰扰不齐"，也就是将"己"与"物"对立为二，为两者设立人为界限，致使人的"习心"横生，纷扰不齐。如何祛除"习心"之扰，吕氏通过"克"与"不克"之对比，强调"克己"工夫之必要，即"亦既克之，皇皇四达。洞然八荒，皆在我闼。孰曰天下，不归吾仁?"意即通过克去己私，可至万物皆与我为一之境界，从而真正实现"天下皆归吾仁"的至上境界。这足可以看出程颢《识仁》思想之痕迹，程颢说："仁者，以天地万物为一体，莫非己也。"① 又言"仁者，浑然与物同体"②，而这显然是吕氏思想之源泉，其只是对程颢思想之解释和延伸。最后，吕氏表达对颜回之倾慕与渴望。众所周知，颜回是孔子最为称许的弟子，其以"三月不违仁"而名于世，且最能对"仁"默识心得，故最为吕氏所推重。吕曾作诗以明志，他说："独立孔门无一事，惟传颜子得心斋。"③ 可见其对颜回之倾慕，其岳父张载之弟张戬赞吕氏道："吾得颜回为婿矣。"④ 概吕氏及他人认为其与颜回气象最为接近。

对于吕大临的观点，我们可从朱子的批判中再深入探讨。朱子的批评焦点之一就是"克"的对象。他说：

> 吕与叔《克己铭》却有病，他说须于物相对时克，若此则是并物亦克也，己私可克，物如何克得去，己私是自家身上事，与物未相干。⑤

朱子认为吕大临《克己铭》之病一就是把克的对象扩至物上，而物是无法克的，朱子进一步批道："吕与叔《克己铭》则初未尝说克去己私，大意只说物我对立，须用克之，如此则只是克物非克己也。"⑥ 朱子认为吕

---

① （宋）程颢、程颐：《河南程氏遗书》卷二上，《二程集》，第15页。
② （宋）程颢、程颐：《河南程氏遗书》卷二上，《二程集》，第17页。
③ 陈俊民：《与叔吕先生》，《蓝田吕氏遗著辑校》，第623—624页。
④ 陈俊民：《与叔吕先生》，《蓝田吕氏遗著辑校》，第623—624页。
⑤ 朱杰人等主编：《朱子语类》卷四十一，《朱子全书》（修订本）第15册，第1460页。
⑥ 朱杰人等主编：《朱子语类》卷四十一，《朱子全书》（修订本）第15册，第1477页。

大临此铭仅仅是克物之意,没有克己之涵。他明确说道:"克己有两义,物我亦是己,私欲亦是己,吕与叔作《克己铭》只说得一边。"① 又在与弟子答问中,问:"《克己铭》'痒痾疾痛,举切吾身。'不知是这道理否?"曰:"某见前辈一项论议说忒高了,不只就身上理会,便说要与天地同其体,同其大,安有此理!如'初无吝骄,作我蟊贼'云云,只说得克己一边,却不说到复礼处。须先克己私,以复于礼,则为仁。且仁譬之水,公则譬之沟渠,要流通此水,须开浚沟渠,然后水方流行也。"② 朱子认为此铭陈义过高,不从"己"身下手作工夫,反动辄追求"与天地同体"的境界,使人难以捉摸。他亦同样批评程颢:"明道言学者须先识仁一段,说话极好,只是说得太广,学者难入。"③ 吕氏此铭不仅是为呼应程颢"识仁"之点拨而作,同时也是为《论语·颜渊》篇首章作的注解,首章曰:"颜渊问仁。子曰:'克己复礼为仁。一日克己复礼,天下归仁焉。'"④ 朱子认为吕氏只讲克己一面,而缺失复礼一层意思。克己复礼如鸟之两翼,车之两轮,缺一不可。朱子亦解释道:"'克己复礼',不可将'理'字来训'礼'字。克去己私,固即能复天理。不成克己后,便都没事。惟是克去己私了,到这里恰好着精细底工夫,故必又复礼,方是仁。圣人却不只说克己为仁,须说'克己复礼为仁'。见得礼,便事事有个自然底规矩准则。"朱子此意认为消除私欲,便能复见天理,然克己之后仍须复礼之工夫,这也是圣人不说"克己为仁",而说"克己复礼为仁"。⑤

而学者批判的第二个焦点是涉及"仁"的。朱子说:

---

① 朱杰人等主编:《朱子语类》卷四十一,《朱子全书》(修订本)第15册,第1477页。
② 朱杰人等主编:《朱子语类》卷四十一,《朱子全书》(修订本)第15册,第1478—1479页。
③ 朱杰人等主编:《朱子语类》卷九十七,《朱子全书》第17册,第3266页。
④ (宋)朱熹:《论语集注·颜渊》,金良年译,上海古籍出版社2006年版,第170页。
⑤ 文碧方先生认为,吕大临此铭是为"克己复礼"作的注解,复礼之义尽在其中,不必再言,因此朱子之义可谓失当。文氏之说有为吕氏勉强辩护之嫌,此铭从头至尾只讲克己,不讲复礼,并不因为是为"克己复礼"作的注解就可涵"复礼"之义。(参见文碧方《关洛之间——以吕大临思想为中心》,第159页)

> 天下归仁言天下皆与其仁，伊川云称其仁是也，此却说得实，至杨氏以为天下皆在吾之度内则是谓见得吾仁之大，如此而天下皆囿于其中，则说得无形影，吕氏《克己铭》如"洞然八荒，皆在我闼"之类同意。①

朱子认为吕氏《克己铭》中的"洞然八荒，皆在我闼"之意与杨时"天下皆在吾之度内"之语意相似，是说人与宇宙达到一体之境界，这显然指向"仁"，而这都说得疏阔，没有边际，不如程伊川语实。朱子继续说：

> 又说："林正卿问吕与叔云'痒痾疾痛，举切吾身'，不知此语说天下归仁如何？"曰："圣人寻常不曾有这般说话，近来人被佛家说一般大话，他便做这般底话去敌他，此天下归仁与'在邦无怨，在家无怨'一般，此两句便是归仁样子。"②

朱子认为，吕氏《克己铭》中"痒痾疾痛，举切吾身"之语不能用来形容天下归仁，因为圣人是不这样说的。实际上吕氏此语实源自程颢。程颢说："医家以不识痛痒谓之不仁，人以不知觉不认义理为不仁，譬最近。"③ 又说："医书有以手足风顽谓之四体不仁，为其疾痛不以累其心故也。夫手足在我，而疾痛不与知焉，非不仁而何？"④ 程颢以古代医书为喻，把肢体不知痛痒叫作"不仁"，将宇宙万物视自己身体一部分加以感受，吕氏继承这一点，在《克己铭》中有所涉及，但朱子本身就对程颢"仁者浑然与物同体"之说深感不切，他认为：

> 彼谓物我为一者，可以见仁之无不爱矣，而非仁之所以为体之真也；……抑泛言同体者，使人含糊昏缓而无警切之功，其弊至于

---

① 朱杰人等主编：《朱子语类》卷四十一，《朱子全书》第15册，第1476页。
② 朱杰人等主编：《朱子语类》卷四十一，《朱子全书》第15册，第1478—1479页。
③ （宋）程颢、程颐：《河南程氏遗书》卷二上，《二程集》，第15页。
④ （宋）程颢、程颐：《河南程氏遗书》卷三，《二程集》，第74页。

认物为己者有之矣。①

朱子认为"一体言仁"能够彰显仁之爱的一面，但同时也遮蔽对仁之体的把握，弊端在于"认物为己"。基于此，朱子自然会将批评迁延至继承程颢之说的吕氏。

四 以"求中"为工夫

儒学所论本体，非一现成之物，而需由工夫去实现。同时，本体的格局亦决定工夫的走向，吕大临确定"中"为至高无上的大本之体后，即转向探究如何返归本体的工夫之上，也就是如何求"中"。他说：

> 人莫不知理义，当无过不及之谓中，未及乎所以为中也。喜怒哀乐未发之前，反求吾心，果何为乎？《易》曰："寂然不动，感而遂通天下之故。"《语》曰："子绝四：毋意，毋必，毋固，毋我。"《孟子》曰："大人者，不失赤子之心。"此言皆何谓也？……此所谓性命之理，出于天道之自然，非人私知所能为也。故推而放诸四海而准，前圣后圣，若合符节，故曰"喜怒哀乐之未发，谓之中"。②
> 求之此心而已。此心之动，出入无时，何从而守之乎？求之乎喜怒哀乐未发之际。③

吕大临认为无过不及就是中，故应该在喜怒哀乐未发之前去求此大本之体，《易经》《论语》和《孟子》所言皆是性命之理，而这些皆源于天道，非人所能干预，这就是所谓的"喜怒哀乐之未发谓之中"。至于为何要去求"中"，吕大临从内外两方面进行分析，从内在来说，之所以要在未发之际去求，是因为未发之时，心体昭昭自在，无私欲遮蔽，而已发之际，心则出入无时，无从所守，故要在未发之际去求之。从外在效果

---

① 朱杰人等主编：《晦庵先生朱文公文集》卷六十七，《朱子全书》第 23 册，第 3280—3281 页。
② 陈俊民：《礼记解·中庸》，《蓝田吕氏遗著辑校》，第 273—274 页。
③ 陈俊民：《论中书》，《蓝田吕氏遗著辑校》，第 497 页。

来说，吕大临说：

> 虽圣人以天下授人，所命者不越乎此也，岂非中之难执难见乎？岂非道义之所从出乎？后世称善治天下者，无出乎尧舜禹，岂非执中而用之，无所不中节乎？无过不及，民有不和，世有不治者乎？圣人之治天下，犹不越乎！执中，则治身之要，舍是可乎？故苟得中而执之，则从欲以治，四方风动，精义入神，利用出入可也。自中而发，无不中节，莫非顺性命之理，莫非庸言庸行而已。①
>
> 圣人之学，不使人过，不使人不及，立喜怒哀乐未发之中以为之本，使学者择善而固之，其学固有序也。学者盖亦用心于此乎？用心于此，则义理必明，德行必修，师友必称，州里必举，仰企于上古，可以不负圣人之传，俯达于当今，可以不负朝廷之教养。世之有道君子，乐得而亲之，王公大人，乐闻而取之。②

吕大临认为"中"是圣人传授的内容，实际上就是韩愈所说的"道统"，只是吕大临没有明确用此表达。尧舜禹之所以能善治天下，皆是执"中"之故，圣人之治天下不过如此。因此，执中不仅是治身之要，同时亦可实现明义理、修德行，可以被师友称，州里举，有道君子乐于亲近，王公大人乐于用之，仰望于上古，不负圣人之传，俯察当今，不负朝廷教养的外王效果。吕大临实际上是认为通过"求中"可以达至"内圣外王"的儒家终极目的。既然求"中"有如此多的实效，为什么人不能直接现实地拥有"中"呢？吕大临分析道：

> 盖均善而无恶者，性也，人所同也；昏明强弱之禀不齐者才也，人所异也；诚之者，反其同而变其异也。③
>
> 然人应物，不中节者常多，其故何也？由不得中而执之，有私

---

① 陈俊民：《礼记解·中庸》，《蓝田吕氏遗著辑校》，第 274 页。
② 陈俊民：《礼记解·中庸》，《蓝田吕氏遗著辑校》，第 270 页。
③ 陈俊民：《礼记解·中庸》，《蓝田吕氏遗著辑校》，第 297 页。

第二章　学脉接续与思想推阐

意小知挠乎其中间。故理义不当，或过或不及，犹权度之法不精，则称量百物，不能无铢两分寸之差也。①

立己与物，私为町畦。胜心横生，扰扰不齐。②

吕大临认为人之所以不能拥有"中"，来自两方面的原因：一是先天所禀赋的混浊之气；二是后天私意、小智横阻其间，故造成理义呈现偏差，失去"中"节。吕大临的分析实际上符合宋明理学大多数儒家对人性的分析，借鉴佛教两层存在论，发明"气质之性"，从先天、后天两个方面较好地解决人与人之间的差异。"中"如同权度之法，必须毫厘不差，方能称量万物。因此，欲达至"中"，就必须有针对性地做"变化气质""克己"之功，他说：

喜怒哀乐之未发，无私意小知挠乎其间，乃所谓空，由空然后见乎中，实则不见也。若子贡聚见闻之多，其心已实如货殖焉，所蓄有数，所应有期，虽曰富有，亦有时而穷，故"亿则屡中"，而未皆中也。③

君子所贵乎学者，为能变化气质而已。德胜气质，则柔者可进于强，愚者可以进于明；不能胜气质，则虽有志于善，而柔不能立，愚不能明。④

吕大临认为学者一方面要克去己私，克除私意小智，使心体空灵，不着一物；另一方面要变化气质，克去气质之偏，以使天命之性流行无碍，如此柔可变强，愚可变明。吕大临的工夫针对先天与后天之病使人心达到"空"的境界，如此方能见"中"。他认为孔门弟子子贡之心为货殖之类所实，故并不能皆"中"。总之，吕大临强调"求中"与道南学派一样，皆是发展程颢之学，直接从本体入手，去追求大本之体，体现出

---

① 陈俊民：《礼记解·中庸》，《蓝田吕氏遗著辑校》，第274页。
② 陈俊民：《克己铭》，《蓝田吕氏遗著辑校》，第590页。
③ 陈俊民：《礼记解·中庸》，《蓝田吕氏遗著辑校》，第274页。
④ 陈俊民：《礼记解·中庸》，《蓝田吕氏遗著辑校》，第297页。

"明体而达用"的工夫进路，而与程朱一系的"下学而上达"之路径相区分。

吕大临的思想是北宋道学思潮运动中颇具特质的理论，他的思想主要是围绕两个基点展开：一个是大本之"中"与性、与心的关系；一个是如何回应"仁"。对前一个问题的阐发，他将张载关学重视的"中"与受教二程之后所接受的心性思想融贯起来，尤其是在经过与程颐的往复问辩后走向成熟，凸显"大本之中"对心性的统摄，以及将"心"的地位凸显出来，他与其师的辩论深深影响朱子"中和新说"的形成。对后一个问题的诠释，他将张载关学重视的"气"作为建构仁学的形上本体，而仁的内容则是对程颢"万物一体为仁"思想的直接秉承，由此吕大临完成对仁学思想的诠释和建构，丰富和彰显当时仁学可能的诠释方向。总之，吕大临的思想是融合关学、洛学思想综合而成的，非单单属于关学或洛学那么简单，但这也并非是说他已彻底将关学洛学化，否则亦不会遭到程颐的否定[1]，而是在融合的基础上仍有他坚守的关学底色，也因此他被关学和洛学皆视为门下高弟。

第六节　游酢的思想

游酢，为程颐所深喜。程颐称"游君德气纯粹"[2]，谢上蔡说："伯淳最爱中立，正叔最爱定夫，二人气象相似也"[3]，又问："吕、游、杨、谢四子之说孰优？（朱子）曰：此非后学所敢言。程先生于游称其颖悟温厚，谓杨不及游。"[4] 程颐曰："建州游酢，非昔日之游酢也，固是颖悟，然资质温厚。南剑州杨时虽不逮酢，然煞颖悟。"[5] 由此可见游酢在程门

---

[1] 程颐评价吕大临道："吕与叔守横渠学甚固，每横渠无说处皆相从，才有说了，便不肯回。"[（宋）程颢、程颐：《河南程氏遗书》卷十九，《二程集》，第256页] 程颐认为吕大临仍然固守张载之学。
[2] 朱杰人等主编：《伊洛渊源录》卷九，《朱子全书》第12册，第1044页。
[3] 朱杰人等主编：《上蔡语录》卷中，《朱子全书》外编，第3册，第23页。
[4] 朱杰人等主编：《四书或问》，《朱子全书》（修订本）第6册，第554页。
[5] （宋）程颢、程颐：《河南程氏遗书》卷二上，《二程集》，第45页。

地位。朱子说:"游定夫德性甚好。"① 朱子与程颐一样,都对游酢的德性赞赏有加,但这并不影响朱子对其哲学思想的否定。他说:"程门高弟如谢上蔡、游定夫、杨龟山辈,下稍皆入禅学去。"② 又说:"游杨谢三君子初皆学禅。后来余习犹在,故学之者多流于禅。游先生大是禅学。"③ 在朱子看来,游酢德性的纯粹并未能保证其学问的纯然不杂,朱子的这一评判几乎成为定论,胡宏的评价更为激烈,认为其乃是程门罪人。④ 学人对游酢的肯定因其德性之纯粹,对其否定则缘于其思想杂佛。从游酢现有的文献来看,游酢的心性论与其同门学者一样,仍然未重视心性之分别,而着重从心的角度对仁予以阐发,相较杨时来说,他更注重心性与仁的联系,更为注重工夫的路径。

一 道足以统天

检遍游酢论著,论及"天理"不过两处,而论"道"史料则较为丰富。这当然是渊源有自,二程本人就有比较丰富的论述"道"的语录,在《二程集·河南程氏粹言》中有专门的《论道》篇,且位列篇目之首,以此可见道论在二程哲学体系中的重要性。简要来说,二程都非常重视"道"的至高无上性以及"道"所具有的本体意味,着重强调道、器之间相分而又不离的关系,并将其与天理、性等作为同一范畴相等同。作为及门弟子,游酢在二程的基础上继续发挥道:

> 道者,天也。道为万物之奥,故足以统天。⑤

游酢不仅认为"道"与"天"同,更在"道"乃万物根本、万物规律的基础上,提出"道"可以统合"天",这无疑比二程将"道"拔得更高、

---

① 朱杰人等主编:《朱子语类》卷一百零一,《朱子全书》第 17 册,第 3380 页。
② 朱杰人等主编:《朱子语类》卷一百零一,《朱子全书》第 17 册,第 3358 页。
③ 朱杰人等主编:《朱子语类》卷一百零一,《朱子全书》第 17 册,第 3358—3359 页。
④ 胡宏说:"定夫为程门罪人。"(黄宗羲:《鹰山学案》,《宋元学案》卷二十六,第 994 页)
⑤ (宋)游酢:《中庸义》,《游酢文集》,延边大学出版社 1998 年版,第 131 页。

更远。在"道"与"物"的关系上,游酢亦强调"道"在"物"中,他说:"道不违物,存乎人者日用而不知耳"①,也就是说"道"不造作,只是顺应万物而存在,它就在万物之中。游酢进一步论道:

> 盖道之在天地,则播五行于四时,百物生焉,无非善者也,无恶也,故曰"继之者善也"。道之在人,则出作而入息,渴饮而饥食,无非性者,无妄也。②

在这段话中,游酢更为细致地论述其观点,强调"道"的自然而然,强调"道"运行于万物和人,只是随万物之性而就之、成之。总体而言,游酢在"道"论上较之二程并没有太多的创见,基本不出二程思想矩镬,唯一可称的是其将"道"的地位拔高至无以复加的地步。

二 即气论性

弟子陈侁以"治气养心,行己接物"八字概括游酢的为学宗旨③,"治气养心"说原出《荀子》,但在游酢这,意义已经发生变化。陈侁的论断并非妄论,游酢之学确然如此,他的治气说,源于他论"性"的模式,他说:

> 天之所以命万物者,道也。而性者,具道以生也。因其性之固然,而无容私焉,则道在我矣。④

> 孔子之言性,有以其本言之者,若"继之者善,成之者性"是也。有以人所见言之者,若"性相近,习相远"是也。孟子亦然。其道性善,深探其本也。其曰"孺子将入井,皆有怵惕恻隐之心""乃若其情,则可以为善矣",姑据人所见而语之也。是以当时学者

---

① (宋) 游酢:《中庸义》,《游酢文集》,第 126 页。
② (宋) 游酢:《论语杂解》,《游酢文集》,第 113 页。
③ (明) 黄宗羲:《鹰山学案》,《宋元学案》卷二十六,全祖望补,第 997 页。陈侁 (1069—1121),字复之,福建长乐人。有志于伊洛之学,故从游酢游。
④ (宋) 游酢:《中庸义》,《游酢文集》,第 124 页。

不能无疑。①

这可视作游酢论"性"的基本纲领。他首先论述"性"的来源，乃是道落实在万物上的体现。游酢此论只是对儒家传统"天命之谓性"的肯认，诠释并无新奇之处。他显然是区分了两种性：一种是"以其本言之"，也就是本然之性；另一则是现实中呈现的"性"。他的区分承继了张载以来对"性"的分设，但尚未以"天命之性"与"气质之性"来区分，而这有待于朱子来完成。其实程颢亦曾论道："凡人说性，只是说继之者善也。孟子言人性善是也。夫所谓继之者善也者，犹水流而就下者也。"②

与其师一样，游酢亦强调"性"的形上与形下之分，形上之性尚未与"气"结合，故纯善无恶，而形下之性则已与"气"相合不离，或善或恶。而针对已经堕入气质之中的性，他给予详尽的解释。他说：

> 惟其同出于一气，而气之所值有全有偏、有邪有正、有粹有驳、有厚有薄，然后有上智、下愚、中人之不同也。犹之大块噫气，其名为风。风之所出无异，气也。而叱者、吸者、叫者、号者，其声若是不同，以其所托者物，物殊形耳。其声之不同而谓有异风，可乎？孟子谓性善正类此也。荀卿言性恶，扬雄言人之性善恶混，韩愈言性有三品，盖皆蔽于末流而不知其本也。观五方之民刚柔轻重迟速异齐，则气之所禀可以类推之也。以尧为君而有丹朱，以瞽瞍为父而有舜，又何足疑乎？孔子言"性相近者，以习而相远"，则天下之性或相倍蓰者固多矣。由是观之，则谓性有三品未为不可，唯其止以是为性，则三子者之失也。"成性存存，道义之门"，盖非尽心知性者不足以与此。宜乎，夫子之言性，门人莫得而闻也。子贡知道者也，得其所以言矣，故其赞圣人者及此。③

知天命之谓性，则孟子性善之说可见矣。或曰"性恶"，或曰

---

① （宋）游酢：《论语杂解》，《游酢文集》，第113页。
② （宋）程颢、程颐：《河南程氏遗书》卷一，《二程集》，第10页。
③ （宋）游酢：《论语杂解》，《游酢文集》，第114页。

"善恶混",或曰"有三品",皆非知天命者也。①

此是对上段论性之总纲的分论,主要是对现实人性的差异所做的论述,人之大本皆同,不同就是因为"气"的杂入,他认为"气"的掺入导致人的贤愚不同,"性"是一样的,而不同是因为"物"的殊形,并批评荀子、扬雄和韩愈所认为的性只是遗本而涉末。可以看出,游酢论"性"基本不出二程论"性"范围,坚持儒家的性善论,亦对"性"作出区分。

三 本心即仁

至于"心",在现有的文献中,看不出游酢对其的关注,只是零星论及,但亦体现其对"心"的思考和定位。他对"心"的思考,借对《孟子》中的概念的诠释而发,他说:

> 恻者,心之感于物也。隐者,心之痛于中也。物之体伤于彼,而吾之心感应于此,仁之体显矣。②

这是他对孟子"恻隐之心,仁之端也"的解释,他对"恻"与"隐"的解释可谓颇有新意,两者都与"心"相关,恻是心与物相接时的反应,隐是痛在心中,两者都是内心自发之感受,非由外至,而两者都是情之所属,物被伤,而人之心感应于此,则仁之体得以显现,并经过心体之本然的扩充,消除物我之间的隔阂,从而达到万物一体、天下归仁的境界。游酢在此强调本心之重要性,仁体的显现离不开恻隐之心的发用,也就是说"仁"可通过"情"来显现。他所主张的"仁"学最后达到的境界,与其师"程颢所强调的'仁者以天地万物为一体'所突出的仁的境界化、内在化是一致的。"③总的来说,在此理学阶段,强调"仁"与心性的关联是其明显特征,游酢的思想更为强调从心性角度来理解仁。

---

① (宋)游酢:《中庸义》,《游酢文集》,第124页。
② (宋)游酢:《孟子杂解》,《游酢文集》,第118页。
③ 陈来:《朱熹的〈仁说〉与宋代道学话语的演变》,载陈来主编《早期道学话语的形成与演变》,第186页。

同时，他对孟子所说的"仁，人心也"亦提出自己的见解，他说：

> 孟子曰："仁，人心也。"则仁之为言，得其本心而已。心之本体，则喜怒哀乐之未发者是也。惟其徇己之私，则汩于忿欲，而人道熄矣。诚能胜人心之私，以还道心之公，则将视人如己，视物如人，而心之本体见矣。自此而亲亲，自此而仁民，自此而爱物，皆其本心随物而见者然也。故曰克己复礼为仁。礼者，性之中也。且心之本体，一而已矣，非事事而为之，物物而爱之，又非积日累月而后可至也。一日反本复常，则万物一体，无适而非仁矣。故曰"一日克己复礼，天下归仁焉"。①

> 仁，人心也。不可须臾离也，犹饥之于食，渴之于饮，一日阙之则必颠仆饿踣而殒命矣。人心一日不依于仁，则不足以为人焉。②

他在解释孟子的"仁，人心也"时所说的"得其本心即为仁"，明显是把心之本体等同于本心的，也即心之本体即仁。他认为"心"是不能须臾离开"仁"的，就像饥渴之于饮食，人心一日不仁，则不足以为人。对于"仁"与"心"之关系，其师程颐曾明确说道：

> 问："仁与心何异？"曰："心是所主，言仁是就事言。"曰："若是，则仁是心之用否？"曰："固是。若说仁者心之用，则不可。心譬如身，四端如四肢，四肢固是身所用，只可谓身之四肢，如四端固具于心，然亦未可便谓之心之用。"或曰："譬如五谷之种，必得阳气而生。"曰："非是。阳气发却是情也，心譬如谷种，生之性便是仁也。"③

程颐认为心是主宰，而仁则为其主宰的对象，且仁须从事的效验意义上

---

① （宋）游酢：《论语杂解》，《游酢文集》，第110页。
② （宋）游酢：《论语杂解》，《游酢文集》，第110页。
③ （宋）程颢、程颐：《河南程氏遗书》卷十八，《二程集》，第183—184页。

论及。他只承认仁是心之用,而否定仁者心之用,其缘由就是他认为仁只是心之用的体现,若说仁者,心之用,则会使心的功能局限于仁,影响其普遍性之呈现。这如同心是身,四端如四肢,心与仁就如同身与四肢的关系,只能单向度地定义,反过来则不可。程颐又以"谷种"之喻来说明"心"与"仁"的关系。程颐关于性与仁的关系,则说:"爱自是情,仁自是性。"①"仁"是五性之一。程颐此说得到朱子的首肯。但仁到底是属性,还是属于心,程颐所说的"仁,性也"与孟子的"仁,人心也"两者之间是否矛盾,朱子说:

> 问:"伊川何以谓'仁是性',孟子何以谓'仁,人心'",曰:"要就人身上说得亲切,莫如就心字说,心者兼体用而言,程子曰'仁是性,恻隐是情,若孟子便只说心,程子是分别体用而言,孟子是兼体用而言。'"②

朱子认为两者并不相悖,只是从不同的视角对仁的解释,程子采取的是体用相分的方式,而孟子是兼体用而言。游酢显然在这里与孟子之意更为接近。

在上段引文中,何为心之本体,游酢说喜怒哀乐之未发即是心之本体,即心之本然状态。心之本然状态是否为性,游酢并未明说。而如何能见"心之本体",只有"胜人心之私,还道心之公"方能使之本体显露,可保证亲亲、仁民、爱物的实现。在这里,游酢沿用"道心"与"人心"的划分,亦是要求克人心之私,复道心之公。且若能反其本心,便可至万物一体为仁,也就是天下归仁。这里明显可以看到,游酢思想里既有程颢思想强调"仁者万物一体"之境界的痕迹,又有程颐"道心、人心"思想的烙印,体现了游酢对二程思想的糅合。

至于工夫,游酢并没有什么特色。就程门主旨来说,游酢对"敬"极为强调,与尹焞有相似之处,都对"格物致知"不重视。遍查其著作,

---

① (宋)程颢、程颐:《河南程氏遗书》卷十八,《二程集》,第182页。
② 朱杰人等主编:《朱子语类》卷第二十,《朱子全书》(修订本)第14册,第704页。

唯有一处提到"致知",他说:

> 夫行道必自致知始,使知道如知味,斯道其忧不行乎?今也鲜能知味,此道之所以不行也。①

他在这里强调行道应该从"致知"开始,对于如何致知,他并没有过多解释。对于"敬",他说道:

> 事之所在,无所不用其敬焉,则民孰有不敬者哉!②
> 出门如见大宾,则无时而不敬也;使民如承大祭,则无事而不敬也。③

可见,游酢对"敬"是极为重视。他认为凡事,皆须用敬。而对于如何做"敬",亦没有解读。除此之外,他亦强调改过、慎独等修身工夫。从他的主张来看,他注重向内体认之工夫,缺了外边一截工夫,这也是其被后人诟病之缘由。

第七节　尹焞的思想

尹焞(1071—1142),字彦明,河南洛阳人。为程颐晚年弟子,程颐曾说:"晚得二士"④,此二士即为张绎、尹焞。当代学者钱穆把其列入"四大弟子"之内⑤,也从另个侧面反映出尹焞在程门之地位。程门弟子纷纷杂染佛学,唯尹焞独立儒林而不倒,他在程门之得名不在于其思想创新,而在于其恪守师门最醇,他自述道:"闻先生之言,言下领意,焞

---

① (宋)游酢:《中庸义》,《游酢文集》,第124页。
② (宋)游酢:《论语杂解》,《游酢文集》,第82页。
③ (宋)游酢:《论语杂解》,《游酢文集》,第112页。
④ (宋)程颢、程颐:《河南程氏遗书》卷二上,《二程集》,第25页。
⑤ 钱穆:《宋明理学概述》,九州出版社2010年版,第80页。

不如绎，能终守先生之学，绎亦不如焞。先生欣然曰：'各中其病。'"① 尹焞自认为其能守先生之学，这得到程颐的肯定。然当前学界的研究与其在哲学史上的显赫地位并不相符，这或许与其思想缺少创见有关，但作为程颐之学的正统传承，他将程颐的哲学话语进行诠释，加以推阐，使其更加明确。通过回归思想文本，透视尹焞思想，揭示其对程颐之学的突破和推进，亦可反观朱子思想的来源和形成。

一　动静一理

尹焞的理论旨趣并不在于诠释心性论的基本概念和范畴，而是专在于涵养上。但为了全面展现尹焞的心性论思想，有必要对其仅有的相关材料进行分析。对于二程所标示的天理本体，尹焞所论不多，他基本是持以肯认的态度，这可从其所做的《壁帖》中看出他对"天理"的重视，他在《壁帖》中引道："民之秉彝也，故好是懿德，万物皆有理，顺之则易，逆之则难，各循其理，何劳于已哉，人心莫不有知，惟蔽于人欲，则亡也。天理皆实理也，人而信者为难。"② 这是程颐的原话，壁帖类似于座右铭，是对某一个经典名言的认可和重视，尹焞将其列为壁帖，足见其对"天理"的重视。至于他自己的观点，他唯有一处论道："尝请益于伊川曰：某谓动静一理。伊川曰：试喻之。适闻钟声，某曰：譬如钟未撞时，声固在也。伊川喜曰：且更涵养。"③ 在这里，尹焞阐述自己的观点"动静一理"，他以钟声为喻，认为钟未撞时，声并非不在，钟声未发出时是静，钟声发出时是动，而动静的根源皆在于钟，这就是所谓的"动静一理"。尹焞的"动静一理"并未有多大的创新，这亦不足为怪，他本人的理论旨趣原本就不在这上面，而是以专事涵养受到学者如朱熹的高赞。

---

① （宋）程颢、程颐：《河南程氏外书》卷十一，《二程集》，第412页。
② （宋）尹焞：《壁贴》，《和靖集》卷五，文津阁四库全书，商务印书馆2005年影印版，第570页。
③ （宋）尹焞：《师说》（下），《和靖集》卷八，第578页。

二 对心性的阐释

南宋学者胡宏曾评价尹焞的思想，他说："尹先生乃以未发为真心，然则圣人立天下之大业、成绝世之至行，举非真心耶？"① 又说："尹先生指喜怒哀乐未发为真心，既以未发，恐难指为心"②，从胡宏的言论中不难看出，尹焞亦对程门的核心问题未发已发进行论述，他的主要观点就是以"未发"为"真心"，尹焞并未对"真心"进行解释，但结合其论"赤子之心"，可见，尹焞的"真心"类似于他所说的"赤子之心"，也就是"心"的本然状态。尹焞的论述不如其同门谢良佐明确："人须是识其真心，见孺子将入井时，是真心也。非思而得也，非勉而中也"③，谢良佐认为人见孺子入井之时，"心"的"怵惕"即为"真心"，而这是不思而得、不勉而中的。显然，谢良佐是把"遇事而发"的"心"称之为"本心"的，也就是他把"真心"当作已发来看待，而这与尹焞的"未发"为"真心"，显然是不同的。胡宏之所以反对，是因为他坚持"未发"为"性"，"已发"为"心"，故他不可能同意尹焞的以"未发"为"心"的观点。可看出，在二程之后，程门后学对此问题是存在分歧和争论的，这正如吕思勉先生所说："一种学问，必有其兴起之时，亦必有其成熟之时。兴起之时，往往万籁争鸣，众源并发。至成熟之时，则渐汇为一二派。"④ 程门后学正处于理学兴起之时，特征即是万籁争鸣。较之二程，尹焞不再像其师那样，对心性不加分别，他有意识地对心性进行区分，他说："操则存，舍则亡，出入无时，莫知其乡，此孟子说'心'非说'性'也。"⑤ 在他看来，操存舍亡只能是说"心"，而不能说"性"。尹焞的看法是正确的，"性"作为形上本体是不能施加工夫的，而工夫只能在"心"上做，这其实是儒家一贯的主张。至于"心"，尹焞对程门中的热点问题"赤子之心"亦予以回应，他说"赤子之心，纯一无伪。"对于

---

① （宋）胡宏：《与曾吉甫书三首》，《胡宏著作两种》，第113页。
② （宋）胡宏：《与曾吉甫书三首》，《胡宏著作两种》，第114页。
③ 朱杰人等主编：《上蔡语录》卷上，《朱子全书》外编第3册，第15页。
④ 吕思勉：《理学纲要》，吉林人民出版社2013年版，第269页。
⑤ （明）黄宗羲：《和靖学案》，《宋元学案》卷二十七，全祖望补，第1004页。

"赤子之心"，程颐与吕大临争论的焦点在于"赤子之心"是未发还是已发，而尹焞则并未回应，只是强调"赤子之心"的属性，即"纯一无伪"。尹氏的解读并未溢出正统儒家的论说，"赤子之心"一切凭自然而应，没有欺诈之念，没有伪装之意，故"纯一无伪"。后来朱子在解释"赤子之心"时亦说："赤子之心，则纯一无伪而已。"① 朱子此说是否受尹焞影响不可考，但他们对"赤子之心"的属性"纯一无伪"是一致认同的。

对于"性"，首先看尹焞对"生之谓性"的回应："时敏问告子'生之谓性'如何？先生曰：生之谓性说得自是，白玉、白羽、白雪，其白一也。只是被孟子以牛之性、人之性为问，便错了、倒了，只是内不明。"② 告子的"生之谓性"被孟子所否定，但到理学这里，它的意义和性质已经发生变化。二程对"生之谓性"在"气质之性"的意义上予以肯定。程颢说："告子云'生之谓性'则可。凡天地所生之物，须是谓之性。皆谓之性则可，于中却须分别牛之性、马之性"③，必须指出的是，他们是在"气质之性"的意义上对"生之谓性"进行的肯定。程颢是认可告子的"生之谓性"之说的，认为其意是"以气说性"，是"气质之性"，因为天地所生之物，皆是有"性"的，但却须分别不同物之间的"性"，这里显然内含着"性"的"一般"与"特殊"。至于程颐，他说道："生之谓性，止训所禀受也"④，"生之谓性，论其所禀也"⑤，程颐对"生之谓性"并不否定，只是需要对其内涵进行限定，那就是它只能指"气禀"，也就是他说的"才"。可以看出，二程承认"生之谓性"，并以此来解释现实的人性的差异。二程门下弟子杨时等，继承二程的观点，对"生之谓性"予以肯定，尹焞亦如此，他为告子进行辩护，认为告子所说的"生之谓性"是正确的，只是因为他不明内在道理，被孟子以"牛之性，人之性"相问，便不知所措。尹焞对"生之谓性"并没有详细

---

① （宋）朱熹：《孟子章句集注解·离娄章句下》，《四书章句集注》（下），金良年译，第370页。
② （宋）尹焞：《师说》（上），《和靖集》卷八，第573页。
③ （宋）程颢、程颐：《河南程氏遗书》卷二上，《二程集》，第29页。
④ （宋）程颢、程颐：《河南程氏遗书》卷二十四，《二程集》，第313页。
⑤ （宋）程颢、程颐：《河南程氏遗书》卷十八，《二程集》，第207页。

解说，只是秉承师说，加以强化。

总而言之，由于尹焞理论旨趣的转向，其对心性论的基本范畴的论述是粗糙和不成体系的，但他突出心性之别，肯定"生之谓性"，阐发"赤子之心"是值得肯定的。

三 诚敬为纲

尹焞在涵养工夫上着力甚多。他反复强调涵养的重要性："默识心受而躬行之，则可谓善学矣"①，又言道："某在经筵，进《论语解》，别无可取，只一篇序却是某意。学贵力行，不贵空言，若欲意义新奇，文辞华赡，则非臣所知，此是某意"②，尹焞在这两段引文中所反复强调的是涵养的重要性，他认为善学的标准即是"默识心受而躬行之""学贵力行""涵养以养其气质"。在确立为学目标后，尹焞所要做的就是对如何做以实现为学目标进行探索，他以诚、敬为纲，展开其工夫论的建构，他说："学者须是诚，须是敬，敬则诚矣。故易曰'君子敬以直内，若色厉内荏，譬诸小人，其犹穿窬之类也欤！'"③ 诚与敬是程门中十分注重的工夫，程颢说："识得此理，以诚敬存之而已"④，程颐说："学要在敬也、诚也"⑤，二程对诚、敬的重视为尹焞所秉承，他认为学者为学需要"诚"与"敬"的工夫，"敬"自然"诚"，他是把"敬"作为"诚"的前提条件。而这就与程颐的思想接近，程颐说："诚然后能敬，未及诚时却须敬，而后能诚"⑥，"诚"是真实无妄、拥有，是其所是，宇宙合一的境界，是高远的工夫，而"敬"是在己的工夫，"敬"易"诚"难，故能诚自然能敬，反之则不通。对于"诚"与"敬"的分别，朱子详加区分："先生问诸友诚、敬二字如何分？各举程子之说以对，先生曰：敬是不放肆底意思，诚是不欺妄底意思"⑦，又言："诚只是一个实，敬只是

---

① （宋）尹焞：《论语解序》，《和靖集》卷四，第568页。
② （宋）尹焞：《师说》上，《和靖集》卷六，第573页。
③ （宋）尹焞：《师说》上，《和靖集》卷六，第572页。
④ （宋）程颢、程颐：《河南程氏遗书》卷二上，《二程集》，第18页。
⑤ （宋）程颢、程颐：《河南程氏遗书》卷二上，《二程集》，第30页。
⑥ （宋）程颢、程颐：《河南程氏遗书》卷十一，《二程集》，第125页。
⑦ 朱杰人等主编：《朱子语类》卷六，《朱子全书》（修订本）第14册，第241页。

一个畏"①，又言："妄诞欺诈为不诚，怠惰放肆为不敬，此诚敬之别。"②"诚"与"敬"都是在"心"上做工夫。朱子对"诚"与"敬"严加区分，认为"敬"是不放肆，是畏，诚是不欺妄，是实。但对于尹焞所说的"敬则诚"，朱子并不认同，在与弟子答辩中，他说道："又问'由敬可以至诚否？'曰：'诚自是真实，敬自是严谨。如今正不要如此看，但见得分晓了，便下工夫做将去'"③，又论道："广云先敬然后诚，曰：且莫理会先后，敬是如何，诚是如何？广曰：敬是把作工夫，诚则到自然处。曰：敬也有把捉时也，有自然时，诚也有勉为诚时，亦有自然诚时，且说此二字义，敬只是个收敛畏惧，不纵放，诚只是个朴直悫实，不欺诳。"④朱子对"由敬可以至诚""先敬然后诚"是不赞成的，主张无须理会先后，只管下工夫做去。尹焞显然没有朱子那样的分殊，这也显示出处于探索期的理论的不成熟之处。

尹焞说："孔孟之门所以有大过人者，只是尽诚。公且看孔子闲居，闵子侍侧，訚訚如也，子路行行如也，冉有、子贡侃侃如也。子乐所乐者，盖乐四子略无伪饰，至子路终不得其死，则见于行，行其有伪乎！"⑤又言："孟子所得于曾子者，一言以蔽之曰诚而已"⑥，尹焞认为"曾子三省"之真实意蕴只是"诚"，孔孟之门所以大过人者，乃在于"尽诚"，孟子所得于曾子者，也只是一个"诚"，尹焞的见解受到程颐称赞。对于如何是"诚"，他以《论语》孔子"闲居"为例，认为其弟子的表现就是"诚"，而"诚"的含义即"真实无伪"，也就是是其所是，不假修饰，并且通过"诚"可以实现"仁"。尹焞对"如何诚处便天下归仁"的解释并不清晰，他认为孔子讲"仁"，子思、孟子讲"诚"，之所以如此，是因为"诚"乃实有，实现"诚"自然归仁，是在"价值实现前提下对'性'的真实拥有。"⑦朱子后来对此阐述得更为明确，他说："以

---

① 朱杰人等主编：《朱子语类》卷六，《朱子全书》（修订本）第14册，第241页。
② 朱杰人等主编：《朱子语类》，《朱子全书》（修订本）第14册，第241页。
③ 朱杰人等主编：《朱子语类》，《朱子全书》（修订本）第14册，第261页。
④ 朱杰人等主编：《朱子语类》，《朱子全书》（修订本）第14册，第262页。
⑤ （宋）尹焞：《师说》（上），《和靖集》卷六，第572页。
⑥ （宋）尹焞：《师说》（中），《和靖集》卷七，第575页。
⑦ 李景林：《教化的哲学》，黑龙江人民出版社2006年版，第415页。

其实有故谓之诚，以其体言则有仁义礼智之实，以其用言则有恻隐、羞恶、恭敬、是非之实。"① 他认为"诚"以其体言则可实现对"仁义礼智"的实有，这种实有"是真实地拥有其所是，拥有其'性'"②，以其发用角度而言，则是"恻隐、羞恶、恭敬、是非"之实。

在"诚"和"敬"上，尹焞实则更注重"敬"，也正因为如此，他得到朱子的称赞，他解释"敬"时说："祁宽问'如何是主一？'愿先生善谕。公言敬有甚形影，只收敛身心便是主一，且如人到神祠中致敬时，其心收敛，更不着得毫发事，非主一而何？"③ 尹焞在受教程颐时，程颐所首先教给他的就是"敬"，尹焞秉承程颐的思想。"主一"是程颐所发明，他说："敬只是主一也。主一，则既不之东，又不之西，如是则只是中。"④ 在程颐看来，"敬"就是"主一"，"主一"就是使内心集中于意识的涵养上而不走作。尹焞在回答弟子关于"主一"的疑问时，以"收敛身心"解释主一，虽用词与师不同，但核心内容是一样的，都是指在意识内用功，使意识收敛而不放纵，避免外物的干扰，这就是"敬"。尹焞的这一思想，朱子继承并与弟子详加问辩：

> 问："和靖说'其心收敛，不容一物'"，曰："这心都不着一物，便收敛。他上文云'今人入神祠，当那时直是更不着得些子事，只有个恭敬'，此最亲切。今人若能专一此心便收敛，紧密都无些子空罅，若这事思量未了，又走做那边去，心便成两路。贺孙问尹氏其心收敛，不容一物之说。"曰："心主这一事，不为他事所乱，便是不容一物也。问此只是说静时气象否？"曰："然。"⑤

朱子认为"收敛"即"心不着一物"，"不容一物"即"心主一事，不为他事所乱"，并认为"收敛身心，不容一物"乃是"静中气象"。朱子的

---

① 朱杰人等主编：《朱子语类》，《朱子全书》（修订本）第14册，第262页。
② 朱杰人等主编：《朱子语类》，《朱子全书》（修订本）第14册，第417页。
③ （宋）尹焞：《师说》附录，《和靖集》卷八，第578页。
④ （宋）程颢、程颐：《河南程氏遗书》卷二下，《二程集》，第56页。
⑤ 朱杰人等主编：《朱子语类》卷十七，《朱子全书》（修订本）第14册，第572页。

解释使尹焞的思想更为明确，同时推进此说，认为此属于"静中气象"。

程颐的"敬"是指向内外的，内在的"敬"指主一无适，外在的敬指整齐严肃，尹焞同样承之，他的弟子记载道："先生每与时敏讲书，必具衣冠，或深衣讲毕，则曰尽诚及物者，我也；诚之者，其在子乎！"①又道："先生爱洁净，地有污秽必去之。尝说某只有这些克不去。"② 尹焞在与弟子讲书时，亦正其衣冠，这就与程颐的"俨然正其衣冠、尊其瞻视，其中自有个敬处"③ 的思想是一致的。可见，尹焞的主敬思想基本是对程颐的继承，故朱子说："和靖不观他书，只是持守得好。它语录中说涵养持守处，分外亲切"④，又道："和靖在程门直是十分钝底，被他只就一个敬字做工夫，终被他做得成"，在朱子看来，尹焞之超人处在于以"敬"涵养并做成。也正因为专于涵养，造成其工夫偏于一处，遭到朱子诟病："和靖持守有余而格物未至，故所见不精明，无活法"⑤，又说："又如和靖之说固好，但不知集义，又却欠工夫，曰：亦是渠才气去不得，只得如此。大抵有体无用，便不浑全。"⑥ 朱子及其弟子批评尹焞只专注于涵养，忽视向外工夫的拓展。朱子所批可谓确论，遍观尹焞著作，对程颐所注重的工夫两翼之一"格物致知"却丝毫不及。

总而言之，尹焞的心性论思想只是对二程心性论思想的某一方面的继承，他对诚敬的重视，得到朱子的认可和承继，至朱子明确提出"心大凡当以诚敬为主。"⑦ 可见，尹焞的心性论思想上承程颐，下启朱子，是值得肯定的。

四 尹焞思想的定位和影响

尹焞作为程颐晚年得意弟子，以"持守如固，涵养纯粹"扬名于程门，但其思想并非毫无特色，较之二程的突破处在于其提出"动静一

---

① （宋）尹焞：《师说》上，《和靖集》卷六，第572页。
② （宋）尹焞：《师说》下，《和靖集》卷八，第577页。
③ （宋）程颢、程颐：《河南程氏遗书》卷二上，《二程集》，第15页。
④ 朱杰人等主编：《朱子语类》，《朱子全书》（修订本）第17册，第3381页。
⑤ 朱杰人等主编：《朱子语类》卷一百零一，《朱子全书》（修订本）第17册，第3381页。
⑥ 朱杰人等主编：《朱子语类》卷十七，《朱子全书》（修订本）第14册，第527—573页。
⑦ 朱杰人等主编：《朱子语类》卷一百一十九，《朱子全书》（修订本）第18册，第3764页。

理",在涵养工夫论上对程门的"诚、敬"继承并加以推阐。尹焞作为洛学弟子,一方面他接续洛学话语,将其进一步深化和阐释,使得洛学话语得以保存和延续;另一方面他的思想构成朱子建构哲学体系的背景和底色。全祖望的评论更为准确:"和靖尹肃公于洛学最为晚出,而守其师说最醇,五峰以为程氏后起之龙象,东发以为不失其师传者,良非过矣。"[1] 全祖望认为尹焞在程门中虽晚出,但持守最醇;胡宏认为尹焞乃程门后起之秀;黄震认为他恪守师说。这些评论并非虚说,可谓确实。尹焞亦收徒授学,但其学派不振,概由于其:

1. 资质鲁钝,不善言说。其师程颐说:"尹焞鲁,张绎俊,俊恐他日过之,鲁者终有守也。"[2] 朱子说:"和靖在程门直是十分钝底"[3],"和靖才短,说不出,只紧守伊川之说"[4],"就诸先生立言观之,和靖持守得不失。然才短,推阐不去,遇面生者,说得颇艰。"[5] 可以看出,程颐认为尹焞鲁钝,但能持守。朱子说得更为详细,尹焞资质鲁钝,不善言说,且推阐不开,遇生人还不能言说。程颐和朱子的分析是确然无疑的,尹焞确然如此,他的不善言说致使其在传道授业上乏善可陈。

2. 专事涵养,不读书。尹焞见长于涵养,前已论及,下再略作探讨:德寿问先生:"卿如何养得如此粹厚?"先生曰:"臣但一生不敢作过"[6],"龟山只是要闲散,然却读书,尹和靖便不读书。"[7] 尹焞专事涵养,自述其一生只是不敢作过,且不读书。

正是由于以上两个原因导致其学派不振。但后学的不振,并不影响尹焞在思想史上的地位。

结　语

洛学自二程缔造以来,虽屡遭学禁,甚至一度几近灭绝,然幸赖众

---

[1] （明）黄宗羲:《华阳学案》,《宋元学案》卷二十一,全祖望补,第856页。
[2] （宋）程颢、程颐:《河南程氏遗书》卷二十一上,《二程集》,第267页。
[3] 朱杰人等主编:《朱子语类》卷一百零一,《朱子全书》（修订本）第17册,第3381页。
[4] 朱杰人等主编:《朱子语类》卷一百零一,《朱子全书》（修订本）第17册,第3381页。
[5] 朱杰人等主编:《朱子语类》卷一百零一,《朱子全书》（修订本）第17册,第3381页。
[6] （宋）尹焞:《师说》中,《和靖集》卷七,第575页。
[7] 朱杰人等主编:《朱子语类》卷一百一十三,《朱子全书》（修订本）第18册,第3592页。

门人的积极卫道，挽大厦于将倾之际，使得洛学在与王学、蜀学等异己学派的抗衡中独占鳌头，学脉得以薪火相传，终成显学。二程门人对学派的传承，既有如尹焞般持守师说如固，亦有如谢良佐般极具发越，更有如永嘉学派偏离师说，沦为歧出。然学派的传承和发展正依赖于此多样性，虽然任何一种都会消解学派的原貌，但这种消解对于学派的持久发展是必要的。程门主要弟子作了这种努力与尝试。他们作为二程门下最为杰出的弟子，在二程之后，面对的困境是一样的，总体上就是使洛学如何从学禁中解脱出来。而完成这种解脱则需要方方面面的努力，比如在政治上需要积极作为，以带动学术的发展等①，最为重要的是需要继续完善洛学的理论架构，因为这是其与佛教、王学及蜀学等相抗衡的核心支撑和武器。程门弟子接续二程遗留的问题，进行解读和阐发。他们的思想虽有对二程思想糅合的痕迹，但更多的是向程颢思想的回归，当然这种回归不是简单的重复，而是经过思想的创造之后的"回归"，虽然这种努力显得不那么具有突破性意义，但这对学派话语的延续和思想的发展无疑是必需的。

　　五位主要弟子中，吕大临、游酢、尹焞并未缔造有影响力的学派，学术渐归沉寂。杨时创立道南学派，而谢良佐与湖湘学派的关系则一直争议不断，但他们思想上的相近性是不可否认的。就这几位主要弟子的思想而言，他们虽然对程颐之学亦有所继承，尤其是尹焞，但他们的总体学术旨趣是向程颢靠近，具体来说：（1）强调"本心"，对"气质之性""习心"重视不够；（2）强调"知仁、求仁、体中"，其实就是程颢所主张的体认本体；（3）注重"仁"与心、性的关联，凸出"心"的位置；（4）心性工夫皆向内收敛，忽视格物致知的外在维度。综上可以看出，程门第一代弟子间的思想差异并不是特别明显，而真正完成洛学的分化则有待于洛学分支学派的建构与形成。

---

① 在宋代学派的发展中，学派的兴衰与政治上的沉浮有密切关系，如王学的兴起，与王安石、秦桧在政治上的地位息息相关。洛学在两宋之际从边缘渐趋中心与二程门人在政治上的"稍稍进用"密不可分。

第三章　学派谱系与思想旨趣

洛学在二程去世之后，门人弟子四方传道，开宗立派，就各自所理解的"二程思想"进行传播、阐释和发展，建构了诸多具有学术影响的学派。这些学派在经过弟子的代代传承之后，思想旨趣已然发生明显的分化，呈现出同源异流的关系。

第一节　程门后学的学派谱系

早在二程在世时，"伊洛之学"或"洛学"之名便已享誉天下，前往洛阳求学于二程者络绎不绝，一时门人弟子遍天下，涉及当时的中原、河东、蜀中、关中、吴越、湖湘、闽赣各地，足见洛学之盛。关于二程门人，最早进行系统梳理的是朱熹，在其所编写的《伊洛渊源录》中录二程弟子为42人；在《宋元学案》当中为86人，含私淑弟子13人；万斯同的《儒林宗派》为52人。而在现代学术著作中，徐远和先生的《洛学源流》则只以程门四大弟子为主线，对其余诸弟子则略而不论。姚名达先生的《程伊川年谱》和程鹰先生主编的《二程故里志》对弟子名录都有列举，但缺乏考证，错误颇多。这就需要进一步的考证，以明晰洛学的传承脉络。综合各种文献，我们初步考证可考的二程弟子概有82位，这些弟子在学成归乡之后，又四处传道，收徒授学，形成薪火相传的地域性的学派。南宋学人真德秀说：

> 二程之学，龟山得之而南，传之豫章罗氏、罗氏传之延平李氏、李氏传之朱氏，此一派也；上蔡传之武夷胡氏、胡氏传其子五峰、五峰传之南轩张氏，此又一派也。若周恭叔，刘元承得之为永嘉之

学，其源亦同自出。然惟朱、张之传，最得其宗。①

在真德秀看来，洛学在二程之后，形成三大学派，分别是杨时开创的道南学派、谢良佐及胡安国开创的湖湘学派、周行己及刘安上等开创的永嘉学派。在此三派中，真德秀也给予价值判断，认为道南与湖湘是正宗，永嘉之学为别派。当然，真德秀所列只是显著有名的学派，大量的非著名的弟子、学派并未进入其考察视野。而后来的全祖望说道：

> 洛学之入秦也以三吕；其入楚也以上蔡，司教荆南；其入蜀也以谢湜、马涓，其入浙也以永嘉周、刘、许、鲍数君，而其入吴也以王信伯。②

又说：

> 伊川之学，传于洛中最盛；其入闽也以龟山；其入秦也以诸吕；其入蜀也以谯天授辈；其入浙也以永嘉九子；其入江右也以李先之辈；其入湖南也由上蔡而文定；而入吴也以王著作信伯。③

可以看出，较之真德秀，全祖望更为全面地展示和梳理洛学的传承和发展脉络，但是弟子的传承是否形成学派仍需考察，全氏之论意在说明洛学在各地的肇始者，而真德秀则明确提出洛学经传衍而成的三大学派。何为学派？"学派指一门学问中由于师承不同而形成的派别。一般说来，学派的构成取决于以下几个要素：学术特色、学派主要代表及追随者、学术的影响力。……学派的生存在于其特色和主要影响力，而学术特色和影响力则依赖于该学派代表人物的学术地位及其追随者对本学派的维

---

① 真德秀：《西山读书记》卷三十一，文渊阁四库全书，台湾商务印书馆1986年影印版，第105页。
② （明）黄宗羲：《上蔡学案》，《宋元学案》卷二十四，全祖望补，第916页。
③ （明）黄宗羲：《震泽学案》，《宋元学案》卷二十九，全祖望补，第1053页。

护和弘扬。"① 基于此,在二程之后,形成规模的学派主要有:

(一) 道南学派

杨时 { 罗从彦——李侗——朱熹(狭义上的道南学派)
       王萍、张九成(心学肇始者或过渡者)

(二) 湖湘学派

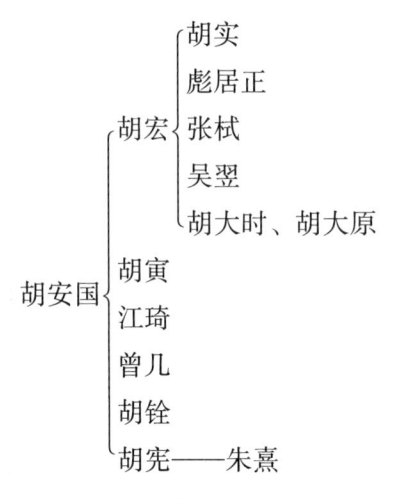

胡安国 {
　胡宏 {
　　胡实
　　彪居正
　　张栻
　　吴翌
　　胡大时、胡大原
　}
　胡寅
　江琦
　曾几
　胡铨
　胡宪——朱熹
}

(三) 永嘉学派

元丰九先生→郑伯熊
袁溉→薛季宣→陈傅良→叶适

(四) 涪陵学派

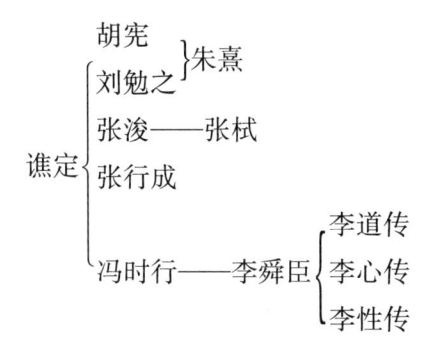

谯定 {
　胡宪
　刘勉之 } 朱熹
　张浚——张栻
　张行成
　冯时行——李舜臣 {
　　李道传
　　李心传
　　李性传
　}
}

---

① 徐庆文:《略论儒门学派的演变及其地域形态》,《山东社会科学》2011年第9期。

（五）兼山学派

郭忠孝 { 郭雍 { 曾咢 / 欧阳朴 / 孟程 / 谢谔——黎立武 / 曾震 / 曾机

（六）金代郝氏学派

郝从之→郝震→郝昇→郝天挺→郝思温→郝经

以上所述六派乃二程之后形成的较为显著且在思想史上具有重要影响的学派，较之以往学界的研究，扩大和增列较少引起学界关注的涪陵、兼山和金代郝氏学派，他们虽不如道南与湖湘学派那么显耀，但亦作为体道、行道和卫道者推动二程洛学在不同地域传衍和发展，在学术研究日益精细的当下，我们需要扩大研究视角，以求更加细致、更加全面地呈现洛学的全貌。需要指出的是，上述所列学派传人亦非全部，主要基于著作存佚、学术贡献等角度进行考量和选择。

第二节　道南学派

道南学派之成名，源于程颢赞杨时之语"吾道南矣！"① 道南学派的厘定自古便争讼不已②，此处对道南学派的认定采学术界主流观点，即杨时、罗从彦和李侗，这种认定纯粹是以相近的学术宗旨和地域性为裁定

---

① 张伯行："道南源委者，取程夫子送龟山言'吾道南矣'之义，既名道南，凡所载诸儒，皆自杨游以下。"（朱衡：《道南源委·凡例》，中华书局1985年版，第1页）

② 杨时弟子众多，但多数学者（如劳思光、陈来等）以学术正统性的角度认为道南学派主脉应该为杨时、罗从彦、李侗。然亦有异见者，刘京菊从地域性考量，认为道南学派应是指在闽地传播洛学直至南宋朱熹闽学建立这一动态的学术发展历程，是以纵向传衍为主，呈散居状态的学术派别，包括杨时、游酢及其后学罗从彦、李侗。（刘京菊：《"吾道南矣！"——道南学派之考辨》，《孔子研究》2008年第2期）这种以地域性为判定标准，虽是划分学派的参考，但将思想宗旨不同的游酢亦圈进道南学派之内，仍失之宽泛。

标准。道南学派作为南渡后复振洛学的主要学派,以"接着讲"的态度对二程所开创的洛学话语进行阐释和推进,为洛学向朱子闽学的转化起到直接的推动作用。然当前学界对道南学派研究成果虽多,但多局限在以静态分析的方式对单个人物进行研究或在学派谱系的基础上分析学派的总体思想和精神主旨,缺乏将其置于是时的学术思潮中予以动态、整体的思考和观照。因此,转换研究视角,回归到当时的学术思潮之中,分析道南学派在此问题上对二程的承继、融合、突破和发展,从而彰显道南学派的理论特质。

一 凸显"心"与强化"气质之性"

"心"与"性"是心性论的核心支点。对于心性之别,宋明理学以前的儒学对"心"的探讨远不及"性"丰富和深刻,且时常混淆而不加区分,即使到二程仍未得到彻底改观。① 而至杨时,已然注意两者之别,他明确提出:

> 六经不言"无心",惟佛氏言之;亦不言"修性",惟扬雄言之。心不可无,性不假修。②

在此,杨时认为六经皆不言"无心"与"修性",唯异教之徒言之,故他反对"无心"与"修性"之说,主张"性"是圆满十足,无毫发亏欠的,故无须加治修养之功,而"心"是实存的,容易受习气、私欲的遮

---

① 在程颢的哲学体系中,是将心、性等范畴等同为一的,如他的代表作《定性书》之名虽是后人所加,虽是顺着张载之问而答,但他的不反驳和默认,至少说明他对此并无有意识的区分,正如冯友兰先生所说:"张载给程颢的这封信可能是张载早期写的。在那个时候,他对于心、性、情还没有作出严格的区分。……《定性书》实际上是以心为性,这并不是程颢误用了字,这是因为在他的哲学体系中本来没有这个分别。"(冯友兰:《中国哲学史新编》(下),人民出版社2007年第2版,第112—113页)较之程颢,程颐虽有明显分心与性的表述,如他说:"自理言之谓之天,自禀受之谓之性,自存诸人言之谓之心。"((宋)程颢、程颐:《二程集》,第296—297页)但他亦说:"心即性也。在天为命,在人为性,论其所主为心,其实只是一个道。苟能通之以道,又岂有限量?"((宋)程颢、程颐:《河南程氏遗书》卷十八,《二程集》,第204页)可见,程颐还没有将心、性之别在其哲学体系中贯彻到底,仍有混淆之处。

② (宋)杨时:《荆州所闻》,《龟山集》卷十,第63页。

蔽，故工夫须落实在"心"上。杨时对"性"的认识实际是向先秦孔孟的回归，对"心"的凸显则是宋明理学一致的理论倾向。何谓"心"？杨时更为明确地说：

> 未言尽心，须先理会心是何物。（罗从彦）又问，曰：心之为物，明白洞达，广大静一，若体会得了然分明，然后可以言尽。①

杨时认为首先须明白"心"是何物，然后才能在"心"上做工夫，他认为"心"是明净无尘、畅通无阻、虚明静定的，显然杨时是从"心"的特质而非定义立论。只有明白"心"的这一特质，才可言"心"上工夫。从师徒的问辩中，可见一斑：

> 龟山以《孟子》"饥者甘食，渴者甘饮"，与夫"人能无以饥渴之害为害心，则不及人不为忧矣"，令仲素思索，且云"此语若易知易行，而有无穷之理。"仲素思之累日，疏其义，以呈龟山云"饮食必有正味，饥渴害之，则不得正味而甘之，犹学者必有正道，不悦于小道，而适正焉，则尧舜人皆不可为矣，何不及之有哉？"龟山云："更于心害上一着猛省留意，则可以入道矣。"仲素一生服膺此语……故学问日新，尤不可及。②

杨时令其弟子罗仲素去思索《孟子》书中的义理，罗氏在把所思呈给其师后，杨时虽称赞，但认为其不够深刻，他让罗氏去"心"之要害处久久用力，它日一旦醒悟，自可入道。罗氏对此深深服膺，并加以贯彻。他说道：

> 人君者，天下之表。若自心正则天下正矣，自心邪曲何以正天

---

① （宋）杨时：《余杭所闻》，《龟山集》卷十二，第77页。
② （宋）罗从彦：《附录》上，《豫章文集》卷十四，文津阁四库全书，商务印书馆2005年影印版，第550页。

下，太祖于寝殿中令洞辟诸门，使皆端直开豁，无有壅蔽，以见本心。可谓知君道矣。①

他在此从现实效用上强调"正心"之重要性，认为君心正，则天下自然正，这其实是儒家内圣外王的一贯传统，亦是历代儒家要"格君心之非"的缘由所在。通过从根本上着实下手，来保证外王事业向儒家所强调的"仁政"落实。罗氏不仅如此说，更是这样践履的。他的传授也使李侗深刻意识到"治心"之重要，他对前述杨时与罗仲素之间所讨论的问题亦发表自己的见解，他说：

> 人心中大段恶念却易制伏，最是那不大段计利害、乍往乍来底念虑，相续不断，难为驱除。②
> 道之可以治心，犹食之可以充饥、衣之可以御寒也。人有迫于饥寒之患者，遑遑焉为衣食之谋，造次颠沛，未始忘也。至于心之不治，有没世不知虑者，岂爱心不若口体哉！③
> 常存此心，勿为事物所胜。④

在李侗看来，人心中最难祛除的不是大段的恶念，而是那忽隐忽现、计较利害的念虑。那么，如何可以治"心"呢？他认为学道是可以达到此目的的，就如食物是可以充饥的，人为了衣食，即使在造次颠沛当中，亦不会忘，但对于"心"，人们则不会这么做，这与孟子所说的"人有鸡犬放则知求之，有放心而不知求，学问之道无他，求其放心而已矣。人知求鸡、狗，莫知求其心者，惑也"⑤之意是相同的。鉴于"心"之重要性，他主张人应常存此"心"，不要使"心"为外物所诱。可看出，道南学派三代学者都强调"治心"，这是为其工夫论所铺垫的前提，道南学

---

① （宋）罗从彦：《遵尧录一》，《豫章文集》卷二，第516页。
② 朱杰人等主编：《朱子语类》卷一百零三，《朱子全书》（修订本）第17册，第3417页。
③ （宋）罗从彦：《见罗先生书》，《豫章文集》卷十六，第554页。
④ 朱杰人等主编：《朱子语类》卷一百零三，《朱子全书》（修订本）第17册，第3414页。
⑤ （宋）朱熹：《四书章句集注》（下），金良年译，第418页。

派在工夫论上所注重的正是"心"之未发时的工夫，这就较之二程的理论在深度上有所推进和发展。①

探讨心性论，不可不及"性"，程门后学对"性"的论述认同张载、二程以来对"性"的"天命之性"与"气质之性"的两层区分，以及"天命之性"纯善无恶，"气质之性"有善有恶的基本观点。他们的差异在于对"气质之性"的看法②，或对此认识不够，或对此略而不论，或不以此立论，而道南学派则尤重"气质之性"，杨时在与弟子罗从彦辩论时说：

> 仲素问："横渠云'气质之性'如何？"曰："人所资禀，固有不同者。若论其本，则无不善。盖一阴一阳之谓道，阴阳无不善，而人则受之以生故也。然而善者，其常也，亦有时而恶矣。犹人之生也，气得其和，则为安乐人。及其有疾也，以气不和则凡常也，然气不和非其常，治之而使其和，则反常矣。其常者，性也。此孟子所以言'性善'也。横渠说'气质之性'，亦云人之性有刚柔缓急、强弱昏明而已，非谓天地之性。然也今夫水清者，其常然也，至于湛浊，则沙泥混之矣。沙泥既去，其清者自若也。是故君子于气质之性，必有以变之，其澄浊而水清之义欤！"③

杨时在回答弟子关于"气质之性"的疑问时，认为人的资质固有不同，但本源则都是善的，人皆是禀阴阳之气而生，有善有恶，"善"是"性"的常态，"恶"则反之。他以水为例，认为清是水的常态，而浊则反之，欲去浊复清，则须下澄清之功，人性同然，欲恢复天命之性，则须变化气质，以复归天命之性。杨时对气质之性的重视，为罗从彦所秉承，罗

---

① 程颢未曾直接探讨未发已发，程颐先主"心"皆为已发，后改为心不仅有已发，还有未发，故主张在未发时以敬存养，而道南学派则主张在未发时，以静坐作为工夫的入手处，从而去体验大本流行之体。

② 在宋明理学中，"气质之性"是极其重要的，它决定着工夫论的走向以及对心、性、情关系的判定。正是因为此，朱子赞道："程子论'性'所以有功于名教者，以其发明'气质之性'也。"（朱杰人等主编：《朱子语类》卷四，《朱子全书》（修订本）第14册，第199页）

③ （宋）杨时：《余杭所闻》，《龟山集》卷十二，第76页。

第三章 学派谱系与思想旨趣

从彦论道：

> 二气五行交运，虽刚柔杂糅，善恶不齐，然圣人之生，必得气之纯粹者而不偏着，此理之常也。①
>
> 中性之人，由于所习，见其善，则习于为善；见其恶，则习于为恶。②

罗从彦的论述与杨时及二程并无多大差异，不同之处在于他认为中性之人的善与恶，乃由所处环境使然。这与二程及杨时的观点是不同的，他们将此归于所禀赋之气的清浊不同。

李侗对"性"论述较少，他在与朱子答问中说道：

> 问："性相近也，习相远也，二程先生谓'此言气质之性，非性之本'。尹和靖云，性一也，何以言相近？盖由习相远而为言，……先生曰：尹和靖之说虽浑全，然却似没话可说，学者无着力处。恐须如二先生谓此言气质之性，使人思索体认气质之说，道理如何为有力尔。盖气质之性不究本源，又由习而相远，正要玩此曲折也。"③

李侗认同二程将孔子的"性相近，习相远"解释为"气质之性"的说法，如此使人思索且体认气质之说，则可知"道"。他认为"气质之性"，如果不去追根溯源，再加上后天环境影响，就会导致现实人性的差异越来越大。因此，必须重视"气质之性"。道南学派对"气质之性"的重视，正是缘于他们对现实人心中"恶"的清醒认识，这可从朱熹批判陆九渊的话中反衬出来，朱子说：

> 陆子静之学，看他千般万般病，只在不知有气禀之杂，把许多

---

① （宋）罗从彦：《遵尧录四》，《豫章文集》卷四，第527页。
② （宋）罗从彦：《议论要语》，《豫章文集》卷十一，第546页。
③ （宋）李侗：《延平答问》，文津阁四库全书，商务印书馆2005年影印版，第219页。

粗恶底气都把做心之妙理，合当恁地自然做将做。……看来这错处只在不知有气禀之性。①

这虽是朱子批判陆九渊之语，但亦可解释和反衬道南学派缘何重视"气质之性"，也可解释他们为何重视"治心"。可见，道南学派突破二程心性混淆不分，主张心性之别，并继续凸显"心"和强化程颐所注重的"气质之性"②。

二 静坐体中

静坐工夫自周敦颐倡导以来，受到理学家或隐或显的青睐。二程皆重视"静坐"工夫，并使"静坐"成为洛学的助缘而非主流工夫。在洛学后学中，唯道南学派和涪陵学派对"静坐"禀承发扬，且尤以道南学派为显著。杨时对"静"情有独钟，并将其与《中庸》相联系，应用到修养工夫中。他说：

《中庸》曰"喜怒哀乐之未发谓之中，发而皆中节未之和"。学者当于喜怒哀乐未发之际以心体之，则中之义自见，执而勿失，无人欲之私焉，发必中节矣。③

学者当于喜怒哀乐未发之际以心体之，则中义自见，执而勿失，无人欲之私焉，发必中节矣。发而中节，中固未尝亡也。孔子之恸，孟子之喜，因其可恸、可喜而已，于孔孟何有哉。其恸也、其喜也，中固自若也，鉴之照物，因物而异，形而鉴之，明未尝异也。庄生所谓出怒不怒，则怒出于不怒，出为无为，则为出于不为，亦此意也。④

---

① 朱杰人等主编：《朱子语类》卷一百二十四，《朱子全书》（修订本）第18册，第3886—3887页。
② 程颢未直接使用"气质之性"，多用"生之谓性"。程颢与程颐的区别就在于程颐不承认"性有恶，因为如承认性有恶，从逻辑上说总与性善论有矛盾。"（参见复旦大学哲学系中国哲学教研室《中国古代哲学史》（下），第525页）故道南学派所论更为靠近程颐之学。
③ （宋）杨时：《书六·答学者其一》，《龟山集》卷二十一，第95页。
④ （明）黄宗羲：《龟山学案》，《宋元学案》卷二十五，全祖望补，第952页。

程颐在思想成熟期时,对"心"作出未发与已发的区分①,既强调"未发"工夫,亦注重"已发"工夫。他主张在未发时涵养,但他一直坚持"中"是"未发",故不能在"未发"中去求,而只能在未发时涵养。杨时则不同于其师,他专注"未发",认为"未发"是根基,他认为学者应该在"未发"的时候"以心体之",则"中"自然显现,若能保持不失,则发亦必然"中",也就是说,未发时心性合一即是"中",已发时心、性、情的一致是"中",也是"和"。孔子之恸哭、孟子之欢喜、庄子之怒,皆是"情"之"中"节的体现。未发即心之体,"以心体之"就是用心去体认本体,杨时的"体中"就是要明"心、性之体",杨时所主张的工夫其实质与程颢是一样的,都是要直接从本体作为工夫入手处,走的是明体而达用的工夫路径。与程颢不同的是,杨时为此体认设定具体的情景与方法,即"燕闲静一"。程颢是动静兼具,而杨时则独重"燕闲静一"作为下工夫的具体落手处,因为此可以敛声屏气,使"心"最大限度地不受杂念思虑的干扰,当然这与佛教静坐让"心"进入枯寂、空无的状态是有实质区别的。

罗从彦作为独传杨时"不传之秘"的弟子②,其与程门弟子尹焞极其相似:思想发越不足,但恪守师说甚笃③。其对杨时的"静中体验未发"甚契于心,据其弟子李侗记载:

> 某曩时从罗先生问学,终日相对静坐,只说文字,未尝及一杂语。先生极好静坐,某时未有知,退入室中亦只静坐而已。先生令静中看喜怒哀乐未发之为中,未发时作何气象?此意不唯于进学有

---

① 程颐说:"凡言心者,指已发而言,此固未当。心一也,有指体而言者(小注:寂然不动是也),有指用而言者(小注:感而遂通天下之故是也),惟观其所见如何耳。"((宋)程颢、程颐:《与吕大临论中书》,《河南程氏文集》卷九,《二程集》,第609页)

② 朱熹说:"龟山倡道东南,士之游其门者甚众,然潜思力行,任重极如仲素,一人而已",又称"时弟子千余人,无及从彦者。"(脱脱:《罗从彦传》,《宋史》卷428,刘浦江点校,第8846页)

③ 关于罗从彦的评论,黄宗羲说:"豫章在及门中最无气炎,而传道卒赖之。"((明)黄宗羲:《宋元学案》卷三十九,第1271页)全祖望说:"豫章之在杨门,所学虽醇,而所得实浅,当在善人、有恒之间。"((明)黄宗羲:《宋元学案》卷三十九,第1269页)由此可断,尹焞与罗从彦都属恪守派,而缺乏创新。

力，兼亦是养心之要。①

李侗作为罗从彦门下最为得意弟子，所述应为不差，可看出罗氏对"静坐"极为推重，不仅自己以身体之，且要求李侗身体力行，因为他认为"静坐"不仅对知识的增长有益，亦是心性修养之要法，在此他也提出"静坐"之法，就是心无旁骛，没有杂念。当然这种"静坐"不同于佛教的冥想静坐，佛教主张的结果最终导向的是"空"，而罗氏主张的是凭借不染杂欲的"心"去体认心体，也就是体验未发之中，他曾作诗道："静处观心尘不染，闲中稽古意尤深。周诚程敬应相会，奥理休从此外寻"②，他认为"静坐"就是为了观心，"观心"之意是为了去体验"心体"，除此别无他法，也就是"体验那种还原后的前思维、前情感的内心状态。"③罗氏之主张显然是对杨时学说的推进，杨时只说主静，而罗从彦则阐释主静的方法即"静坐"，虽从本质意义上，并无实质之不同，但可以看出，罗从彦其实已经注意到杨时将"格物致知"规定为"反身而诚"，容易使人的活动囿于人的主观意识当中，而丧失对外在生活的关注，罗从彦则有意修正杨时的偏颇，他将"静坐"对学问的增进体现出来。虽然"他还没有真正去关注心、性二字，而只是以明性、体仁的实践来发明心、性二字"④，他提出：

> 夫《中庸》之书，世之学者，尽心以知性，躬行以尽性者也，而其始则曰"喜怒哀乐之未发谓之中"，其终则曰"夫焉有所倚，肫肫其仁，渊渊其渊、浩浩其天"，此言何谓也，差之毫厘，谬以千里。故大学之道，在知其所止而已，苟知所止，则知学之先后，苟

---

① （宋）李侗：《延平答问》，第218页。
② （宋）罗从彦：《观书有感》，《豫章文集》卷十三，第549页。
③ 陈来：《有无之境——王阳明哲学的精神》，生活·读书·新知三联出版社2009年版，第76页。这源自陈来认为"佛教主张'不思善不思恶，是本来面目'，要求人在把一切现实情感和思维'还原'为内心本来状态时体认内在的清净本性，以获得一种新的领悟，认为这个还原后的纯粹意识形态才是人的'存在'的本来面目"。
④ 向世陵：《程学传承与道南学派》，《社会科学战线》2005年第2期，第30—36页。

不知所止，则于学无自而进。①

罗从彦认为《中庸》之要义在于"尽心以知性，躬行以尽性"，而这溯及源流，则远至孟子，近及杨时。孟子强调"尽心知性，存心养性"，并认为此涵盖"知"与"行"，"尽心知性"为"知"者事，"存心养性"为"行"者事，两者不可偏废。杨时在注解孟子此话时亦说：

> 尽其心然后能存心，知其性然后能养性，知天然后能事天，此其序也。世儒谓"知我则敌，事我则卑"，失其旨矣。②

杨时亦强调两者不可偏废，并认为为学次序不可邋等。罗从彦承继师说，但有所推进，他更突出践行，故说"躬行以尽性"，这其实是对"穷理尽性以至于命"的变相说法，意在突出"躬行"，其实这正是对杨时过于强调内向型工夫的修正，罗从彦的努力是有益的，后来朱子评其："严毅清苦，殊可畏"③，正是对其注重践行工夫的最好印证。

李侗作为罗氏高弟，自然对师说承继不二，在其思想脉络中，儒学的"连续性"特征体现无疑。他秉承师说，却不一味固守，使理论演进而不停滞。就龟山门下指诀来说，他重视静坐之工夫，但他并不是书斋式的，而是积极参与现实生活，呈现其与师说之异。他说：

> 囊时某从罗先生问学，终日相对静坐，只说文字，未尝及一杂语。④

又说：

> 某自少时从罗先生学问，彼时全不涉世，故未有所闻，入先生

---

① （宋）罗从彦：《韦斋记》，《豫章文集》卷十二，第548页。
② （宋）杨时：《孟子解》，《龟山集》卷九，第59页。
③ （明）黄宗羲：《豫章学案》，《宋元学案》卷三十九，全祖望补，第1276页。
④ （宋）罗从彦：《事实》，《豫章文集》卷十四，第550页。

之言便能用心静处寻求，至今涴汩忧患、磨灭甚矣！四五十年间每遇情意不可堪处，即猛省提掇，以故初心未尝忘废，非不用力，而迄于今更无进步处。常切静坐思之，疑于持守及日用尽有未合处，或更有关键未能融释也。①

从李侗的叙述中，可以看出李侗自受学伊始，便开始以"静坐"为宗，不及它事，并终生不疑。他认为他不涉事时，对先生之言皆能在静处求得，后来则陷入纷扰之中，乃是因为其持守没有贯彻到日用当中。且其学问多由静坐中得来，对程门之"主敬"略而不论，朱子对此明确指出："李先生当时说学已有许多意思，只为说'敬'字不分明，所以许多时，无捉摸处。"② 罗从彦主张静坐之目的乃是尽性，而他则认为静坐在于体认天理，他说：

> 学问之道不在于多言，但默坐澄心，体认天理，若见虽一毫私欲之发，亦自退听矣。久久用力于此，庶几渐明，讲学始有力也。③

又言道：

> 大率有疑处，须静坐体究，人伦必明，天理必察。于日用处着力，可见端绪，在勉之尔。④

李侗认为静坐澄心要落实在对天理的识见上，并非悬空冥想。就"静坐"来说，罗氏师徒的目的是一样的，那就是体认天理，只是李侗更为明确地予以表达。确然如此，李侗比其师更注重对"形上之理"的关注，他说：

---

① （宋）李侗：《延平答问》，第219页。
② 朱杰人等主编：《朱子语类》卷一百零三，《朱子全书》（修订本）第17册，第3417页。
③ （明）黄宗羲：《豫章学案》，《宋元学案》卷三十九，全祖望补，第1288页。
④ （宋）李侗：《延平答问》，第223页。

> 太极动而生阳，至理之源，只是动静阖辟，至于终万物始万物，亦只是此理一贯也，到得二气交感，化生万物时，又就人物上推，亦只是此理。①

他认为"理"是世界的本体，从人到物，它无所不贯，这一观点实延续洛学宗旨。对宇宙本体的标示，只是说明世界本源是何物，它与世间万物之关系仍待探讨，李侗以"理一分殊"很好地回答这一问题，且使"理一分殊"走向工夫化。他说："吾儒之学所以异于异端者，理一而分殊也。理不患其不一，所难者分殊耳。"②李侗所言指出理与万物之间的关系，万物实禀理而生，学者所当下工夫者应在"分殊"而非"理一"上，他说："要见理一处不难，只分殊处却难"③，李侗尤为注重的是对万千世界的考察而非对形上本体的思考，并通过对"形下"世界的关注，来逆证"理一"之体。

二程心性工夫的格局与规模并非局限于此，道南学派只是融合程颢的"先识本体"之说与程颐的"未发涵养"之论，提出"静坐未发体中"，代代承续，使其理论逐步走向精致。较之杨时，罗豫章把杨时的"燕闲静一"发展为"静坐"，以为"未发观中"之法，并以之传延给李侗，李侗承之，并继续深究，"理一分殊""静坐体验"等都超越前说，影响朱子早期的思想。但是要明确的是，李侗较之杨时、罗从彦，其"静坐"之目的，更为关注形而下的"分殊"世界。

三 "君子之学，求仁而已"

"仁"在道南学派虽不如"静坐体验未发"那样，成为标榜本学派之宗旨，但作为二程遗留的哲学问题及时代的热点，道南学派承继程颢的仁说，亦对此问题给予积极回应。作为道南学派的创设者，杨时强调的"为仁求仁"，不仅成为学派的传统，更成为"南宋早期道学的中心话语，

---

① （宋）李侗：《延平答问》，第220页。
② （清）李清馥：《闽中理学渊源考》，凤凰出版社2011年版，第80页。
③ （明）黄宗羲：《明儒学案》（下），全祖望补，中华书局2008年修订版，第880页。

朱子的老师一辈和朱子早年无不受此影响。"① 他说道：

> 君子之学，求仁而已。②
>
> 今学者将仁小却，故不知求仁，孔子曰："若圣与仁，则吾岂敢"，孔子尚不敢当，且罕言之，则仁之道不亦大乎?③
>
> 学者求仁而已，行则由是而之焉者也，其语相似无足疑者。世儒之论仁，不过乎博爱自爱之类，孔子之言则异乎此。其告诸门人可谓详矣。然而犹曰罕言者，盖其所言皆求仁之方而已，仁之体未尝言故也。要当遍观而熟味之，而后隐之于心而安，则庶乎有得，非言论所及也。④

在以上引文中，杨时反复强调"求仁"的重要性，主张君子之学，不外乎"求仁"二字。他分析时下学界的弊端，认为学者一方面将"仁"小视，而不去求仁，殊不知孔子尚且不敢以"仁"自许，由此更可见仁道之大；另一方面是学者论仁，多以爱论仁，以情论仁，殊不知孔子所言皆求仁之方，从不言仁之体，故学者应该用心体认，久久自然有得，而这并非言语可及。杨时的分析基本符合儒家的一贯传统，尤其是他主张求仁，不言仁体，反对以爱言仁，既是对孔孟儒学的回归，亦是对程颐主张的承继。⑤

杨时对"求仁"的重视，成为道南门下的传统，其得意弟子罗从彦并不注重对何者为仁的定义性探讨，而是将理论旨趣偏于对求仁工夫的追寻，他曾向杨时请教：

> 问："'尽其心者，知其性'，如何是尽心底道理?"曰："……

---

① 陈来：《朱熹的〈仁说〉与宋代道学话语的演变》，载陈来主编：《早期道学话语的形成与演变》，安徽教育出版社2007年版，第193页。
② （宋）杨时：《与杨君玉》，《龟山集》卷十六，第90页。
③ （宋）杨时：《荆州所闻》，《龟山集》卷十，第69页。
④ （宋）杨时：《答胡德辉问》，《龟山集》卷十四，第84页。
⑤ 程颐说："爱人乃仁之端，非仁也"，又说："仁者必爱，指爱为仁则不可。"（程颢、程颐：《河南程氏外书》卷十二，《河南程氏粹言》卷一，《二程集》，第433、1173页）

大抵须先理会仁之为道，知仁则知心，知心则知性，是三者初无异也，横渠作《西铭》亦只是要学者求仁而已。"①

罗从彦向杨时请教尽心知性，杨时回答的落脚点在于知仁、求仁。罗氏对此服膺无疑，但他对于"仁"的致思方向却并不局限在单单的形上思考上，主要在"仁"之发用上用功。关于仁，他通过在与其他范畴的对举中来体现"仁"的意义，他说：

> 人主欲明而不察，仁而不懦。盖察常累明，而懦反害仁故也。汉昭帝明而不察，章帝仁而不懦，孝宣明矣，而失之察；孝元仁矣，而失之懦。若唐德宗，则察而不明；高宗则懦而不仁。兼二者之长，其惟汉文乎！②

又言道：

> 仁义者，人主之术也。一于仁天下爱之而不知畏，一于义天下畏之而不知爱。三代之主，仁义兼隆，所以享国至于长久。自汉以来或得其偏，如汉文帝过于仁，宣帝过于义，夫仁可过也，义不可过也。③

他认为"仁"对于人主来说是极其重要的，但是"仁"可过却不能无限制，当然这是从与其他范畴对举的层面说的，罗从彦的仁学注重的是仁的效用，其不再去探讨概念式的"仁"，这或与其个人对现实政治的强烈关注有关，实际上这也是先秦仁学的特质。

---

① （宋）罗从彦：《问答》，《豫章文集》卷十四，第551页。
② （宋）罗从彦：《议论要语》，《豫章文集》卷十一，第545页。
③ （宋）罗从彦：《问答》，《豫章文集》卷十四，第545页。

至李侗，因其本人不喜著书，专事涵养①，故仅存的文献中对"仁"的论述亦不多，但他对"仁"的诠释影响了朱子的思想。他说：

> 仁只是理，初无彼此之辨，当理而无私心即仁矣。胡明仲（胡寅）破东坡之说可矣，然所说三人后来事相牵何异，介甫之说"三仁"，恐如此正是病处昏了，仁字不可不察。②

在李侗这里，他要表明的其实就是"仁"与"心"的关系，"心"没有私欲，符合"理"就是仁。他认为"仁""心"字须辨明析理，否则就容易在现实应用上出现差错。他说：

> 某尝以谓"仁"字极难讲说，只看天理统体便是。更心字亦难指说，唯认取发用处是心，二字须要体认得极分明，方可下工夫。仁字难说，《论语》一部只是说与门弟子求仁之方，知所以用心庶几私欲沉、天理见，则知仁矣。……心体通有无，贯幽明，无不包括，与人指示于发用处求之也。又曰："仁者，人也"，人之一体便是天理，无所不备具，若合而言之，人与仁之名亡，则浑是道理也。③

李侗与朱子反复讨论"仁"，朱子认为仁是心之当理处，可以发用，是流动不息的。这得到李侗的认可。李侗认为"仁"与"心"都是极难说的，做工夫之前必须把这些字义研究清楚，讲仁须究天理，因为"仁"就是"天理"，心体是概括一切的，孟子所说的"仁，人心也"就是指示人要在发用处去求，而"仁者，人也"说的是天理充贯人体，若将"仁"与"心"合言，则只是天理。可看出，李侗是反对以"心"训"仁"的，因为这样就会导致把"私心"也当作"仁"，故要以"心之正理"释仁，

---

① 《朱子语类》载："问延平先生言行。曰：'他却不曾著书，充养的极好。凡为学，也不过是恁地涵养将去，初无异义。只是先生粹面盎背，自然不可及。'"（朱杰人等主编：《朱子语类》卷一百零三，《朱子全书》（修订本）第17册，第2600页）
② （宋）李侗：《延平答问》，第220页。
③ （宋）李侗：《延平答问》，第220页。

朱子后来把这表达得更加明确，那就是"仁者，心之德"。

李侗比杨时、罗从彦更为注重对"仁"与"心"的区分，这实际是对程颐思想的遥承。① 他的仁论延续杨时所提出的"知仁求仁"的学派宗旨，只是在"知仁求仁"的设定及方法上，他的讲法更为详细。如何算是"知仁"呢？他设定为"知所以用心，庶几私欲沉、天理见"，这就与杨时的"平居但以此体究，久之自见"之法虽不同，但其实质是一样的。

对于仁与"知觉"的关系这一时代热点问题，李侗也解读道：

> 《谢上蔡语录》云"不仁便是死汉，不识痛痒了"，"仁"字只是有知觉了了之体段，若于此不下工夫令透彻，即何缘见得本源毫发之分殊哉？②

对于谢上蔡之意，李侗显然是认可的，他并未明确说明仁与知觉的关系，但隐含着"仁必有知觉"之意，并强调要于此下工夫，才可见得分殊。可见，道南学派三代学者论"仁"虽从不同的角度入手，杨时倾向程颢强调"仁的与万物一体之境界"，罗从彦更加注重仁的效验，而李侗则直接以"心之正理"释"仁"，强调"仁是天理之统体"，与杨时有相近之处，但他们的核心精神是一致的，皆反对"以爱论仁""以心释仁"，注重切实的"为仁求仁"。

道南学派糅合二程思想，搁置对本体的探讨，将理论旨趣转向如何体认心性本体上。在心性思想上，他们突破二程对心性混淆不分的思想，注重心性分别，继续凸显和强化"心"和"气质之性"的地位，充分认识到人心之中的"恶"，主张在"心"上下工夫，继续推动"汉唐以来人性论向心性论的转变"③，并到朱子那得以彻底完成。在心性工夫上，

---

① 程颐说："问仁与心何异？"曰："心是所主处，仁是就事言。"曰："若是，则仁是心之用否？"曰："固是。若说仁者心之用则不可，心譬如身，四端如四支，四支固是身所用，只可谓身之四支，四端固具于心，然亦未可便谓之心之用。"〔（宋）程颢、程颐：《河南程氏遗书》卷十八，《二程集》，第183页〕程颐力辩二者之别，但比李侗更为精致和详细。
② （宋）李侗：《延平答问》，第220页。
③ 李祥俊：《道通于一——北宋哲学思潮研究》，第431页。

杨时将程颢的"先识本体"之说与程颐的"未发涵养"思想相结合，提出"未发静坐体中"的学派宗旨，罗从彦承之，专于静坐去体认大本流行之体，李侗继之，主张静坐体认天理本体，将"静"的思想进一步深化，至朱子借鉴和改造道南学派的"未发静坐体中"，主张以"敬"涵养未发。在仁学上，他们亦积极回应时代热点，融合程颢的"万物一体为仁"和"识仁"说以及程颐的"仁心相异"说，主张为仁求仁，并成为是时学界的主流话语。总之，道南学派作为上承二程、下启朱子的道学群体，它的思想虽融合二程的思想，但主要发展的是程颢之学，可谓是"本体意义上的程颢之学"，同时为朱子思想的形成和发展、反思和建构提供了直接的思想资源。

第三节　湖湘学派

湖湘学派肇始于胡安国，奠基于胡宏，盛大于张栻，张栻之后迅速走向衰落。此为湖湘学派大致发展脉络，已为学人所详论，兹不赘述。较之二程以及道南学派，湖湘学派的思想已呈现出较大的差异。湖湘学派由于一属私淑学派，二则家学浓厚，故其学派宗旨和理论旨趣异于程门嫡传，开创出哲学史上较有特色的学派。学派中坚人物胡宏说道：

>"心"、"性"固是名，然名者，实之表著也。义各不同，故名亦异，难直混为一事也。①
>"心"、"性"二字，乃道义渊源，当明辨不失毫厘，然后有所持循矣。②

可见，与道南学派不同，以胡宏为代表的湖湘学派注重厘清心性名义。

---

① （宋）胡宏：《与曾吉甫书三首》，《五峰集》卷二，《胡宏著作两种》，王立新点校，第114页。
② （宋）胡宏：《与曾吉甫书三首》，《五峰集》卷二，《胡宏著作两种》，王立新点校，第113页。

对"性"的认识,使他们在本体论上建构"性"本体;对"心"的认识使他们在工夫论上提出"先察识后涵养",并以此为中心扩展至整个心性论体系,开出二程洛学思想新的面向,可谓是"工夫论意义上的程颢之学"。

一 确立性体

湖湘学派又被称为"性学派"①,故论及湖湘学派,"性"乃首要涉及的范畴。"性"在湖湘学派的不同传承者手里,定义和地位亦是不同的。纵观胡安国仅存的完整著作《春秋传》,涉及"性"字只有8处,且皆非专门论之,只是引用经典,顺便提及而已。此中缘由实难探究,可能与其认为"性"须由"心"来开显,而重视"心"有关,后面详述。其论"性"唯一可见处是在与胡宏的答问中:

> 宏闻之先君子曰:"孟子所以独出诸儒之表者,以其知性也。"宏请曰:"何谓义?"先君子曰:"孟子道性善,善云者,叹美之词,不与恶对。"②

此处胡安国亦只是论"性"之善恶,而对"性"的具体内容则略而不论。但胡安国的这一没有详解的开示性语言却有意无意中为湖湘学派的心性论树立了新的标杆,而"性"体的标示与彰显则有待胡宏来完成。从思想演变来说,谢良佐的"性体心用"到胡宏提出"性本体"是有一定的逻辑的。胡宏说:"天命之谓性。性,天下之大本也"③,"性也者,天地之所以立也"④,"非性无物,非气无形,性其气之本乎!"⑤ 他对"天命

---

① 朱汉民、陈谷嘉著的《湖湘学派源流》中认为胡宏哲学为"性本论——新本体论诠释"。(朱汉民、陈谷嘉:《湖湘学派源流》,湖南教育出版社1992年版,第116页)。向世陵先生亦持此观点。(参见向氏著《理气性心之间——宋明理学的分系与四系》,人民出版社2008年版,第266页)
② (宋)胡宏:《知言》卷四,《胡宏著作两种》,王立新点校,第30页。
③ (宋)胡宏:《知言》卷一,《胡宏著作两种》,王立新点校,第7页。
④ (宋)胡宏:《知言》卷一,《胡宏著作两种》,王立新点校,第7页。
⑤ (宋)胡宏:《知言》卷三,《胡宏著作两种》,王立新点校,第24页。

之谓性"的诠释与众不同，明确指出"性"是宇宙的本体，"性"乃天地赖以存之的根据，这一对"性"的拔高，并非偶然，而是胡宏对心性论失落的有力回应，只不过这种回应有别于洛学宗旨而已。

当然，本体的确立只是完成理论建构的基础，"性"本体仍然需要下贯至现象当中，强调本体不离现象乃是中国传统哲学的不二法门，胡宏作为以服膺和发扬洛学为己任的后学弟子，必然要对洛学所标榜的"理"进行回应，否则在"理"已成为本体的情境下，就难以形成理论的说服力。他在论证"性"的本体地位时，通过借助"性"与"理"、与"气"的关系来彰显"性"的绝对性和先在性。

（一）"性"与"理"

在对"性"本体与"理"的关系的思考中，他阐明他为何要将"性"确立为本体的缘由，他说：

> 大哉！性乎！万理具焉，天地由此而立矣。世儒之言性者，类指一理而言之尔，未有见天命之全体者也，万物皆性所有也，圣人尽性，故无弃物。①
>
> 是故万物生于性者也，万事贯于理者也。②
>
> 天命之谓性，流行发见于日用之间，患在学道者未见全体，窥见一斑半点，而执认己意，以为至诚之道，如是如是。③

从胡宏的论述中可看出，他对"性"与"理"的认识颠覆了传统的诠释，将"性"置于本体的地位，"性"是万物赖以存在的根据，而"理"不过是贯于万物的。他所说的"性"是天命之全体，道之全体，而"理"只是此全体之"一斑半点"，又说，"万物不同理"④，理不是天命之全

---

① （宋）胡宏：《知言》卷四，《胡宏著作两种》，王立新点校，第30页。
② （宋）胡宏：《皇王大纪序》，《五峰集》卷三，《胡宏著作两种》，王立新点校，第152页。
③ （宋）胡宏：《知言》卷五，《胡宏著作两种》，王立新点校，第41页。
④ （宋）胡宏：《知言》卷四，《胡宏著作两种》，王立新点校，第33页。

体，而是就具体事物而言，所以他说："理者，万物之贞也"①，他认为"性"是含具众理的，万理存于"性"中，且批评世儒所说的，把"性"等同于一理，还执着己意，以为掌握至诚之道，殊不知这恰恰是对天命全体的忽视，有失偏颇。至此，胡宏已经把"性"拔高至"天"的位置，万理由"性"而生，万物由"性"而存。他特别讲明为何把"性"确立为本体的，那是因为世儒只是把"性"类比于一"理"，不能见全体，且执着于自己的所知半解而不改，降低"性"的位置和遮蔽对"性"的认识。这与二程哲学的"性即理"的主张是不同的，在二程那里，"性"是"理"在人身上的体现，"理"为首出，为宇宙本体。故在胡宏这里，"性"的意蕴较之二程，已经多出一重意义，即本体。

（二）"性"与"气"

"气"作为新儒学建构中的必不可少的范畴，胡宏也通过对两者的论述来论证"性"的本体地位。他说：

> 非性无物，非气无形。性其气之本乎。②
> 气之流行，性为之主。③
> 气主乎性，性主乎心，心纯则性定而气正。④

在这三条材料中，胡宏反复强调"性"对"气"的第一性，"性"的先天绝对性，"气"的流行并非盲目的，而是"性"为之主。在程朱理学中担当此万化根本角色的则是"理"。胡宏所论性气关系，类似于二程所说之理气关系，但也只能是形式、结构的类似，内容上实不一样，这正是胡宏与洛学的差别，以同样的范畴和话语表达不同的理论诉求。至此，胡宏在"性""理""气""心"四者中，选择"性"作为宇宙万物的本体，并完成"性"本论的论证。

---

① （宋）胡宏：《知言》卷一，《胡宏著作两种》，王立新点校，第12页。
② （宋）胡宏：《知言》卷四，《胡宏著作两种》，王立新点校，第24页。
③ （宋）胡宏：《知言》卷四，《胡宏著作两种》，王立新点校，第24页。
④ （宋）胡宏：《知言》卷二，《胡宏著作两种》，王立新点校，第18页。

张栻作为湖湘学派的盛大者，对胡宏的思想在承继的基础上，又有所推进。他说："有太极则有物，性外无物"①，又说："太极一而已矣，散为人物，而有万殊，就其万殊之中，而有所不齐焉，而皆谓之性。性无乎不在也。"② 张栻亦承认"性"的本体地位，认为"性"乃万物的根据，他不同于其师之处在于，他极其重视周敦颐所标示的"太极"概念，认为"太极"是宇宙之本体，为万物赖以存在的根据。且将"太极"与"性"相等同，他明确说道："天可言配，指形体也；太极不可言合，太极，性也。"③ 万物皆在"性"中。确立性本体之后，作为服膺程门之弟子，必然要对二程所标示的"理"作出说明，他认为"有是理则有是事、有是物。夫其有是理者，性也。"④ 在"性"与"理"的关系上，他与其师观点无二，认为理是具于"性"中的，"性"的地位高于"理"的地位，这一区分有意在提高"性"的地位。他也极其重视"气"的作用，他说："盖论性不论气，则昧夫人物之分，而太极之用不行矣，论气而不及性。则迷失大本之一，而太极之体不立矣。"⑤ 张栻此论既是对二程思想的肯认，亦是对其师思想的承继和扩展，张栻认为如果只论"性"，忽视"气"，则无法区分"人"与"物"，且"太极"则有体而无用，反之，则容易导致"本体"的不立。盖自张载将"气"标示本体，二程有感于张载之说在解释人性的不足，将"理"提升至本体，但并未舍弃"气"，而是将"理"与"气"相融合来解释人性，这一释"性"路径为后世所继承和光大，程门后学无不以"接着讲"的态度，对"性"进行分析和建构。较之胡宏，张栻更突出"太极"与"性"的联系，对"性"与"气"的关系表述得更加清晰，以及忽略其一所导致的后果亦比二程阐述得更加直白。

"性"体已经得以标示，但对"性"体的建构还远远没有结束。湖湘

---

① （宋）张栻：《孟子说》卷六，《告子上》，《张栻集》，邓洪波点校，岳麓书社2010年版，第349页。
② （宋）张栻：《孟子说》卷六，《告子上》，《张栻集》，邓洪波点校，第345页。
③ （宋）张栻：《答周允升》，《南轩先生文集》卷第三十一，《张栻集》，邓洪波点校，第784页。
④ （宋）张栻：《孟子说》卷四，《告子上》，《张栻集》，邓洪波点校，第306页。
⑤ （宋）张栻：《孟子说》卷第六《告子上》，《张栻集》，邓洪波点校，第344页。

第三章　学派谱系与思想旨趣

诸儒出于建构"性"体的需要，亦为了回应南宋初期甚嚣尘上的"性无善恶论"，也就是说，湖湘学派面临自身理论建构和回应时代热点的双重需要，需要对"性"的善恶做出新的阐释。性是善是恶是极其重要的问题，它关乎个体的本质和社会的导向。孟子提出性善论，此善不是人所现成拥有的抽象本质，它需要道德的实践工夫来彰显"善"的创造性意义。最早对此做出回应的是胡安国，他说："孟子道性善，善云者，叹美之词，不与恶对。'"① 胡安国以叹美之词解读孟子所说的"善"，也就是说只是感叹词，并非是与恶相对的善。那么"性"到底是"善"，还是"恶"，还是其他的，且为什么说善是叹美之词，胡安国由于其本人的视野并不在哲学义理的思考，故对此问题并未作深入探讨。② 胡宏接过胡安国所留下的问题，继续深入探究。

在两宋之际，疑孟思潮高涨的情况下，胡宏针对司马光的《疑孟》作《释〈疑孟〉》。司马光《疑孟》十一条中，两条内容涉及人性论，对告子的"性无善无恶"和孟子的"性善"都加以批判。首先，他质疑曰：

> 告子云"性之无分于善与不善，犹水之无分于东西"，此告子之言失也。水之无分于东西，谓平地也。使其地东高而西下、西高而东下，岂决导所能致乎？性之无分于善不善，谓中人也。瞽叟生舜，舜生商均，岂陶染所能变乎？③

司马光认为告子性论错误的原因就在于告子把"生之谓性"作为人性，并忽视人性与物性的区别，认为性无所谓善恶，善恶是人在后天养成的。他对告子的批判，击中其理论的偏狭之处。对于孟子，他对其"人性善"

---

① （宋）胡宏：《知言》卷四，《胡宏著作两种》，王立新点校，第30页。
② 向世陵教授分析认为程颐所说的"性之善谓之道，道与性一也。以性之善如此，故谓之性善。性之本谓之命，性之自然者谓之天，自性之有形者谓之心，自性之有动者谓之情，凡此数者皆一也"（程颢、程颐：《河南程氏遗书卷二十五》，《二程集》卷二十五，第318页）揭示了"善"可以是虚指而为叹美之词。这在后来者胡安国、胡宏那里，得到进一步的发明。（向氏著：《理气性心之间——宋明理学的分系和四系》，第43页）
③ （宋）司马光：《疑孟》，《司马光集》卷七十三，第三册，四川大学出版社2000年版，第1490页。

的观点亦严加批驳，他说：

> 孟子云："人无有不善。"此孟子之言失也。丹朱、商均自幼及长，所日见者尧、舜也，不能移其恶。岂人之性无不善乎？①

司马光以现实当中人的材质来反驳孟子，实不是同一层面的问题。司马光先破后立，他认为人性当中是兼具善恶的，是善还是恶完全取决于后天的修养。这与扬雄所强调的"人之性也善恶混，修其善则为善人，修其恶则为恶人"②，几乎是同出一辙。他对扬雄赞誉有加，并推进和发展扬雄的人性论，他说：

> 夫性者，人之所受于天以生者也，善与恶必兼有之。是故虽圣人不能无恶，虽愚人不能无善，其所受多少之间则殊矣。善至多而恶至少，则为圣人，恶至多而替至少，则为愚人，善恶相半，则为中人。圣人之恶不能胜其善，愚人之善不能胜其恶，不胜则从而亡矣。故曰："唯上智与下愚不移。"③

据此，司马光认为人性是善恶混的，并打破圣人与愚人的不可跨越的界限。胡宏反对告子，但并不认同司马光批驳告子的出发点，他认为，告子"不知天性之微妙，而以感物为主"④，告子只看到人与物都具有感应的共性，而忽视了人与物在仁义礼智存有上的差异，胡宏这一批判是确然无疑的。而对于司马光以丹朱和商均为例来论证人性善恶兼具，胡宏认为其只是以才定天性，没有认识到性与才的本质区别。接着，他又批判司马光以孟子在人性论上完全是因为强辩胜过告子的看法，他说：

> 形而在上者谓之性，形而在下者谓之物。性有大体，人尽之

---

① （宋）司马光：《疑孟》，《司马光集》卷七十三，第三册，第1490页。
② 纪国泰：《修身》卷三，《〈扬子法言〉今读》，巴蜀书社2010年版，第56页。
③ （宋）司马光：《善恶混辨》，《司马光集》卷七十二，第三册，第1460页。
④ （宋）胡宏：《释〈疑孟〉》，《胡宏著作两种》，王立新点校，第273页。

第三章 学派谱系与思想旨趣

矣。……告子知羽、雪、玉之白，而不知犬、牛、人之性，昧乎万化之原。此孟子所以不得不辨其妄也。以此教民，犹有以性为恶，而伪仁义者；犹有以性为善恶混，不能决于去就者。今司马子徒以孟子为辨，其不穷理之过。甚矣！①

胡宏认为告子以物之白的同一来顺推人性与物性的同一是忽视两者的差异性。司马光对告子的回答孟子的反问甚为不满，他说告子只是不会辩论，非不知性也。他认为告子应该以"色则同矣，性则殊矣。羽性轻，雪性弱，玉性坚"②回应孟子的诘难，司马光的这一论辩亦没有认识到人性的根本，还是从外围进行论证，忽视人性与物性的差异，这就难怪胡宏说其不知"物有定性，而性无定体矣"③。胡宏借批司马光而宣扬自己的学术主张，他虽站在卫孟的立场，但却并不墨守成规地完全认同孟子，他说：

> 或问"性"。曰："性也者，天地之所以立也。"曰："然则孟轲氏、荀卿氏、扬雄氏之以善恶言性也，非欤？"曰："性也者，天地鬼神之奥也，善不足以言之，况恶乎？"④

胡宏此说显然是从其父而来，胡宏明确提出"性"为世界的本体，并认为"善"不足以来描述"性"，"恶"就更不用说。胡宏这里，作为价值评价的善恶，是无法对形而上本体作出规定的。显然，胡宏秉承其父认为善恶都不足以作为性的评价，而只是一个叹美之词，性是超善恶的至善之性，或者说至少在倾向上，胡宏是偏于性善论的，而非性无善无恶。这是以胡宏为代表的湖湘学派对南宋早期流行的"性无善无恶"论强有

---

① （宋）胡宏：《释〈疑孟〉》，《胡宏著作两种》，王立新点校，第273页。
② （宋）胡宏：《释〈疑孟〉》，《胡宏著作两种》，王立新点校，第274页。
③ （宋）胡宏：《释〈疑孟〉》，《胡宏著作两种》，王立新点校，第273页。
④ （明）黄宗羲：《五峰学案》，《宋元学案》卷四十二，第1373—1374页。

力的回应。① 胡宏的这一看法可谓颇具颠覆性，他认为孟子的性善仍然是形而下的，只有从超越的形而上层面论性善才能把捉性的真实内涵。

张栻同样秉承其师的宗旨，为了将"性"从道德领域上升至宇宙论的视域，从人的领域扩展至世界万物，张栻继续对"性"的善恶做出回应，他首先阐述孟子性善说的缘由：

> 孟子所以道"性善"者，盖性难言也。其渊源纯粹可得而名言者，善而已。所谓善者，盖以其仁义礼知之所存，由是而发，无人欲之私，乱之则无非恻隐羞恶辞让是非之心矣。人之有不善，皆其血气之所为，非性故也。以其皆有是性，故皆可以为尧舜，尧舜者能尽其性而已。②

张栻认为孟子之所以说性善，是因为性很难形容，"善"因为渊源纯粹故被用来形容"性"，这一说法类似于老子所说的"有物混成，先天地生。寂兮寥兮，独立而不改，周行而不殆，可以为天地母。吾不知其名，强字之曰道，强为之名曰大。"③ 也就是说，语言无法来表达，但又不得不给予名，只能以善强为之名。人有善是因为先天的"仁义礼智"，人不善是由于血气所为导致，而并非"性"之过，尧舜之为圣人，只在于能尽

---

① 朱熹最早提出胡宏论性是无善无恶论，至现代侯外庐《宋明理学》、石训《中国宋代哲学》、姜国柱《论胡宏的哲学思想》等皆认同朱熹的观点，反之，如牟宗三《心体与性体》、张岱年《中国哲学大纲》、方国根《胡宏心性哲学的理论特色》、向世陵《善恶之上：胡宏性学理学》、陈来《宋明理学》等认为胡宏是性超善恶论。劳思光则是中间立场，他说："胡氏以为'性'不可用善字描述，此说如从严格意义上来解释，亦可以有说，盖若以性为善恶等词语之意义之根源，则'性'本身不可再说是善或恶，胡氏立说不甚严明，朱子之反对亦理所当然。"（参见劳思光《新编中国哲学史》三卷上，广西师范大学出版社2005年版，第262页）值得注意的是，郭畑通过详实的文献考证，认为在南宋早期，性"善"不与恶对曾短暂流行于南宋早期，而这事实上是"性善论"对北宋以来"性"无善恶论的强有力的回应。当然，湖湘学派以及张九成都是这种回应的代表。（参见郭畑《性善论对性无善恶论的一种回应——南宋早期的性善之"善"不与恶对论》，《学术论坛》2011年第5期）本书在此认同郭氏的观点，反对以性无善无恶来定义胡宏，它与性无善无恶的区别是明显的。

② （宋）张栻：《孟子说》卷三，《张栻集》，邓洪波点校，第239页。
③ 《老子》第二十五章，花城出版社2018年版，第52页。

其善性而已。对此,他更为明确说道:

> 然人之有不善何也,盖有是身则形得以拘之,气得以汩之,欲得以诱之,而情始乱,情乱则失其性之正,是以为不善也。而岂性之罪哉?①

张栻并不是在否定孟子的性善,而是为其来源予以诠释。他认为人之所以不善的原因有两个:一是气禀;二是形体之私欲。与其师一样,他也反对告子的"性无善无恶",他接着说:

> 原物之始,岂有不善者哉?其善者,天地之性也;其而孟子道性善,独归之人者何哉?盖人秉二气之正,而物则繁气也。人之性善,非被受命生之后,而其性旋有善也。性本善,而又秉夫气之正,初不隔其全然耳。若物则为气昏,而不能自通也。②

张栻认为人与物在大本处都是善的,孟子只把性善归之于人,是因为人禀赋阴阳二气之正。人性之善不是受生之后才有的,而是性本来就是善的,而对人物之别所做的解释则遵循洛学的门径,以气禀之异来做说明。正面论证可以清晰地展现所论对象的内容,而反面论证则可以通过对比体现所论对象的优势,张栻很自觉地使用这一方法,他说:

> 告子不识大本,故始譬性为杞柳,谓以人性为仁义。今复譬性为湍水,谓无分于善不善,夫无分于善不善,则性果何物邪?沦真实之理而委诸茫昧之地,其所害大矣。善乎!孟子之言曰"人无有不善,水无有不下",可谓深切著明矣。原人之生,天命之性纯粹至善,而无恶之可萌者也。③

---

① (宋)张栻:《孟子说》卷六,《张栻集》,邓洪波点校,第343页。
② (宋)张栻:《存斋记》,《南轩先生文集》卷十一,《张栻集》,邓洪波点校,第591页。
③ (宋)张栻:《孟子说》卷三,《张栻集》,邓洪波点校,第239页。

又言道：

> 告子"无善无不善"之说，此以善恶不出于性也。或谓可以为善，可以为不善，此以习成为性也。或谓有性善，有性不善，此以气禀为性者也。性无分于善不善之说，孟子既辨之于前矣，若谓可以为善可以为不善乎，不知其可以为善者，固性也。而其为不善者，是岂性也哉，……若以为有性善有性不善乎，不知其善者，乃为不失其性，而其不善者，因气禀而汩于有生之后也。①

张栻与其师一样，从反面论"性"以立论。他认为告子的"性"无善无恶，是把善恶作为"性"外之物；扬雄的"性"善恶混，是以"气禀"为性。而这归之一点就是不识善，孟子之所以能独出诸儒者，在于其认为人无有不善，"善"不是"性"之外的东西，而是"性"本有的。张栻并不否定孟子，只是认为孟子的主张不能满足他建构"性"论的需要。那么，张栻对"性"之善恶如何评说呢，他说：

> 论"性"而曰"善不足以名之"，诚为未当，如元晦之论也。夫其精微纯粹，正当以至善名之。②

张栻此语显然是受到朱子的影响。朱子判定胡宏与告子一样为"性无善无恶"论，张栻则改变其说而认同朱子，认为胡宏的观点确实不当，对"性"应该以"至善"名之，方能显示其真义。然胡宏之子，张栻之弟子胡大时为其家学辩护道：

> 季随主其家学，说性不可以善言。本然之善，本自无对；才说善时，便于那恶对矣。才说善恶，便非本然之性矣。本然之性是上面一个，其尊无比。善事下面底，才说善时，便与恶对，非本然之

---

① （宋）张栻：《孟子说》卷六，《张栻集》，邓洪波点校，第348页。
② （明）黄宗羲：《五峰学案》，《宋元学案》卷四十二，全祖望补，第1373页。

性矣。孟子道"性善",非是说性之善,只是赞叹之辞,说"好个性",如佛言"善哉"。①

胡大时明确认为有两种不同的善:本然之善和与恶相对之善。也就是说本然之性是本然之善的,本然之性不牵涉伦理意义上的善恶评价,而到发用流行处,则有善恶之分。当然对"性"的层次的划分,并非首出于胡大时,胡宏亦有此论。② 可见,胡大时的论述较之胡宏,内容更为明确,层次更为清晰。

二 心以成性

陈来先生说:"性在本体论上是最重要的,心在道德实践中是最重要的。性虽然是宇宙的根本,而心才是道德实践的用力之地和根本出发点,因而对于人的精神发展来说必须强调心。"③ 前已论述,湖湘学派尤为注重心性论基本范畴的分析。"性"体的建构与落实,离不开"心"的彰显。朱子表达得更为明确,他说:"然若无个心,却将性在甚处,须是有个心便收拾得这性,发用出来。"④ 换言之,"性体当由心体开出"⑤。对"心"的重视始于胡安国,胡安国在《正心论》中曰:

> 心者,身之本也。身者,家之本也。家者,国之本也。国者,天下之本也。能正其心,则朝廷百官万民莫不一于正,安与治所由兴也。不正其心,则朝廷百官万民皆习于不正,危与乱所由致

---

① 朱杰人等主编:《朱子语类》卷一百零一,《朱子全书》第17册,第3393页。
② 王立新先生从层次的角度分析胡宏的"性",他认为胡宏的"性"分为三个层次:超越的、自然的和经验的层面。超越的性是本然至善的;自然层面的性是无善无恶的,属于朱子所批评的范围;经验层面的"性"属于价值评判的范围,如胡宏所说的"好恶,性也"。即属于这一层面。王立新先生的分析较为清晰地展现胡宏的"性"论。但这种类似于西方哲学的分析,是否属于胡宏本意仍可探讨,但这一运思角度值得借鉴。(参见王立新《胡宏论性的层次和特点》,《湘潭大学学报》2004年第9期)
③ 陈来:《宋明理学》,华东师范大学出版社2004年版,第115页。
④ 朱杰人等主编:《朱子语类》卷四,《朱子全书》(修订本)第14册,第192页。
⑤ 何俊:《南宋儒学建构》,第94页。

也。……正心之道，先致其知而诚其意，故人主不可不学也。①

圣学以正心为要。心者，事物之宗。正心者，揆事宰物之权也。②

"心者，身之本也"并非胡安国所首先提出③，但在他这里，意义已完全不一样，而是加入理学的因素予以重新思考，强调"心"的重要性。

胡安国又说：

四端五典，起灭心也。有所谓自本自根自古以固存者。夫自本自根，自古以固存者，即起灭心是也。不起不灭心之体，方起方灭心之用，体用一源，显微无间，能操而常存者，动亦存，静亦存，虽百起百灭，心固自若也。放而不知求者，静亦亡，动亦亡，燕居独处似系马而止也。④

胡安国此语是对"心"的描述，对"心"之体用进行思考。胡宏对此解释道："惟先君子所谓'不起不灭者'，正以静亦存，动亦存而言也。与易无思无为，寂然不动，遂通天下之故大意相符。"⑤胡宏以"性体心用"来解释其父的主张，并以《易》之意相比符。朱子对此诠释甚明，他说：

（胡安国）自是好语，但读者当知所谓不起不灭者，非是块然不动无所知觉也。又非百起百灭之中，别有一物。不起不灭也，但此心莹然，全无私意，是则寂然不动之本体，其顺理而起，顺理而灭，

---

① （宋）胡寅：《先公行状》，《斐然集》卷二十五，尹文汉点校，岳麓书社 2009 年版，第 513 页。
② （元）脱脱：《宋史》列传 194，儒林第五，刘浦江点校，第 8953 页。
③ 《淮南子》提出"故心者，身之本也；身者，国之本也。"（刘安等：《淮南子·泰族训》，岳麓书社 2006 年版，第 427 页）
④ （宋）胡寅：《斐然集》卷二十五《先公行状》，尹文汉点校，第 523 页。
⑤ （宋）胡宏：《与曾吉甫书三首》，《胡宏著作两种》，王立新点校，第 114 页。

斯乃所以感而遂通天下之故者云尔,向来于此未明反疑其言之太过,自今观之却是自家看得有病,非立言者之失也。不审高明,以为如何?因风却望示教。①

虽然胡安国的话有"杂佛"之嫌,但朱子仍给予称赞。朱子认为"不起不灭"不是丝毫不动,没有知觉,也不是百起百灭中,另有一物。且不起不灭时,"心"清明莹然,没有毫发私意,此本体乃顺理而起,顺理而灭,皆循理而为,也就是说"心"要操存涵养,便可达至体用合一的境界。无论如何诠释,胡安国对"心"的重视已开其家学重视"心"的学风,胡安国侄子胡寅亦论道:

> 人未有无心者也。自古大圣人垂世立教,曰养心、曰宅心、曰存心、曰洗心,不言无心也。心不可无,无则死矣。②

胡寅继承家学,强调"心"的地位,同时他也对心与性的关系论道:

> 夫意由心生,而意非心,心由性有,而心非性。今释者之论心,只及意耳,其论性,只及心耳,是自名见性而未尝见性也。③

胡寅已经有意识地区分"心"与"性",两者是不能等同的,"性"作为"心"存在的依据,乃是"心由性有"。他反对佛教的"识心见性"之说,不仅阙而不讲,且也不能实现最终目的。在这,胡寅显然暗含两层意思:一是性体心用;二是心体意用。

在胡宏的哲学中,"心"是仅次于"性"的,他论"心"必关涉"性",通过这种对比来彰显"心"的地位。

---

① 朱杰人等编:《答石子重》,《晦庵先生朱文公文集》卷第四十二,《朱子全书》(修订本)第22册,第1921—1922页。
② (明)黄宗羲:《衡麓学案》,《宋元学案》卷四十一,全祖望补,第1353页。
③ (宋)胡寅:《传灯玉英节录序》,《斐然集》卷十九,尹文汉点校,第370页。

（1）从功用角度言

胡宏说：

> 尧、舜、禹、汤、文王、仲尼六君子先后相诏，必曰"心"而不曰"性"，何也？曰："心也者，知天地，宰万物，以成性者也。六君子，尽心者也，故能立天下之大本，人之于今赖焉。"①

胡宏认为历代圣贤相传的是"心"而不是"性"。之所以如此，是因为"心"是主宰天地、通晓天地的，"性"作为万物得以存在的根据，需要"心"来彰显。胡宏这一表述凸显心体的重要性，虽然"性"具有形而上的地位，但它无法自己彰显，需要借助于"心"来呈现，他又说道：

> 气之流行，性为之主；性之流行，心为之主。②

"性"主宰"气"的流行，而"性"之流行，则由"心"来决定。胡宏此说仍然是对"性体心用"的肯定，他以此为据，批判佛教时说：

> 曾不知此心本于天性，不可磨灭，妙道精义具在于是。……今释氏不知穷理尽性，乃以天地人生为幻化。此心本于天性不可磨灭者，则以为妄想粗迹，绝而不为，别谈精妙者谓之道。则未知其所指之心？所见之性，将何以为性？言虽穷高极微，而行不即乎人心。③

他认为佛教不知"心"以"性"为本，儒学的妙道精义就在于此，佛教却认世界为"空"，不做穷理尽性之工夫，只是要"识心见性"，又如何做得到，佛教言高意不切，只缘不在"心"上做工夫，故见性实属不可

---

① （宋）胡宏：《知言》卷一，《胡宏著作两种》，王立新点校，第7页。
② （宋）胡宏：《知言》卷三，《胡宏著作两种》，王立新点校，第24页。
③ （宋）胡宏：《与原仲兄书二首》，《胡宏著作两种》，王立新点校，第117页。

能。胡宏"心以成性"的内涵自古以来就争议不断。① 但不管怎么解释，其意只在表明"性"是待成的，而要实现，离不开"心"的作用，通过在"心"上做工夫，来实现人性。这就突出作为现实活动的"心"的功能。

(2) 从体用角度言

胡宏说：

> 性譬诸水乎，则心犹水之下，情犹水之澜，欲犹水之波浪。②

胡宏沿用儒家一贯以"水"喻"性"的模式，认为"性"是水，心、情、欲只不过是水的各种状态，故无水，则水之诸状态亦无从谈起，同理，若无"性"，则心、情、欲亦无根基可言。胡宏此意是在说明"性"的本源性，而心不过是"性"的发用，即"水之下"。此处胡宏尚且以水喻之，他接着就明确表示：

> 道之所以名也，非圣人能名道也。有是道则有是名也。圣人指明其体曰性，指明其用曰心。性不能不动，动则心矣。③
> 夫性无不体者，心也。④

胡宏在此明确提出"性体心用"，"性"动则为"心"，"心"是"性"的体现者，"心"通过体认来展现"性"，这就是"心"以成"性"。胡宏借程门核心争议话题"未发、已发"来论证他的"性体心用"，为论述

---

① 胡宏之"心以成性"历来解释不一。牟宗三认为是"尽心以成性"之意，唐君毅认为是"即心以成性"之意，陈来认为"心的功用是能够认识自然、主导实践，完成自己的本性。"（参见陈来《宋明理学》，华东师范大学出版社 2004 年版，第 123 页），向世陵认为是通过"尽心"的自觉活动或"形著"义使性得以实现并成为真实具体的本体。（向世陵：《理气性心之间——宋明理学的分系和四系》第 271 页）何俊先生认为"以心体之用来拓展出观念性的价值本体。"（何俊：《南宋儒学建构》，第 102 页）虽然解释不同，但意思相近。
② （宋）胡宏：《知言》卷二，《胡宏著作两种》，王立新点校，第 16 页。
③ （宋）胡宏：《知言》卷六，《胡宏著作两种》，王立新点校，第 45 页。
④ （宋）胡宏：《知言》卷二，《胡宏著作两种》，王立新点校，第 19 页。

方便，将胡氏所论列举如下：

> 杨先生《中庸解》谓"中也者，寂然不动之时也。"按子思说，喜怒哀乐未发谓之中。则是杨先生指未发时为寂然不动也。顷侍坐时尝及此，谓"喜怒哀乐未发"，恐说"寂然不动"未得，吾文曰："杨先生如此解，某悚然愧惧。"……窃谓未发只可言性，已发乃可言心。故伊川曰"中者，所以状性之体段"，而不言"状心之体段也。"心之体段，则圣人无思也，无为也，寂然不动，感而遂通天下之故是也，未发之时，圣人与众生同一性，已发则无思无为，寂然不动，感而遂通天下之故，圣人之所独。夫圣人尽性，故感物而静，无有远近、幽深，遂知来物。众生不能尽性，故感物而动，然后朋从尔思，而不得其正矣。若二先生以未发为寂然不动，是圣人感物亦动，与众人何异？尹先生乃以"未发"为"真心"，然则圣人立天下之大业，成绝世之至，行举非真心耶？……尹先生指喜怒哀乐未发为真心，既以未发恐难指为心，人读前教，盖尹先生所论"已发"、"未发"，却偏指"未发"为"真心"，故某疑其不然。今蒙坐诲，若见'真心'，则已发、未发皆真，自是释然无疑矣。①
>
> 寂然不动，感而遂通天下之故，与"未发"、"已发"不同，体用一源，不于已发、未发而分也，宜深思之。②

在以上引文中，胡宏借对程门核心话题"未发已发"的论述重申他的"未发为性，已发为心"的观点。他反对杨时将"寂然不动"等同于"未发之中"，亦反对尹焞将"未发"理解为"真心"，他判断二人之失的依据就在于他的"未发"是"性"而不是"心"，且"寂然不动"与"感而遂通"皆指圣人的已发，故不能将二者与"未发""已发"画等号。

张栻在捍卫师门学说上不如其他同门弟子有力，其思想在不同时期

---

① （宋）胡宏：《与曾吉甫书三首》，《胡宏著作两种》，王立新点校，第113页。
② （宋）胡宏：《与彪德美》，《胡宏著作两种》，王立新点校，第129页。

亦不尽相同，但对"心"的重视是其哲学不变的主旨，也正是因为其对"心"的重视，有学者将其与心学相类比。① 他说：

> 心也者，贯万事，统万理，而为万物之主宰者也。②
> 夫人之心，天地之心也。其周流而该万遍者，本体也。③

这是张栻对"心"的定位。与胡宏所说的"心也者，知天地，宰万物，以成性者也"④ 之意相近，但仍有区别。在胡宏那里，"心"是作为"性"的体现者出现的，而张栻的"心"所强调的是作为万物主宰者的意义。之所以如此，盖在张栻哲学中：

> 理之自然，谓之天命，于人为性，主于性为心。天也，性也，心也，所取则异，而体则同。⑤
> 心与理一，不待以己合彼，而其性之本然、万物之素备者皆得乎此。⑥

张栻坚持宋明儒学中"理、性、命、心"等的同体异名的特质，同时也反映中国哲学"一字多义，言简义丰"的特征。张栻将"心"之功能设置为万物主宰者，与其将之与"性""理"相对等不无关系，当然这种对等不是实然的，只是不同角度而言。侯外庐等主编的《宋明理学史》中认为张栻的"心"的主宰意放大到宇宙万物，不单单限于性与情上。⑦ 这

---

① 侯外庐等认为"张栻哲学心学色彩浓厚，为通向'心学'打开了门户。"（参见侯外庐等主编《宋明理学史》上，人民出版社2005年版，第324页）王向清、王光红等的《陆九渊心学派与湖湘性学派关系考论》中对此有更为明确的分析。（参见王向清、王光红《陆九渊心学派与湖湘性学派关系考论》，《湖南科技大学学报》2008年第5期）
② （宋）张栻：《南轩先生文集》卷十二，《敬斋记》，《张栻集》，邓洪波点校，岳麓书社2010年版，第595页。
③ （宋）张栻：《南轩先生文集》卷九《桂阳军学记》，《张栻集》，邓洪波点校，第564页。
④ （宋）胡宏：《知言》卷一，《胡宏著作两种》，王立新点校，第7页。
⑤ （宋）张栻：《孟子说》，卷七《尽心》上，《张栻集》，邓洪波点校，第378页。
⑥ （宋）张栻：《孟子说》，卷七《尽心》上，《张栻集》，邓洪波点校，第381页。
⑦ 侯外庐等主编：《宋明理学史》（上），人民出版社2005年版，第324页。

种分析可谓符合张栻的本意。在对已发未发问题的回应上，张栻说：

> 未发已发，体用自殊，不可溟涬无别，要须精析，体用分明，方见贯通一源处，有生之后皆是已发，是昧夫性之所存也。①

张栻表明区分已发未发的重要性，不能无差别地对待。在他这里，仍然是从体用的角度来对待未发已发。对待心与性的关系，必须注意到张栻前后思想的变化，他在从学胡宏之初，赞同胡宏的"性体心用"之主张，他说：

> 仁、义、礼、知具于性，而其端绪之著见，则为恻隐、羞恶、辞让、是非之心。②

张栻用语虽不如其师明确，但所表达的意思与胡宏是一致的。他认为"仁义礼智"都具于"性"，其发用则为恻隐之心，这就是"性体心用"之意，亦是对心性论结构的直接描述。张栻对胡宏这一思想的认同并未坚持太久，后在与朱子、吕祖谦就《知言》进行辩论时，改变前见，提出"心主性情"之说，并对"性体心用"提出批评，他说："心、性分体用，诚为有病"③，直接影响朱子心性论的形成。此过程已为学界所详论，不再赘述。较之胡宏、张栻将"情"纳入心性论结构当中，凸出"情"的位置。他说：

> 自性之有动谓之情，而心则贯乎动静，而主乎性情者也。程子谓既发则可谓之情，不可谓之心者，盖就发上说，只当谓之情，而心之所以为之主者，固无乎不在矣。④

---

① （宋）张栻：《《答游诚之》，南轩先生文集》卷二十六，《张栻集》，邓洪波点校，第737页。
② （宋）张栻：《孟子说》卷二《公孙丑》上，《张栻集》，邓洪波点校，第221页。
③ （明）黄宗羲：《五峰学案》，《宋元学案》卷四十二、全祖望补，第1377页。
④ （宋）张栻：《答吴晦叔》，《南轩先生文集》卷二十，《张栻集》，邓洪波点校，第764—765页。

总而言之，湖湘学派历代传人通过在与"性"的对扬中，凸出"心"的地位，不再像其他学派，对心性含糊不分。而湖湘诸人对"心""性"的定义与区分，使心性论的名义和内涵更加明确。

三 识仁求仁

仁学是儒家哲学的核心，北宋以前儒者多注重在仁之用上阐发仁说，对仁之体则少有论及。至宋代，儒者尤注重在本体论上建构以对抗佛老，重振儒学，而体现在仁学上，则注重探讨仁体，仁与心、性的关系，使传统儒学在佛老的刺激下焕发新的生机。湖湘学派作为宋室南渡以后复振洛学的中坚力量，接续程颢、谢良佐一系开启的仁学话语，予以积极回应和建构，开创出较有特色的仁学理论。

对于两宋之际的热点问题——仁，湖湘学派也积极回应。不同传人对仁学虽着力点不同，但湖湘学派在强调"心"与"仁"的关系上却体现了作为学术派别的共性。

胡安国因其对史学的浓厚兴趣，哲学义理的思考并不是其视域重点。胡安国论"仁"极其简单，在《春秋传》中，他仅有两处论"仁"：

> 元即仁也，仁，人心也。①
> 元者何？仁是也。仁者何？心是也。②

胡安国对仁的两种诠释，杨时曾与其探讨，杨时在就此问题答复胡安国时说：

> 所谓元者，仁也。仁者，心也。《春秋》深明其义，当自贵者始，故治国先正其心，其说似太支离矣。③

---

① （宋）胡安国：《隐公上》，《春秋传》卷一，王丽梅点校，岳麓书社2011年版，第12页。
② （宋）胡安国：《隐公下》，《春秋传》卷三，王丽梅点校，第40页。
③ （宋）杨时：《答胡康侯》，《龟山集》卷二十，第99页。

杨时认为胡安国的解释有支离之嫌，但并未详探缘由。与杨时一样，朱子对胡氏的解释亦不认可，他说：

> 问："胡文定说'元'字，某不能无疑，元者，始也。正所谓辞之所谓太也。今胡乃训元为仁，训仁为心，得无太支离乎？"曰："杨龟山亦尝以此议之，胡氏说经大抵有此病。"①
>
> 《春秋传》言"元者，仁也，仁，人心也"，固有此理，然不知仁如何却唤做元，如程子曰"天子之理，原其所自，未有不善"，易传曰"成而后有败，败非先成者也，得而后有失，非得何以有失也，便说得有根源。"②

朱子认为杨时的批评是中肯的，他认为"元"之意是"始"，不是"仁"，"仁"亦不是"心"。胡安国对于以"元"释"仁"并没有给出解释。③ 至于以"心"释"仁"，这并非胡安国所创，早在孟子那里已经出现，孟子说："仁，人心也"，认为"仁"与"心"是同一的，当然这种同一是应然层面的，而非实然层面的。胡安国强调"仁，心也"与孟子所强调的是一致的，虽未做过多阐释，但却开启湖湘学派重视仁与心关联的学派旨趣。

胡寅对胡安国的见解继承无二，他说：

> 臣闻"大哉乾元，万物资始；至哉坤元，万物资生"，成位乎两间，则与天地合其德。故体元者，人主之职，而《春秋》谓一为元。元，即仁也。仁，人心也。人君者，正心以正朝廷，则百官万民莫不正，而治道成矣。④

---

① 朱杰人等主编：《朱子语类》卷八十三，《朱子全书》（修订本）第17册，第2847页。
② 朱杰人等主编：《朱子语类》卷八十三，《朱子全书》（修订本）第17册，第2848页。
③ 朱子弟子冯椅曾解释道："元者，仁也。为众善之首，一阴一阳之谓道。乾，道也。继之者善，则元亨利贞也。亨、利、贞皆自一元而出，故曰善之长。"（冯椅：《易外传》第十六，《厚斋易学》卷四十八，文渊阁四库全书，台湾商务印书馆1986年影印版，第785页）
④ （宋）胡寅：《乙卯上殿札子》，《斐然集》卷十，尹文汉点校，第200页。

> 人必以身为准，修身必以道为宗，修道必以仁为先，求仁必以心为本，心能常仁，则人皆可知矣。①

据上可见，胡寅对胡安国关于《春秋》的解释是认同的，但也没有进一步的解释，只是以"求仁必以心为本"表达对"仁"与"心"的重视。胡寅思想体系里并未对此过多阐释，但延续其家学却是值得一提的。

较之胡安国，胡宏对"仁"更为重视。他作《求仁说》以彰其意。他强调"仁"的重要，他说：

> 仁之一义，圣学要道，直须分明见得，然后所居而安。只于文字上见得，不是了了，须于行持、坐卧上见，方是真见也。更须勉旃！光阴易失，摧颓之人，亦有望于警策也。②

他认为"仁"是圣学最为关键的，需要明辨其义，若只于文字上见得，则不能默契于心，当须于实事上见得，才是真见。道学至胡宏这，已呈现出对哲学概念着重分析的特征。胡宏对"仁"与"心"的关系进行着重辨析，他说：

> 仁者，天地之心也。心不尽用，君子而不仁者有矣，万物备而为人，一物有未体，非仁也。万民合而为君，有一民不归吾仁，非王也。③
>
> 治天下有本，何谓本？仁也。何谓仁？心也。盖良心者，充于一身，通于天地，宰制万物，统摄亿兆之本也。夫亿兆之情，本乎一心。④

---

① （宋）胡寅：《读史管见》卷八，岳麓书社2011年版，第272—273页。
② （宋）胡宏：《五峰集》卷二《与孙正孺》，《胡宏著作两种》，王立新点校，第138—139页。
③ （宋）胡宏：《知言》卷一，《胡宏著作两种》，王立新点校，第11页。
④ （宋）胡宏：《五峰集》卷二《上光尧皇帝书》，《胡宏著作两种》，王立新点校，第100—101页。

胡宏亦延续家学，以"心"释"仁"，且认为"心"不仅贯乎一身，而且也通贯天地，主宰万物，为万物之本。在胡宏这里，他实际上是把"心"与"仁"同一的，"仁"乃治天下之本，而"心"乃万物之本，对"心"与"仁"的关系，胡宏详细解释道：

> 诚，天命；中，天性；仁，天心。理性以立命，唯仁者能之。委于命者，失天心；失天心者，兴用废。理其性者，天心存；天心存者，废用兴。达乎是，然后知大君之不可以不仁也。①

胡宏以"天心"释"仁"，较孟子的"仁，人心也"，着意提高"仁"的地位，心不尽，则"仁"亦无法实现。胡宏认为"仁"就是"天地之心"，此心不尽，则"仁"亦无法实现。那么"仁"究竟是什么？他说：

> 诚者，命之道乎，中者，性之道乎，仁者，心之道乎，唯仁者为能尽性至命。②

胡宏在此提出"仁者，心之道"，在胡宏这里，"心"与"天"是等同的，"心之道"也就是"天之道"。胡宏认为"仁"即为"心之道"，那么如何来认识"心之道"呢？胡宏假借汉高与贾言、征鲁二生的对话，解释"心之道"：

> 王者发天，以行其政者也。法天之道，必先识天，知天之道，必先识心，识心之道，必先识心之性情。欲识心之性情，察诸乾行而已矣。③

胡宏并没有对"心之道"给予明确说明，朱子对此解释道：

---

① （宋）胡宏：《知言》卷五，《胡宏著作两种》，王立新点校，第42页。
② （宋）胡宏：《知言》卷一，《胡宏著作两种》，王立新点校，第10页。
③ （宋）胡宏：《知言》卷五，《胡宏著作两种》，王立新点校，第40页。

> 仲思问:"五峰'中''诚''仁'如何?"曰:"中者,性之道,言未发也;诚者,命之道,言实理也;仁者,心之道,言发动之端也。又疑'道'字可改为'德'字。答曰:亦可,德字较紧,然他是特地下此宽字。"伊川《答吕与叔》中亦云"中者,性之德。"①

在朱子看来,他认同胡宏的"仁者,心之道",认为将"仁者,心之道"说成"仁者,心之德"亦可,并且回护胡宏用"道"不用"德"字,后来朱子正式提出成熟时期的"仁者,心之德,爱之理"②,受胡宏之影响不言而喻。朱子并未彻底否认胡宏的这一认定,而是采取扬弃之态度予以待之。然牟宗三先生却认为"仁者心之道,即心之所以为本心,为天心者正以其是仁心故也。仁是内在地为心之道,不是如朱子所说之外在地为心之道。盖朱子所言之心为平看的实然的心气之心,所言之仁为只是理也。"③ 在朱子哲学中,仁是理,"心"主要指形而下的"心",牟氏此种评判显然是基于对"心"的不同理解,实未必是朱子本意。

对于"心"与"仁",胡宏说:

> 仁,人之心也。心之不仁,私欲害之也。窃谓人有不仁,心无不仁。此要约处不可毫厘差。④

胡宏认为"仁"在本性上就是与"心"为一,而在实然层面上,"心"因为私欲的戕害,会呈现出不仁,当然这与胡宏所说的"心无不仁"相矛盾。胡宏前之说是从实然层面上说,后之说是从现实流行上说。朱子对此批评道:

> 因举五峰胡氏语云:"人有不仁,心无不仁"说得极好。又曰:"胡五峰云:'人有不仁,心无不仁'此说极好。人有私欲遮障了,

---

① (宋)胡宏:《知言》附录,《胡宏著作两种》,王立新点校,第49页。
② 朱杰人等主编:《朱子语类》卷二十,《朱子全书》(修订本)第14册,第698页。
③ 牟宗三:《心体与性体》(中),上海古籍出版社1999年版,第415页。
④ (宋)胡宏:《五峰集》卷五《论语指南》,《胡宏著作两种》,王立新点校,第267页。

不见这仁，然心中仁依旧只在。如日月，本自光明，虽被云遮，光明依旧在那里。又如水，被泥土塞了，所以不流。然水性之流，依旧只在那里。譬如一个镜，本自光明，只缘尘，都昏了。若磨去尘，光明只在。"①

朱子认为胡宏之说极好，并且为此解释道：人若被私欲遮蔽，仁就无法显现，但是心中的"仁"却依旧在，他以日月为喻，认为日月本自光明，虽然被乌云遮蔽，但是光明却依然存在。但后来，当朱子对湖湘学派由服膺转为质疑与批判时，他对胡宏此说态度亦发生转变，他说：

> 五峰谓"人有不仁，心无不仁"，此语有病，且如颜子其心三月不违仁，若只违仁，其心便不仁矣，岂可谓"心无不仁"，定夫云"恐是五峰说本心无不仁"，曰：亦未是。譬如人今日贫，则说昔日富不得。②
>
> 胡五峰云："人有不仁，心无不仁。"先生以为下句有病。如颜子"其心三月不违仁"，是心之仁也；至三月之外，未免少有私欲，心便不仁，岂可直以为心无不仁乎？端蒙近以先生之意推之，莫是五峰不曾分别得体与发处言之否？"曰："只为他说得不备。若云人有不仁，心无不仁；心有不仁，心之本体无不仁，则意方足耳。"③

朱子改变前见，认为胡宏的"心无不仁"与现实境遇中不符，颜回其心也只能是三月不违仁，然仍有违仁的时候，这就与"心无不仁"相违背，并且否认胡宏此处所讲"心"为本心，他认为应该修改其说，相对于人有不仁，则心可以说皆是仁；心有不仁，但心之本体则无不仁。胡宏之意是不完备的。

张栻也突出"心"与"仁"的关联，在与弟子答辩中：

---

① （宋）胡宏：《知言》附录，《胡宏著作两种》，王立新点校，第50页。
② 朱杰人等主编：《朱子语类》卷一百零一，《朱子全书》（修订本）第17册，第3392页。
③ 朱杰人等主编：《朱子语类》卷九十五，《朱子全书》（修订本）第17册，第3207页。

（严庆胄）问："孟子曰'仁，人心也'，则仁即心矣。然又曰'以仁存心'，似又以心与仁为二物，何也？夫心也，仁也，果可为二物欤？"

（张栻）答："自非中心安仁者，须以仁存心。若如所言，是都不假用力也。"①

张栻强调"以仁存心"，他认为如若弟子所说，则无须用功。张栻之说，并不是要说两者毫无关联。他秉承师说，坚持以"心之道"论之，他说：

> 惟性之中有是四者，故其发见于情，则为恻隐羞恶是非辞让之端，而所谓恻隐者，亦未尝不贯通焉。此性情之所以为体用，而心之道则主乎性情者也。②

张栻没有承继其师的"性体心用"，而是主张"性体情用"，且"心之道"贯乎性情。

"心"作为认知主体，"觉"是其应有的功能。以"觉"言"仁"，实际上是为了更精微地论述"心"与"仁"的关系。以"生理感受"言"仁"始于程颢，经谢良佐之阐扬，到湖湘学派又继续探索，对"仁"与"觉"之关系予以更为精微的思考。胡安国和胡宏都没有直接讨论"以觉言仁"，湖湘学派真正讨论"觉"与"仁"之间的关系，是胡宏之兄弟及弟子张栻等人。他们与朱子围绕此展开辩论。

胡宏从弟胡实明确表示，

> 心有所觉为之仁，此谢先生救拔千余年陷溺固滞之病，岂可轻议哉？夫知者，知此者也；觉者，觉此者也。果能明理居敬，无时不觉，则视听言动莫非此理之流行，而大公之理在我矣，尚何愤骄

---

① （宋）张栻：《南轩先生文集》卷三十二，《张栻集》，邓洪波点校，第796页。
② （宋）张栻：《仁说》，《张栻集》卷十八，邓洪波点校，第655页。

险薄之有！①

胡实认为谢良佐之"心有所觉为之仁"有挽救儒学于陷溺之功，知此觉此就是知仁识仁，若能施以"明理居敬"之功，则可保持"觉"的状态，而使天理流行无碍。在这里胡实强调"觉"的重要性。

朱子就此问题在答复胡实中辩论道：

> 所引孟子"知觉"二字却恐与上蔡意不同，盖孟子之言知觉谓知此事，觉此理，乃学之至而知之尽也。上蔡之言知觉谓识痛痒，能酬酢者乃心之用而知之端也，二者亦不同矣，然其大体皆智之事也。②

朱子认为孟子之知觉是知此事，觉此事之理，谢良佐之意是识痛痒即是觉，意不同但都属于智之事，显然朱子认为"觉"是属于智的，当然不能与"仁"相混同，在答张南轩书中，他就此问题继续批驳道：

> 广仲引孟子先知先觉以明上蔡心有知觉之说，已自不伦。其谓知此觉此，亦未知指何为说。要之大本既差，勿论可也。今观所示，乃直以此为仁，则是以知此觉此为知仁也。仁本吾心之德，又将谁使知觉之耶？……上蔡所谓知觉，正谓知寒暖饱饥之类……此只是智之发用处，但惟仁者为能兼之。故谓仁者，心有知觉则可，谓心有知觉谓之仁则不可。……若曰"心有知觉谓之仁"，则仁之所以得名，初不为此也。③

在此朱子对胡实借孟子之说为谢良佐之说作注解，胡实以"知此觉此"

---

① （明）黄宗羲：《五峰学案》，《宋元学案》卷四十二，全祖望补，第1385页。
② 朱杰人等主编：《答胡广仲书》，《晦庵先生朱文公文集》卷四十二，《朱子全书》（修订本）第22册，第1901页。
③ 朱杰人等主编：《与张敬夫》，《晦庵先生朱文公文集》卷三十二，《朱子全书》（修订本）第21册，第1413页。

解释谢良佐之语,张栻更明白以"知仁觉仁",释之,仁已是"心之德",觉此的主体则无法确定,因此只能单向度说仁者,则心有知觉,而不能说"心有知觉谓之仁"。他在答胡宏之子胡大原(字伯逢)时亦说道:

> 有所觉知,然后有地以施其动者,此则是矣。然觉知二字,所指自有深浅。若浅言之,则所谓觉知者,亦曰觉夫天理人欲之分而已。夫有觉于天理人欲之分,然后可以克己复礼而施为仁之功。①

朱子之答语盖因胡大原说:

> 心有知觉谓之仁,此上蔡传道端的之语,恐不可谓有此病。……伊川亦曰觉不可以训仁,意亦犹是,恐人专守着一个觉字耳。若夫谢子之言,自有精神,若得其精神,则天地之用即我之用也,何病之有?以爱言仁,不若觉之为近也。②

对于胡大原的解说,同为湖湘学派的张栻认为:

> 谢上蔡之言,固是要指其发见以省学者,然便断杀知觉为仁,故切以为未免有病。伊川先生所谓觉不可训仁者,正谓仁者必觉,而觉不可以训仁。侯子师圣亦尝及此矣。若夫今之学者嚣嚣然,自以为我知之者,只是弄精魂耳,乌能进乎实地哉!此又上蔡之罪人也。③

张栻并不认可其学派对"以觉训仁"宗旨的持守,而是如程颐、朱子一样,明确反对以"觉"训"仁"。胡大原与胡实皆认为谢氏之说乃传道之

---

① 朱杰人等主编:《答胡伯逢三》,《晦庵先生朱文公文集》卷四十六,《朱子全书》(修订本)第22册,第2149页。
② (明)黄宗羲:《五峰学案》,《宋元学案》卷四十二,全祖望补,第1386页。
③ (宋)张栻:《南轩先生文集》卷二十九《答胡伯逢》,《张栻集》,邓洪波点校,第769页。

语，认为知觉分深浅，把识饱暖之觉推至极致即可。但朱子认为觉知的确有深浅之分，但从浅处而言，所觉也应是明天理人欲之分，而非仅是识保暖而已。总括来说，朱子不满湖湘学派的"以觉言仁"，概由于：

1. 觉与仁属于不同层次，不能等同

朱子说：

> 觉是智，以觉为仁，则是以智为仁。觉也是仁里面物事，只是便把作仁不得。①
>
> 无垢说仁者觉也，曰觉是智，以觉为仁则是以智为仁，觉也是仁里面物事，只是便把做仁不得。②
>
> 问："知觉是仁否？"曰："仁然后有知觉"。问："知觉可以求仁否？"曰："不可。"③

朱子提出两点反对理由，一是认为"觉"是属于"智"的层面，是智之用，仁则是五常之长，是兼义礼智信的。因此，智尚不与仁相对，何况"觉"呢，故"以觉为仁"则属层次不对应。二是"觉是仁里面物事"，也就是说"觉"只是"仁"的某一个特质，不可以偏概全地以此为仁。且"觉"乃仁之效验，而非工夫下手处，故不能以"知觉"去求仁。

2. 以觉言仁易与佛教相混淆

佛之本意即是觉，当然"觉"并不是佛教的专属，早在孔孟那里，皆已涉及"觉"，孔子说："不逆诈，不忆不信，抑亦先觉者是贤乎？"④ 孟子说："使先知觉后知，使先觉觉后觉也，予天民之先觉者也，予将以斯道觉斯民也。"⑤ 虽然内涵不同，但程颢、谢良佐等在佛教泛滥之境遇下，提出"以觉训仁"，这就使因对抗佛学而起的宋明理学很难与佛教区别开来，朱子说："问先生答湖湘学者书以爱字言仁如何？"曰："缘上蔡

---

① 朱杰人等主编：《朱子语类》卷二十，《朱子全书》（修订本）第14册，第690页。
② 朱杰人等主编：《朱子语类》卷二十，《朱子全书》（修订本）第14册，第690页。
③ 朱杰人等主编：《朱子语类》卷二十，《朱子全书》（修订本）第14册，第704页。
④ （宋）朱熹：《论语集注·宪问》，《四书章句集注》（上），金良年译，第203页。
⑤ （宋）朱熹：《孟子集注·万章上》，《四书章句集注》（下），金良年译，第391页。

说得觉字太重，便相似说禅。"① 对于如何看待理学与佛教思想之间的相互关系，张学智先生的论点可资借鉴，他说："理学本是吸收佛道的思想成果特别是修养方法而成，其中的释道因素是其内在的有机成分。故一涉及心性修养的层面便入二氏之窠臼，此不足怪。"② 其实朱子是反对以单字训仁的，他说："或问仁当何训？曰：'不必须用一字训，但要晓得大意通透。'"③

"仁"是先秦儒学开启的话题，至北宋儒学重构，着重从本体的视域建构仁，尤以程颢、张载等为代表。湖湘学派秉承和推进程颢、谢良佐之仁学，将天、命、性、心等打并为一，认为这些范畴是一致不二的，由他们主张的"本心即性""仁属性"以及"心"纯善无恶，发用皆是天理流行，推导出"仁"与"心"的合一、"先察识，后涵养"自然是顺理成章的事，他们主张的以"心"训"仁"，以"觉"言"仁"突出"心"在理学中的位置，推动"汉唐以来人性论向心性论的转变"，这是湖湘学派仁说值得肯定的地方。朱子之不满并不在于湖湘学派的仁说有差误，只是因为其与朱子的学术进路不一致，朱子以"下学而上达"和"心非仁"为评判标准，认为湖湘学派的仁说一方面不重视"气质之性"或不从"气质之性"立论，对现实人心之恶认识不足，将"心"与"仁"直接合一；另一方面忽视为仁工夫，将"仁"推向高远玄虚。故朱子在重塑道统，建构仁学时，对旁枝末叶予以修剪，他坚持不懈的批判，加速湖湘学派的衰落，至陆王心学崛起，程颢、湖湘学派的仁学思想得以重兴，成为仁学史上较有特色的理论体系。

四 先察识后涵养

不同于道南学派，湖湘学派对心、性格外重视，在心性工夫上，湖湘学派给予深刻思考，虽在不同传人那里，倾向不同，但就学派之总体特征来说，湖湘学派是主张先察识后涵养。

---

① 朱杰人等主编：《朱子语类》卷六，《朱子全书》（修订本）第14册，第260页。
② 张学智：《明代哲学史》，北京大学出版社2000年版，第49页。
③ 朱杰人等主编：《朱子语类》卷六，《朱子全书》（修订本）第14册，第259页。

胡安国只是强调格物致知，对心性工夫论探索不多，真正到胡宏这里才开始展开。在"心"上做工夫是儒家一直所强调的，胡宏亦不例外，他主张工夫应该去察觉人最初的"良心""赤子之心"，然后加以涵养之功，最后达到知性。胡宏说：

> 齐王见牛而不忍杀，此良心之苗裔，因利欲之间而见者也。一有见焉，操而存之、存而养之、养而充之，以至于大，大而不已，与天地同矣。此心在人，其发见之端不同，要在识之而矣。①

这段话源于《孟子》。胡宏之语可以看出他的工夫论的轮廓。他认为当良心苗裔发见之时，须察识分别，操存扩充，从而与天地合。此良心之苗裔，在不同的人身上发见不同，关键是要体识。由此可看出，胡宏主张在"良心之苗裔"也就是已发之心上用功，然后再涵养，以求扩充。这遭到朱子的批评：

> 五峰有一段说得甚长，然说得不是，他说齐王见牛为求放心，如终身不见此牛，不成此心便常不见，只消说知其为放而求之则不放矣，而求之三字亦剩了。②
>
> 爱牛之事，孟子只就齐王身上说，若施之他人则不可。况操存涵养皆是平日工夫，岂有等待发见，然后操存之理。今胡氏子弟议论每每好高，要不在人下，只说心便不说用心，以为心不可用。③

胡宏借"齐王见牛"表达他的工夫论主旨，朱子认为若如胡宏所说，只是因为遇事而良心发见时去察识涵养，若未遇事时，难道"心"就不见

---

① （明）黄宗羲：《五峰学案》，《宋元学案》卷四十二，全祖望补，第1375页。
② 朱杰人等主编：《朱子语类》卷五十九，《朱子全书》（修订本）第16册，第1912页。
③ 朱子对胡宏之态度亦经过变化，他说："五峰曾说，如齐宣王不忍之心，乃良心，当存此心。敬夫说，观过知仁，当察识心则知仁。二说皆好意思。"（朱杰人等主编：《朱子语类》卷一百零一，《朱子全书》（修订本）第17册，第3402页）此时朱子在服膺胡宏之阶段所说，可看出朱子思想之演变。

第三章 学派谱系与思想旨趣

了,显然朱子认为胡宏之主张议论太高,忽视"未发"操存涵养之平日工夫。且操存涵养本身就是平时工夫,不能待发见以后才去操存。显然,朱子是把涵养察识与湖湘学派在同一概念上使用,并展开批评,下文会详论两者之区别。胡宏的弟子接续此问题展开探索,吴翌与张栻都对此问题加以发挥,吴翌说:

> 若不令省察苗裔,便令培壅根本,夫苗裔之萌且未能知,而遽将孰为根本而培壅哉?此亦何异闭目坐禅、未见良心之发便敢自谓"我已见性"者?①

吴翌之意与胡宏接近,他认为若不省察良心苗裔,便去培养根本,这样培养就会陷入茫然无着落,与佛教之闭目坐禅没有区别,便不能"见性"。张栻对其师之主张的态度经历前后之变化。他说:

> 善乎,孟子之得传于孔氏,而发人深切也!齐宣王见一牛之觳觫而不忍,则告之曰:"是心足以王矣。"古之人所以大过人者,善推其所为而已矣。②
>
> 学者先须察识端倪,然后可加存养之功。③

张栻之说是对其师门宗旨的明确推进。他亦主张在良心发见之际,加以涵养操存,从而体悟本体。他肯认其师对"齐王以羊易牛"的评说,认为齐宣王虽"以羊易牛",同是杀戮,但此亦是良心之萌的体现,如果能将此良心之萌加以"默识而存之,扩充而达之",即可至"与天地合德,

---

① (宋)张栻:《答吴晦叔》,《南轩先生文集》卷二十九,《张栻集》,邓洪波点校,第765页。
② (宋)张栻:《潭州重修岳麓书院记》,《南轩先生文集》卷十,《张栻集》,邓洪波点校,第572页。
③ 朱杰人等主编:《答张钦夫》,《晦庵先生朱文公文集》卷三十二,《朱子全书》(修订本)第21册,第1420页。

鬼神同用，悠久无疆，变化莫测，而其则初不远也。"① 也就是说，对"良心之萌"涵养扩充可至心体大化流行之境。而这也得到早期朱熹的赞扬。②

但是需要注意的是，张栻在与朱子往复辩论过程中，其工夫论主张已经发生转变，他说：

> 不知苗裔，固未易培壅根本。然根本不培，则苗裔恐愈濯濯也，此话须兼看。大抵涵养之厚，则发见必多；体察之精，则根本益固。③

他认为不知苗裔，是不易培养根本。然根本不培养，则苗裔恐易消失。涵养愈深厚，则良心之发见必多。同时，体察越精细，则根本亦稳固。张栻分析体察与涵养是可以相助相长的，后来他更为明确地说道：

> 存养、省察之功固当并进。然存养是本。觉向来工夫不进，盖为存养处不深厚。方于闲不敢不勉。④
>
> 存养体察，固当并进。存养是本，工夫不越于敬。敬固在主一。⑤

张栻此时已改变前说，认为存养与省察当并进，但不是平行对等的，须

---

① 朱杰人等主编：《答张钦夫》，《晦庵先生朱文公文集》卷三十二，《朱子全书》（修订本）第21册，第1420页。
② 朱子评价道："钦夫（张栻）尝收安问，警益处甚多。大抵衡山之学只就日用处操存辨察，本末一致，尤易见功。某近乃觉知如此，非面未易究也。"（朱杰人等主编：《答罗参议》，《晦庵先生朱文公续集》卷五，《朱子全书》（修订本）第25册，第4747页）又说："敬夫所见超诣卓然，非所可及。"（朱杰人等主编：《答程允夫》，《晦庵先生朱文公文集》卷四十一，第22册，第1871页）
③ （宋）张栻：《答吴晦叔》，《南轩先生文集》卷二十九，《张栻集》，邓洪波点校，第765页。
④ （宋）张栻：《寄吕伯恭》，《南轩先生文集》卷二十五，《张栻集》，邓洪波点校，第718页。
⑤ （宋）张栻：《答乔德瞻第一书》卷二十七，《张栻集》，邓洪波点校，第747页。

以存养为先，且以敬为存养之工夫。张栻工夫论主张之变化实与朱子互相辩论有关系，当然这种变化之原因仍然是众说纷纭。① 总的来说，湖湘学派主张先察识后涵养与其对"心"、"性"的看法是一致的，在湖湘学派那里，"心"是已发的，因此工夫就必须在良心发见之时去察识，而不是在未发上无目的用功，然后再去涵养扩充。

总而言之，湖湘学派的理论旨趣与程颢、谢良佐较为接近。在仁学上，他们主张"以觉言仁"，主张"先识仁之体"，这就与程颢、谢良佐宗旨相近，在心性关系上，虽然谢良佐以体用关系论性与心，但尚未将"性"作为大本之体对待，而湖湘学派肯认"性体心用"，并在深化中推进，将"性"直接拔高至本体地位，而这其中是有思想上的逻辑关系的。对"心"的分析，其在工夫论上主张"先察识，后涵养"，与程颢的默识仁体工夫接近。总之，湖湘学派思想的最大特色即在于对"性"与"心"的明确区分，如果说在本体论上湖湘学派属于独创，在工夫论上则是对程颢之学的延续和推进。与道南学派相比，两者对未发、已发认识不同，湖湘学派认为未发是性，已发是心，而道南学派则皆在心上说未发已发，正是因为这种区别，导致在工夫论上的差异。

第四节　前期永嘉学派

永嘉学派作为二程的嫡传学派，其一直被贴上事功学派的标签，学术界的研究也一直聚焦于此。但事实上，永嘉学派的传承脉络却是相当复杂的，从性理转向事功是有一个渐变的过程的。永嘉学派之集大成者叶适说道：

> 昔周恭叔首闻程（颐）、吕（大临）氏微言，始放新经，黜旧疏，挚其铸伦，退而自求，视千载之已绝，俨然如醉忽醒、梦方觉也。颇益衰歇，而郑景望（伯熊）出，明见天理，神畅气怡，笃信

---

① 有的学者如王丽梅认为："南轩没有随着朱子转，在工夫论上之变化是其自己'省过矫偏'的必然结果。"（参见王丽梅《察识与涵养相须并进》，《孔子研究》2006 年第 4 期）

固守，言与行应，而后知今人之心可即于古人之心矣。故永嘉之学，必兢省以御物欲者，周作于前而郑承于后也。……薛士隆愤发昭旷，独究体统，兴王远大之制，叔末寡陋之术，不随毁誉，必披故实，如有用我，疗复之方安在。至陈君举尤号精密，民病某政，国厌某法，株称锱数，各到根穴，而后知古人之治可措于今人之治矣。故永嘉之学必弥纶以通世变者，薛经其始而陈纬其终也。①

林景熙说：

> 永嘉自许少伊右丞、周恭叔太傅、刘元承给事受业程门为最先一辈，而义理之学始于此矣。②

从叶适、林景熙的话中，我们可以看出：第一：永嘉之学的思想基础是洛学，是洛学的嫡传学派，秉承程颐。第二：永嘉之学在最初的传承有两条脉络：一是以周行己为代表的"元丰九先生"，师承程颐，并传于郑伯熊，学术特质为"必兢省以御物欲者"；二是袁溉，曾拜师程颐，由薛季宣、陈傅良相递传授，学术特质为"必弥纶以通世变者"。叶适之语道出初创期永嘉学派的学术宗旨乃"必兢省以御物欲"，且周行己、许景衡为"义理之学"的肇始者，而郑伯熊则承于后。"永嘉九先生"作为洛学在永嘉地区的传人，他们中多数曾师承二程，对二程学问进行阐发，其中较为成就者为周行己、许景衡、刘安上、刘安节兄弟等，他们围绕性理展开探索。前期永嘉学派仍然保持洛学的基本理论特色，而与程颐思想接近，可谓是"工夫论意义的程颐之学"。后期则转向见"用"而不见"体"的事功之学，这我们将在后面洛学的学术转化中进行详细论述。

一 明性存心

前期永嘉学派对二程的"天理"更不重视。周行己是"永嘉九先生"

---

① 叶适：《水心文集》卷十，《温州新修学记》，《叶适集》，中华书局1961年版，第178页。
② 林景熙：(1242—1310)，字德旸，一作德阳，号霁山。浙江温州人。（林景熙：《二薛先生文集序》，《霁山集》卷五，中华书局1960年版，第81页）

第三章 学派谱系与思想旨趣

的代表人物①，在其哲学中，对心性尤为重视。与罗从彦一样，他也是在"明性存心"的过程中诉说他对心、性的重视。他说：

> 性之不明，心之不存，则在我者与天不相似，故有长傲以悖天德，从欲以丧天性，所见者小，则其志易满，天道亏矣。所慕者外，则其乐易极，天理灭矣。②

在此，周行己认为若"性之不明，心之不存"则会丧失人的天性，以至于悖乱天德，周行己此意实是对孟子之意的再诠释，他的诠释彰显了心、性的重要性，也就是说，对于心、性的界限和差异需要厘清和明晰，方能天理大化流行无碍。周行己的"存心明性"是对正统儒家主张的重申，亦是对洛学宗旨的阐扬和继承。

周行己又说：

> 问："近世学士大夫，多引佛老之说以辅六经之旨，其论甚高，末学晚生尚不能知其言，况能达其心乎！……学者或以谓老、佛与吾儒，皆明一性，其道同。……果同也，则三者盍混而为一，何纷纷其多门乎？果不同也，则老、佛之言，岂得以证六经之说乎？此不敏之所疑也。诸子直谅多闻，试为略其立教之迹，而明其为心之道，以定异同之论。启兹未悟，同于大通，虚心以俟者也！"③

---

① 陈振孙："周行己……永嘉学问所从出也。"（陈振孙：《直斋书录解题》卷十七，上海古籍出版社1987年版，第515页）全祖望说："永嘉诸先生从伊川者，其学多无传，独先生尚有余绪言。南渡以后，郑景望（伯熊）私淑之，遂得重光。"（黄宗羲：《宋元学案》卷三十二，中华书局1986年版，第1132页）程门后学张九成亦曾说："永惟仙里，圣学盛行。元承、元礼、少伊诸公，表见于朝廷，而彦昭、恭叔、元忠之流，力行于太学。渡江以来，此学尤著，精深简妙，深入堂壶中。其至矣哉！"（张九成：《与永嘉何舍人》，《横浦集》卷十八，文渊阁四库全书，台湾商务印书馆1986年影印版，第419页）永嘉九人当中，沈躬行、戴述、刘安节早卒于周行己，许景衡、刘安上虽晚卒于周行己，两者成就皆在于政事上；周行己虽也从政，但主要精力在于收徒授学，故就传承洛学来说，周行己可谓是永嘉九人中的佼佼者。

② （宋）周行己：《经解十二首》，《周行己集》卷二，上海社会科学院出版社2002年版，第25页。

③ （宋）周行己：《佛老与儒者之道同异》，《周行己集》卷三，第57页。

在周行己看来，世人论述儒释道之异同皆不明其根本，他认为只有明晰三者的"为心之道"，方能定三者之异同。他批评世人以佛老之言去辅证六经之旨，如此是不能达到对"心"的体悟。在此，周行己强调对"心"的重视，凸显洛学宗旨。周行己并非如湖湘学派那样重视心、性的概念辨析，他延续了程门对心性的模糊界定。当然，儒家哲学对心性的界定并非在纯粹的概念辨析中，而是在动态的历程中彰显心性的意义。

对于"性"，他也并未作出明确界定，他说："性者，道之质也；礼乐者，道之具也。"① 周行己认为"性"是道的本质，至于何为道？他说：

> 道本无名，所以名之曰道者，谓其万物莫不由之也。万物皆有太极，太极者，道之大本。万物皆有两仪，两仪者，道之大用，无一则不立，无两则不成，太极即两以成体，两仪即一以成用，故在太极不谓之先，为两仪不谓之后。然则谓之一阴一阳者，不离乎一也。谓之道者，不离乎两也。②
>
> 夫一物之中，皆具一道。一道之内，皆具阴阳。……夫所谓君子之道，中而已矣。或偏于仁，或偏于知，过乎中者也。日用而不知，不及乎中者也。太极即中也，中即性也。③

可以看出，周行己认为"道"本无名，之所以为道，是因为它是万物的根据，是万物赖以存之的东西，是具有本体地位的，显然在他的哲学中，他并没有直接以"理"训"道"，但他的"道"却有与程颐"理"相当的地位。他引入周敦颐的"太极"概念，以及张载"气"的概念，吕大临的"中即性"之说，每一个物都有自己的"道"而"道"之内又皆具阴阳，"道"乃阴阳二气运行之根据，"太极"乃"道"之大本，他建构的是"太极—道—气"的宇宙生成论模式，周行己这一思想在其师程颐

---

① （宋）周行己：《经解十二首》，《周行己集》卷二，第32页。
② （宋）周行己：《经解十二首》，《周行己集》卷二，第19页。
③ （宋）周行己：《经解十二首》，《周行己集》卷二，第20页。

那里已有渊源①。实际上，在二程那里，"性"与"道"只是同实异名，程颐甚至提出"性即理"来表述"性"与"道"的关系。周行己并未对此进行分析，但他确实在理学的视域内对"性"进行解释。

对于两宋之际盛行的性是善还是恶的争论，周行己亦予以回应，他说：

> 孟子曰"可欲之谓善"，又曰"性无有不善"。夫善者，对不善之称也。可欲者，对可恶之称也。无不善，则亦无善之可称；无可恶，则亦无欲之可称。是知失性者，天下之不善也；不善者，天下之可恶也。得性者，天下之善也；善者，天下之可欲也。然则人之有善，皆得乎性者也。人之有不善，皆失乎性者也。……善既纯一，则无不善，不善既无善，亦不立，成于性者也。成于性则无不全也，无不尽也，然而命于阴阳者，气质之禀不同，则昏明之性亦异。②

这是周行己对孟子"可欲之谓善"进行的诠释，基本上没有溢出正统儒家所强调的性本善之说，只是他的思想较之孔孟更为明确。他认为，人之所以有善，是因为得之于"性"，反之，不善是因为失去"性"，周行己的诠释强调"善"作为"性"的本质所具有的先天存在性，认为人性善是与生俱来的，而人性之所以有昏明之别，乃是因为气禀，显然他对张载以来的以气禀解释人性的传统是认同的。对于人何以会失性？他加以解释道：

> 凡人之所以有欲者何也？以其有物而已矣。物我既交，爱心生焉，忘己而徇物，此所谓欲也。③

先天的禀赋和与物相交所产生的欲望是让人失"性"、失"善"的缘由，

---

① 程颐说："一阴一阳之谓道，道非阴阳也，所以一阴一阳，道也。"（（宋）程颢、程颐：《河南程氏遗书》卷三，《二程集》，第67页）程颐在此即体现了"道"为阴阳二气之根本。
② （宋）周行己：《经解十二首》，《周行己集》卷二，第20页。
③ （宋）周行己：《经解十二首》，《周行己集》卷二，第25页。

周行己的这一解释是符合二程从两方面来解释现实人性差异的说法。总体来说,在周行己这里,他对心性的论述是粗糙的,但对于洛学的话语基本都作出回应。他的思想仍然延续程门宗旨,对心性义理之学进行探索。

郑伯熊,温州永嘉人(约1124—1181),字景望,著作多不存。他被认为是复振永嘉学派,传承周行己之学的中坚人物。① 其延承周行己重视性理与践履的学术风格②,虽其存世著作甚少,但从其留存著作观之,可展现其思想的心性进路。

他首先与周行己一样,对性之善恶进行立论,他在诠释《尚书》"汝惟不矜"时说:

> 不矜不伐,至公无我之心也。举天下之善,安而行无所累于心,故无骄矜之气,天德也。禹之所忧,而颜子之所愿也。盖万善本吾性之所固有,学至于圣贤,于性无所加益,而缺一焉。则不足以为尽性。知此则任重道远,惟日不足矣,尚何敢矜之有。进此而安焉,则达乎天德矣。③

---

① 全祖望说:"方秦桧擅国,禁人为赵鼎、胡寅之学,而永嘉乃其寓里,后进为所愚者尤多。故绍兴末,伊洛之学几息,九先生之绪言且将衰歇。吴湛然、沈元简其晨星也。先生兄弟并起,推性命微眇,酌今古要,会师友警策,惟以统纪不接为惧,首雕程氏书于闽中,由是永嘉之学宗郑氏。大郑公臧否人物最矜,慎称为方峻,小郑公喜贤,借一介之善,虽辈行悬绝,必引进之乾淳之间,永嘉学者连袂成帷,然无不以先生兄弟为渠率。"((明)黄宗羲:《周许诸儒学案》,《宋元学案》卷三十二,第1153页)又言道:"永嘉诸先生从伊川者,其学的多无传,独先生尚有绪言。南渡之后,郑景望私淑之,遂以重光。"((明)黄宗羲:《周许诸儒学案》,《宋元学案》卷三十二,第1132页)黄百家论道:"伊洛之学,东西之士,龟山、定夫之外,惟许景横、周行己亲见伊川,及其传以归。景横之后不振。行己以躬身之学得郑伯熊为之弟子,其后叶适继兴。经术文章,质有其文,其土甚盛。"((明)黄宗羲:《周许诸儒学案》,《宋元学案》卷三十二,第1133页)由此可看出,郑伯熊在永嘉学派建构过程中的地位。

② 关于郑伯熊之思想定位,是存在争议的。周梦江先生认为郑伯熊是永嘉学由性理之学转为事功之学的关键人物。(参见周梦江《论郑伯熊的学术思想》,《温州师范学院学报》2006年第2期)而何俊先生则否定此说,认为郑伯熊仍然恪守洛学传统,而非歧出。(参见何俊《郑伯熊与南宋绍淳年间洛学的复振》,《复旦学报》2010年第4期)笔者认同何氏之说,郑氏虽论外王之学,即使二程也并不否定外王之学,但其思想核心仍然是洛学的,而真正使永嘉学术宗旨发生转向的是薛季宣。

③ (宋)郑伯熊、郑伯谦:《二郑集》,上海社会科学院出版社2006年版,第12页。

> 夫危痛警切之言，岂伊尹之所忍发，吾以为惧而彼由之以为常，而若弗闻也，则其性沦于所习之中，而恶且成矣。①

此注文的核心即申述二程所肯认的孔孟传统，即性善论。他认为至公无私之心就是"不矜不伐"，也就是谦逊，不自夸自大。践行善，并且无所累于心，就不会产生狂妄自大的心态。他认为"善"是"性"所固有的，是圆满自足的，无须后天的增损，但若缺少，便是没有完全尽性，没有充分实现人性。他以伊尹放太甲为例，解释"性"何以会有恶，是因为"性"陷于习气之中。因此，人须尽性，从而上达天德。这亦是对孟子及二程思想的复述，并无多少新意，但在当时洛学处于几熄之时，这种对洛学话语体系的持守对洛学的复振是有特殊意义的。

刘安节亦重视"心"的作用，他说：

> 夫人之于仁，独可以自异于道乎？盖不合于道，累于形者之过也。人能忘形以合于心，忘心合于道，则天地万物且将与吾混然为一。②

刘氏认为人与仁原本是合一的，是不能自外于道的，若不能合于道，只是因为受形体之欲所累，反之，若能袪除私欲，则能合于心，合于道，最终则会达到万物与我为一的境界，这也就是程颢所强调的"仁者与万物为一体"。

在永嘉诸人这里，除周行己对心性论的基本问题重视外，其他人对此并无兴趣，他们将更多的兴趣转移到如何修身养性上，他们各自择取洛学话语进行诠释，虽然在每个人那里都是零碎而不成系统的。

二 兢省御欲

前期永嘉学派并不废弃程门的修身养性工夫，他们着重对如何去除

---

① （宋）郑伯熊、郑伯谦：《二郑集》，上海社会科学院出版社2006年版，第26页。
② （宋）刘安节：《经义》，《刘安节集》卷三，上海社会科学院出版社2006年版，第66页。

私欲展开探讨。

(一) 主敬

周行己十分重视对心性的体认,他说:

> 呜呼! 观人者,亦必求其所以存于心者,而不必事为已效。若颜子之学孔子,盖尝存心于视听言动之间,而得之于哀乐未发之际,其所以未至于圣人一间者,特有见于所立卓尔之故。①

周行己认为观人最重要的就是观其心所存者为何,以颜回为例,他认为颜回所学孔子的正是在视听言动之时,在未发之际有所得。他之所以还没有达至圣人,是因为还没有做到"大而化之",将"善端"扩充至于大,力行可至,但到圣人的"大而化之"则非力行可及。如何做,他延续程门注重"敬"的工夫,他说:

> 盖敬者,君子修身之道也。所以闲邪而存其诚者也,敬斯定,定斯正,正者,德之基也。慢斯怠,怠斯邪,邪者,德之贼也。古之人相在尔室不愧屋漏,出门如见大宾,使民如承大祭,何所不用其敬哉。自天子达于庶人,自修身至于为天下,莫不一于是,故敬则无敢慢,无敢慢则民莫不爱矣,俨则人望而畏之,人望而畏之,则民莫不敬矣。②
>
> 如之何斯可以为善矣?曰修身矣、践言也。修身者必敬,践言者必忠。忠与敬者,善之大端,入德之要也。③

他认为"敬"是君子的修身之道,是闲邪存其诚的路径,通过"敬"才能"定",也就是不走作,往前推,不走作才能正,而这是立德的根本。且"敬"是从天子至庶人所持守的修养之道,是为善的根本,入德的

---

① (宋)周行己:《经解十二首》,《周行己集》卷二,第50页。
② (宋)周行己:《经解十二首》,《周行己集》卷二,第23页。
③ (宋)周行己:《经解十二首》,《周行己集》卷二,第31页。

关键。可以看出，他极其重视洛学工夫中的"敬"，他又具体阐释如何做"敬"：

> 君子之所以必庄必敬者，非所以饰外貌，所以养其中也。盖其心肃者，其貌必庄，其意诚者，其体必敬，为尸者，所以象神，不庄不敬，则神弗临之矣。必庄必敬，然后可以为尸，故君子之坐如之为斋者，所以接神，不庄不敬则神弗接之矣。必庄必敬，然后可以为斋，故君子之立如之。①
>
> 尔则思之，孰谓敬乎？孰谓不敬乎？恶乎而至于敬？恶乎而至于不敬？古则有之。曰："敬以直内"、曰："修己以敬"、曰："毋不敬"。此其所谓敬者，何也？尔则思之。曰："欲直吾已者，果不可以不敬也。"则又思之曰："敬在我者也，吾何患而不为哉！"于是朝焉敬也，暮焉敬也，食焉敬也，寝焉敬也，目视、耳听、手举、足运，无非敬也，而后可以谓之善直己者矣。②

这是周行己对如何做到"敬"所做的阐述。他认为君子之所以庄敬，不是为了修饰外貌，而是为了涵养心性。而庄敬的产生乃是内心肃然的结果，内心的肃然必然会使外貌庄敬，意诚则体必敬，君子坐立如庄如敬皆为了存心养性。在此，周行己强调从内在的"心肃""意诚"达到"敬"。周行己强调心肃与庄敬的互动，对"敬"的论述接近程颐，强调从内外两方面来做到"敬"，要内在的肃然与外在的举手投足并举。程颐注重从外在的整齐严肃与内在的主一无适来解释如何做到敬。周行己的思想虽所用名词不一，但与其师的内涵却是一样的。当然，周行己并不忽视外在的修行对于心性的重要，他说：

> 古之人何独坐立然后如此，此特举其大端而已也。立则见其参于前，在舆则见其倚于衡，出门如见大宾，使民如承大祭。非礼勿

---

① （宋）周行己：《经解十二首》，《周行己集》卷二，第28页。
② （宋）周行己：《从弟成己审己直己存己用己字说》，《周行己集》卷六，第108页。

视、非礼勿听、非礼勿言、非礼勿动。无须臾之离、终食之违,造次必于是、颠沛必于是,所以存心养性,大过人远矣。此学者入德之要,不可以不思也。①

若能做到庄敬,其"心"则会达到虚静无一物,没有思虑纷扰的境界,而此时的"心"就是圣人之心,就是颜回所追求的圣人之心,亦是学者所孜孜以求的。

在涵养工夫次序上,他亦讲求工夫的循序渐进,积累贯通,他说:

圣人之学,自洒扫应对以至入孝出悌,循循有序,故曰尧舜之道,孝悌而已。后世学者,大言阔论,往往以孝悌为君子易行之事,若不足学,而以道德性命之说,增饰高妙,自置其身于尧舜之上,退而视其闺门之行,有悖德者多矣。②

圣人之学,自然有序,不可躐等,然后世学者高谈阔论,以谈道德性命之说为务,此乃悖德之论。周氏此论坚守程颐"积累贯通""下学而上达"之说,亦是对孔孟传统的回归。圣人之道并不高深,他要求人从洒扫应对入手,渐趋而进,自可以久久入圣人境界。他其实已经觉察到当时世人专务"性命之说",而导致的不切实用,这其实是对程门其他弟子一味向高处走的批评。纵观周氏之心性说,虽创造性殊少,但对洛学的承继和卫护在他的哲学中体现得淋漓尽致,同时也有意识地对程门中出现的务高学风进行批判和纠正。

刘安上对程门所倚重的"敬"也甚为重视,他说:

君子之事君,尽心焉耳矣。言而不心则近谀,貌而不心则近佞,谀且佞,君子不为也。故尽吾心之所可欲者以事君,则凡所谓善者无不陈也;尽吾心之所欲去者以事君,则凡所谓邪者无不闲也。陈

---

① (宋)周行己:《经解十二首》,《周行己集》卷二,第28页。
② (宋)周行己:《送何进孺序》,《周行己集》卷四,第79页。

善闲邪，此人臣之所自尽者，得不谓之敬乎？窃尝谓人之立乎本朝者，岂皆出于爱君之诚也哉？……知孟子之所以敬其君者，不在于声音笑貌之间，而在于中心之诚。故曰："齐人莫如我敬王也。"①

这是刘安上对孟子"陈善闲邪谓之敬"的诠释。刘安上是积极入世的，他借现实政治来表达其理论诉求，他重点强调"敬"与"诚"，人臣事君不在于外在的举止，而是由内而外的"敬"与"诚"。他所说的"言而不心，貌而不心"实际即是对不诚的另一种表述，而心之不诚，则自然不会产生敬，"诚"与"敬"的区别，朱子所论甚详。朱子说：

> 敬是不放肆底意思；诚是不欺妄底意思。②
> 诚只是一个实，敬只是一个畏。③
> 妄诞欺诈为不诚，怠惰放肆为不敬，此诚、敬之别。④
> 谨字未如敬，敬又未如诚，程子曰："主一之谓敬，一者之谓诚"，敬尚是着力。⑤

二程与朱子都是主张"诚""敬"并用的。在朱子看来，"诚"与"敬"是存在实然之别的，不可等同视之。诚是不欺不妄，敬是畏；主一是敬，"一"即是诚，朱子明确表示主于内心的不欺不妄即是"敬"。

（二）自反以至于诚

在心性工夫论上，郑伯熊强调通过自反以至于诚，他说：

> 爱人不亲反其仁，治人不治反其智，礼人不答反其敬。行有不得者，皆反求诸己。此帝王之家法也。自反而仁矣，自反而智且敬矣，而人未遽吾听焉，不遽责夫人也。曰："是吾仁智且敬有所未

---

① （宋）刘安上：《刘安上集》卷五，上海社会科学院出版社2006年版，第236—237页。
② 朱杰人等主编：《朱子语类》卷六，《朱子全书》（修订本）第14册，第241页。
③ 朱杰人等主编：《朱子语类》卷六，《朱子全书》（修订本）第14册，第241页。
④ 朱杰人等主编：《朱子语类》卷六，《朱子全书》（修订本）第14册，第241页。
⑤ 朱杰人等主编：《朱子语类》卷六，《朱子全书》（修订本）第14册，第241页。

尽，而姑勉焉尔，此帝王之心术也。"①

郑伯熊肯认孟子之意，认为人须反求诸己，从而达到仁、智与敬的境界。在其工夫论中，他亦贯彻洛学的"存天理，灭人欲"，他说：

> 既立不明，夫动欲于富贵，惟置之于不见可欲之地，则本心既蚀而复明，天理欲晦而复昭矣，此必然之理。②
> 故惟敬德不怠，安静无欲者，远人之所慕，而小人之无所利者也。③

在此，郑氏要求人摈除私欲，从而恢复本心的清明，使天理复见。郑氏的工夫进路是洛学的，他认可"存天理，灭人欲"之学派宗旨，并切实践履，这是其长于周行己之处。故叶适对其高赞道："明见天理，神畅气怡，笃信自守，言与行应，而后知今人之心可即于古人之心。"④ 叶适之说认为郑伯熊以明见天理为务，言行一致，从而至于气顺神定的境界。在思想路径上，周与郑是一致的，都认同程门之心性工夫，不同之处在于，他们只是以照着讲的态度，各自就所认同的一面传承师说，从而使早期的永嘉学派仍然被冠以"性理之学"，而非事功之学。

（三）收心克己

许景衡（1071—1128），字少伊，永嘉九先生之一，被永嘉后学称之为"名德最显"，挽救永嘉学派于几近坠亡之际，虽然其成就多在为官上，思想少有创见，但对洛学思想却保持基本的认同和恪守。在心性论上，许景衡对心性论的基本问题论述不多，而在强调做工夫处着墨甚多。他强调在"心"上下工夫，在叙述其为学经历时说：

---

① （宋）郑伯熊、郑伯谦：《二郑集》，上海社会科学院出版社2006年版，第12页。
② （宋）郑伯熊、郑伯谦：《二郑集》，第27—28页。
③ （宋）郑伯熊、郑伯谦：《二郑集》，第10页。
④ （宋）叶适：《温州新修学记》，《叶适集》卷十，中华书局1961年版，第178页。

第三章 学派谱系与思想旨趣

> 学自回亡而蔑有好者,道因轲死而遂无传焉。永惟尽性以知天,率自正心而诚意。有志于此,俟已十年。①

在此,他认为"学"自颜回以后便没有真正好"学"的人,而"道"自孟子以后便不再复传,他常年浸淫"尽性知天,正心诚意"之中,足见其为学趋向实指洛学。他亦多次重申为学主张:

> 臣窃观三代之王,所以治天下国家者必本于正心诚意,其次莫如多闻。……盖至诚以格物,据古以鉴今,使盛德日新,聪明日广,则事至能应物来敢名以图天下之治而成中兴之业,举在于此矣。②

三代之治之根本在于"正心诚意",此乃外王事业建立之根本。且提出"至诚以格物",以为心诚较之格物具有先在性,心诚然后格物,如此不仅可以涵养道德,同时也可以增进知识。当然,许景衡虽然强调内外的兼修,但最终的目的仍然是为成就中兴大业。此处虽然许景衡之工夫论有其师的印迹,但已呈现对洛学浮夸之学风予以纠偏之倾向。在心性工夫上,他十分强调对"心"的涵养,他说:

> 我欲收心求克己,公知诚意在闲邪。汝南夫子规模大,归去相从海一涯。③
> 岂知生出极幽深,清浅涓涓一泓耳。吾闻古来养心者,扩而充之亦如此,自惭学问太迂疏,十载不离蛙井底。潢污断港何足道?所得未能充口耳。④

---

① (宋)许景衡:《谢张帅启》,《许景衡集》卷十四,上海社会科学院出版社2006年版,第469页。
② (宋)许景衡:《乞涓日讲读札子》,《许景衡集》卷十一,上海社会科学院出版社2006年版,第425—426页。
③ (宋)许景衡:《送商霖兼简共叔》,《许景衡集》卷五,第356页。
④ (宋)许景衡:《渡淮》,《许景衡集》卷二,第306页。

许景衡的诗强调"收心克己"的重要性，他认为自古以来"养心"者都要如此并加以扩充。他对"诚"亦极为重视，在回答郑国材的提问中，他说：

> 示问《中庸》大指，非公好学不耻下问，谁肯千里移书见及耶？曲能有诚，谓之致力于所偏，曲其义有所未安。诚如来喻，盖择善而固执之者，学者之事也。择者当如何？学问思辨是也，此所谓致曲也。曲能有诚，诚于致曲而已。①

这是其对《中庸》"诚"的强调。徐复观先生指出，"诚是在工夫上建立起来的观念"②，也就是说，"诚"是在工夫意义上讲的，为后世学者重视。许景衡认为郑国材解释"致曲"为"致力于所偏"是不对的，他认为"学问思辨"即是"致曲"，由此亦可至"诚"，也就是说普通人气质各有所偏，若能因其善端发见处推扩之，就是所谓的"致曲"，即可至"诚"，这其实与程颐所强调的"下学而上达"相似。

三 格物致知

之所以将"格物致知"单独成节，是因为"格物致知"在前期永嘉学派中的内涵与其以后学派宗旨的变化是有关联的。格物致知是程门心性工夫的鸟之双翼、车之两轮之一，主张通过知识来促进道德的提升。在"元丰九先生"中，周行己偏重于对"敬"的阐发，而刘安节、刘安上、许景衡则对"格物致知"情有独钟。他们对格物致知的阐释有别于其他弟子将格物致知囿于意识之内的路径，而是有意开拓"格物致知"的外在维度。

"元丰九先生"之一刘安节对格物致知思想的重视，曾得到同门好友许景衡的称赞：

---

① （宋）许景衡：《答郑国材》（二），《许景衡集》卷十七，第503页。
② 徐复观：《中国人性论史》，华东师范大学出版社2005年版，第91页。

第三章 学派谱系与思想旨趣

> 公游太学，我亦诸生，我蒙召还，公在朝廷。僦舍国南，门巷相望。把酒道旧，其喜洋洋。嗟我昏蒙，惟公之畏。公不我鄙，委曲教诲。广大精微，我骇且疑。公指其要，莫先致知。用舍行藏，我亦公告。①

在许景衡的回忆中，在与刘安节共游太学之时，相交甚深，当谈及为学之要，刘安节以"致知"相告，贯通于用舍行藏之中，许景衡对此深信不疑，他在给刘安节撰写的《墓志铭》中更为详细地说道：

> 始以致知格物发其材，久之存心养性，于是有得，其气貌温然望之，知其有容，遇人无贵贱、小大，一以诚，虽忤己者，略不见其怒色、恚辞也。②

此为《墓志铭》之语，过誉之词在所难免，但亦可窥见其思想重点。刘安节从学之始，即以"格物致知"为入学之方，以"存心养性"为务，以"诚"待人处事。可见，刘安节的思想是忠实于程门的。至于如何格物，刘安节首先对学界存在的普遍现象进行分析，他说：

> 形而上者谓之道，形而下者谓之器。形一也，而名二者，即形之上下而言之也。世之昧者不知其一，乃以虚空旷荡而言道，故终日言道而不及物，以形名象数而言物，故终日言物而不及道。道与物离而为二，不能相通，则非特不知道，亦不知物矣。③

他敏锐认识到当时世人为学所出现的两种弊病：一是终日言"道"而不及物；一是溺于名数万物而不知"道"，这其实是"有体无用"和"有用无体"的变相表述。这两种为学之方都背离儒家"体用一贯"，以及程

---

① （宋）许景衡：《祭宣州刘舍人文》，《许景衡集》卷二十，第552页。
② （宋）许景衡：《墓志》，《许景衡集》卷二十，第555页。
③ （宋）刘安节：《刘安节集》卷三，上海社会科学院出版社2006年版，第67—68页。

门强调的道物不离的宗旨。刘安节阐述自己的观点,他说:

> 盖有道必有物,无物则非道;有物必有道,无道则非物。是物也者论其形,而道也者所以运乎物者也。①

刘氏重申道物不离的程门宗旨。在这一点上,他更接近于程颢的思想。"物"是论其形的,而"道"则是贯穿"物"并运行于"物"之中。对"道"与"物"的并重直接在其"格物"上体现出的是对内向与外向工夫的重视,甚至更为强调外向。当然,他对内向工夫并非忽略,他说:

> 诚意积于中者既厚,则感动于外者亦深,故伯淳所在临政,上下自然响应。②

在此,刘安节认为若内在意诚,则必会发于外。同时,刘安节对"格物致知"的诠释是对程颐思想的恪守,较之杨时。周行己、谢良佐等将"格物致知"囿于意识之内,刘安节对外在的"物"的强调具有某种纠偏的意义。

刘安上(1069—1128),字符礼,浙江永嘉人。其对"格物致知"亦同样强调,他说:

> 惟我与兄,总角相从,后来出处未尝不同。鼓箧帝京,跨岭涉江,留滞鳌盐,灯夜雨窗,间关百试,志莫肯降,获联优最,奏对宸枫。载念西游,担簦于洛,依归夫子,覃思力学,格物致知,会方守约。惟兄夙达,立有所卓,视彼众人,允矣先觉,不鄙疏庸,提诲磨琢。③

---

① (宋)刘安节:《刘安节集》卷三,第68页。
② (明)黄宗羲:《明道学案》下,《宋元学案》卷十四,第577页。
③ (宋)刘安上:《刘安上集》卷四,第225页。

刘安上叙述与其兄的从学历程，乃严遵师训，以格物致知为入学之方，这是其对程门话语体系的认同。他对如何格物并未论及，对"物"的诠释或者说在格物的指向上，他与其师、其兄保持一致，注重内外，但更偏重于外。

许景衡对"格物致知"亦格外重视，他说：

> 天子作人，其止是孚。其学维何？致知格物，反身而诚，物我为一。匪曰我私，推之斯行，亲亲长长，而天下平。①

他认为学问的入手之方就是"致知格物，反身而诚"，以此来达到洛学所追求的与万物为一的境界。他甚至对于他人奉行"格物致知"予以称赞，在给其他官员写的贺表中，他屡屡提及：

> 恭以某官致知格物，以道事君。②
> 某官厚德镇浮，至诚格物。出将使指，属部已被于澄清；入副简求，上圣方资于献纳。③

可见，许景衡只是无处不在强调"格物致知"的重要性，但对具体如何做则缺乏阐释，这其实是前期永嘉学派共有的特质。

朱子对永嘉学派基本上是持批评的态度，但是他的批评主要集中在以叶适为代表的后期永嘉学派上。对于前期永嘉学派，朱子尚有褒词：

> 永嘉前辈觉得却到好，到是近日诸人无意思。④

朱子并未详述缘由，对个体也少有评价，但仍可看出他对永嘉前期学者的赞赏之意。

---

① （宋）刘安上：《温州瑞安迁县学碑》，《刘安上集》卷十八，第516页。
② （宋）许景衡：《贺邓枢密启》，《许景衡集》卷十二，第440页。
③ （宋）许景衡：《张提举王提茶贺冬启》，《许景衡集》卷十三，第452页。
④ 朱杰人等编：《朱子语类》卷一百三十二，《朱子全书》（修订本），第18册，第4132页。

总的来说，早期的永嘉学派对二程所着力建构的"天理"本体并不感兴趣，而是对程颐所主张的"涵养须用敬，进学则在致知"进行阐发，并着力对"格物致知"进行解读。然这种解读较之程颐，却更为注重对万事万物的探究，也就是"开物成务"的探究，不像程颐的"格物"既注重对人伦之理的探究，也注重对外在万物的探究。前期永嘉学派诸人已经自觉意识到当时空谈性命的学风，并有意识地进行纠正。其实在二程那里，是强调体用一贯的，也就是内圣外王的一致，但由于立言过高，致使程门后学专务性命之学，忽视由此及用的一贯。这种纠偏的努力到后期永嘉学派那里，有矫枉过正之嫌，已然转成"见用不见体"的事功之学。

第五节　兼山学派

在程门后学中，兼山学派并非如道南、湖湘那样位列显学派，黄宗羲、全祖望在《宋元学案》中列有专门的学案，它由程颐弟子郭忠孝所创①，然后传之其子郭雍，郭雍再传至谢谔、蒋行简等，谢谔传至欧阳朴、黎立武等人，该派承继程颐《易》学思想，以《易》学为本，诠释《四书》，相互引证、相互发明，以跨文本诠释②的方式建构自己的哲学体系。兼山学派继承程颐"以义理解经"的传统。此学派之成名，乃因其学术思想的一脉贯通，而非地域性。兼山学派诸人中，唯有郭忠孝、郭雍、黎立武有著作传世，且黎立武为学派的集大成者。郭雍、谢谔与朱子交往甚密，曾就哲学问题进行往复辩论，对朱子思想的形成亦起到刺激和助力作用，但在朱子学兴起之后，兼山学派渐次走向衰落。

---

① 全祖望说："兼山以将家子，知慕程门，卒死王事。白云高蹈终身，和靖所记党锢后事，恐未然也。郭门之学，虽孤行，然自谢艮斋至黎立武绵绵不绝。"［参见（明）黄宗羲《宋元学案》卷二十八，第1026页］在全氏看来，郭忠孝之学虽由其子郭雍继承，但自谢谔、黎立武始，学派则绵绵不绝。朱子与郭雍、谢谔曾就哲学问题进行往复辩论。关于此学派，孙劲松曾予以考证，但仍有丰富的空间。（参见孙劲松《兼山学派考》，《中州学刊》2005年第9期）

② "跨文本诠释"的概念由刘笑敢先生提出，是指以一部作品的内容、概念、方法、命题等诠释另一部作品。详见刘笑敢《从注释到创构：两种定向、两个标准》，《南京大学学报》2007年第2期。

第三章 学派谱系与思想旨趣

一 以"乾道"建构形上本体

郭忠孝著《易说》《中庸解》，原书已经佚失，但其思想保存在《大易粹言》《厚斋易学》《中庸集说》《宋元学案补遗》等书中。在心性论上，郭忠孝着重突出对心性论的形上建构，在其现存史料中，未有对程门学派基点"天理"进行论述，而是他着重对与"理"对等的"道"进行阐述，他曾向程颐问道：

> 郭忠孝议《易传序》曰："易即道也，又何从道？"或以问伊川，伊川曰："人随时变易为何？为从道也。"①

在此辨答中，郭忠孝认同"易即道"。他首先强调"道"的遍在性：

> 道者，无不在也。夫妇之能知能行，亦道也；圣人不能知，不能行，亦道也。然则圣人何为而不知乎？今夫积土成山，积水成渊，自其积之始，虽愚夫愚妇之所能为，及其至也，草木禽兽，蛟龙鱼鳖之所生，蒸而为云气，降而为雨露，其神化妙用，变通百出，虽圣人亦所不能知，理亦然也。②

这是郭忠孝对《中庸》"君子之道"的解释。从释文中可知，郭氏认为"道"是无不在的，夫妇能知能行是"道"，圣人不能知不能行亦是"道"的体现。愚夫愚妇只要能久久用力，积少成多，自然可以入道，这是圣人不能比的。对于"道"，他说：

> 乾，天道也。天之道，刚健中正，唯中正可以应之。中则不欺，正则不邪，持此以履，虎尾可也。③

---

① （宋）程颢、程颐：《河南程氏外书》卷十一，《二程集》，第411页。
② 卫湜：《中庸集说》，漓江出版社2011年版，第109页。
③ （宋）方闻一：《大易粹言》卷十，文渊阁四库全书，台北商务印书馆1986年影印版，第139页。

> 乾,健也。健而不息之谓乾。盖天体于上,而日月星辰系焉,自古至今一息之不留,常行而不改,周旋而不殆,此万物之所从出也。犹人之精神之运,照知事物之不穷,体夫天道之不息者也。……乾于斯也,乘六气以御之,所以成变化、正性命,保合太和,摄利贞而复于元亨,故四德混而为一,乃所以用其光而复归其明者也。①

> 乾有天道,有人道,析而言之,则明乎天人;合而言之,是或一道也。今夫受命赋形于天地之中,亦各从其类也。本乎天者,全乎天;本乎地者,全乎地。②

在郭氏这里,他认为"乾"即"道"也,表现为一生生不息的创生本体。若分而言之,则区分为"天道"与"人道",若合而言之,则都是"道"。"道"的特性就是"生生不息",这"道"自古至今即"常行不改,周旋不殆",是万物所以出的根本所在。实际上,郭忠孝的解释类似于其师的观点,程颐说:

> 乾,天也。天者,天之形体;乾者,天之性情。乾,健也,健而无息之谓乾。夫天,专言之则道也,天且弗违是也;分而言之则以形体谓之天,以主宰谓之帝,以功用谓之鬼神,以妙用谓之神,以性情谓之乾。乾者,万物之始故为天。③

对比两者的观点,程颐以"天"释"乾","天"就是"道",并对"天"进行详细分析。而郭忠孝则继承程颐的观点,但比程颐说得更加明确,并将"乾"区分为天道和人道。

而"道"是如何下贯万物的,乃通过"气"而行之,这就是他说的"乾于斯也,乘六气以御之,所以成变化,正性命"。在其哲学中,他对

---

① (宋)方闻一:《大易粹言》卷一,第31页。
② (宋)方闻一:《大易粹言》卷一,第35页。
③ (宋)程颐:《周易程氏传》,中华书局2011年版,第4页。

"气"同样重视，他说：

> 物之生也，本乎一气。气之运也，本乎阴阳。天地者，氤氲以感之尔，何与于人乎！①

可见，郭氏认为"万物"因"气"而生，"道"是不动，乃因"气"而动。郭氏的"道气"观点与程颐的理气论内容相似，皆主张"理或道"与"气"在宇宙万物造化中的作用，只是在仅存的郭氏著作中，他尚未直接将"天理"与"道"等同为一，但从本源性的角度而言，在他的哲学中，"天道"与"理"在地位上是等同的。

在心性修养论上，郭忠孝对程颐所主张工夫的核心"敬"颇为看重，他说道：

> 何为敬，主一之谓敬。何谓主一，孟子曰"必有事焉之谓也"，必有事焉，则上天之载，可以驯致之也。②
>
> 文明之初，错然者也，不敬，何以行之？子入太庙，每事问，亦履错之敬欤！③

他的思想明显是对程颐"主敬"思想的继承，程颐说：

> 敬只是主一也。④
>
> 所谓敬者，主一之谓敬；所谓一者，无适之谓一。⑤

程颐认为"无适"是"一"。而郭氏认为"主一"就是孟子所说的"必

---

① （宋）方闻一：《大易粹言》卷二十五，第298页。
② （宋）方闻一：《大易粹言》卷二，第68页。
③ 王梓材、冯云濠：《宋元学案补遗》第三册，卷二十八，人民出版社2012年版，第1142页。
④ （宋）程颢、程颐：《河南程氏遗书》卷十五，《二程集》，第149页。
⑤ （宋）程颢、程颐：《河南程氏遗书》卷十五，《二程集》，第169页。

有事",也就是"心有所事"而不走作,不茫然。

同时,他亦对《中庸》的"诚"论道:

> 无妄即诚也,在《易》曰"无妄",至孔子文言及《中庸》而后言"诚",又至孟子则曰"性善",皆一也。然无妄有动象,故又为诚之见于有为者,如是则诚,然后无妄矣。以其本善,故诚。以其诚,故无妄,又为三者之序,不诚则妄矣。天人之分,其间不能以寸。①

对于"诚"与"无妄"之关系,朱子弟子陈淳对此渊源叙述甚明:

> "诚"字后世都说差了,到伊川方云"无妄之谓诚",字义始明,至晦翁又增两字曰"真实无妄之谓诚",道理尤见分晓。②

陈淳详述"诚"字诠释渊源。他认为程颐始将"无妄"与"诚"相联系,朱子则在此基础上以"真实无妄"释"诚",始将"诚"之意诠释明白。陈淳之说可谓确实。郭忠孝继承程颐以"无妄释诚"的思想,并对此加以分析。他将"善""诚""无妄"进行排序,认为"性善"则"诚","诚"则"无妄"。他肯认孟子的"性善论",认为其是所以"诚"的基础,且认为"诚"可"无妄","无妄"亦可至"诚"。

朱子对郭忠孝的心性修养批评道:

> 郭立之以不动心处已,以扩充之学教人,与王介父以高明中庸之学,析为二致何以异?③

因郭忠孝著作的缺失不存,此话出于何处已不可考,但从朱子的转述中

---

① （宋）方闻一:《大易粹言》卷二十五,第293页。
② （宋）陈淳:《北溪字义》卷上,中华书局1983年版,第32页。
③ 朱杰人等编:《答程允夫》,《晦庵先生朱文公文集》卷四十一,《朱子全书》（修订本）第22册,第1871页。

可知，郭忠孝是主张以孟子所说的"不动心"修己，以扩充之学教人。其实这两个在儒家这是不能截然分为二的，故朱子对其不满亦在情理之中。

总而言之，郭忠孝之思想涉及心性论的并不多，且都是零散不成系统的。但可以看出，其心性论思想实是沿着程颐的学术进路在探索，虽然这种探索并不深刻，但为其学派宗旨的成立奠定了基础。

二　以易洗心

郭雍（1106—1187），字子和，号"白云先生""冲晦处士"。秉承父志，以钻研《中庸》与《易传》为务，著作《郭氏雍中庸说》已不存，而《郭氏传家易说》则得以完整保存。郭雍思想较之其父，更为关注心性思想，而非如其父集中在形上建构。

（一）赤子之心

在郭氏哲学中，其对孟子所说的"赤子之心"非常重视，多所提及。他说：

> 孟子言"不失赤子之心"，此得天命之性者。①
>
> 童牛之牿，如大人不失赤子之心，或至于有害，当如九二说輹之道，故言豮豕之牙也，牛之所以为害者，角也；豕之所以为害者，牙也。童牛则止于角未生之初，故其止也。易豕既有牙，斯不可止，必除其牙则不为害矣。是犹君子必尽去人欲，然后天性、良心可得而复也。童牛未尝失，天性无欲可去，故大人不失赤子之心，似之牙豕已有失矣。盖已陷于人欲者，故求其放心之论，似之能求其放心，是以吉而有庆也，复之不远，复颜子之克己，复礼其义，皆相近有喜者，自得于一心而已。有庆者，喜之广大及物之意。盖五为君道与四不同，能尽己之性，以尽人物之性，赞天地之化育，其庆

---

① 刘辰翁：《郭兼山冲晦〈中庸说〉序》，《须溪集》卷六，文渊阁四库全书，台湾商务印书馆1986年影印版，第525页。

岂不大哉。①

　　孟子言"大人不失赤子之心"，此童牛之牿之象也，吉孰大于是哉，牿牢之也。童牛不必牿而牿之，君子戒惧乎，其所不睹也，赤子之心，良心也。②

"赤子之心"在程门中是热点问题，我们首先看程颐与弟子对其的解释：

　　伊川曰"保民如赤子，此所以为大人"，谓不失婴儿之心，不若保民如赤子为大。
　　吕曰："喜怒哀乐之未发则赤子之心，当其未发，此心至虚，无所偏倚，故谓之中。以此心应万物之变，无所往而非中矣。"
　　先生曰："喜怒哀乐未发之谓中，赤子之心发而未远乎中，若便谓之中是不识大本也。问杂说中以赤子之心为已发是否？"曰："已发而去道未远也。"曰："大人不失赤子之心，若何？"曰："取其纯一近道也。"曰："赤子之心与圣人之心若何？"曰："圣人之心如明镜、如止水。"
　　杨曰："赤子之心发而未离大本也，故言大人以此而已，语化之则未也。"
　　尹曰："赤子之心，纯一无伪。"③

程门弟子对"赤子之心"理解不尽相同。基本可分为两派：一是认"赤子之心"为未发，为纯一不杂之"天命之性"；一是认为"赤子之心"为已发，已经杂入气质。而郭雍并没有以"未发已发"来解释"赤子之心"，他认为孟子所言的"赤子之心"就是"良心"，乃是得之于"天命之性"，在此意义上，郭雍的"赤子之心"就是孟子所说的"本心"，故与吕大临思想接近。他以童牛为例，当其角未长之时，纯然无二，而一

---

①　（宋）郭雍：《郭氏传家易说》卷三，文渊阁四库全书，台北商务印书馆1986年影印版，第102页。
②　（宋）郭雍：《郭氏传家易说》卷三，第102页。
③　朱杰人等主编：《孟子精义》卷八，《朱子全书》第7册，第732页。

旦长出后，则狠斗之心萌生。人也一样，"赤子之心"是人所尽有的，在起初人欲未萌发，天理尚存。但至后来，则放而不去求，以致人欲日穷，天理日灭。郭雍虽没用"未发已发"来解释"赤子之心"，但他分"赤子之心"前后两种状态，实际上与"未发已发"之意相近。"赤子之心"如此重要，如何保持而不丧失，郭雍论道：

> 大畜，畜无妄之道而已。无妄之道，天道也。有无妄之道，则可畜，犹有天命之性，则可率而循之，是以君子存其心，养其性，使不失赤子之心者以此。①

在此，他以"无妄之道"类比，认为"天命之性"是本，有此则可存心养性，从而保持赤子之心，以求存天理，灭人欲。可见，郭雍的思想是对当时共同的道学话语的回应。

（二）以易洗心

探究《易》书，关键是要探寻"易之道"，早在程颐那里，已经确定这一为学标准，他说：

> 《易》是个甚？《易》又不只是这一部书，是《易》之道也。不要将《易》又是一个事，即事（一作只是）尽天理，便是《易》也。②

这段话的意思是明显的，程颐认为《易》之道就是要"即事尽天理"。这是程颐对《易》的基本看法，兼山一系肯认不二。

"洗心"之说并非郭雍之发明，乃《周易》原文。郭雍独拈"洗心"，多所发明。他说：

---

① （宋）郭雍：《郭氏传家易说》卷十，第267页。
② （宋）程颢、程颐：《河南程氏遗书》卷二上，《二程集》，第31页。此段话出于谁是有争议的，《宋元学案》《大易粹言》等皆认为是程颢所说，而在《程氏易传》中则认为是程颐所说，《二程遗书》出自吕大临所作的《东见录》中，未标明谁说，从程颐作《易传》，且出现在此书中，认定为程颐所说。

> 圣人以此洗心者，以易洗心也。圣人之用易也，随用随取，随取随足，故能无思无虑，以涤其心。盖其酬酢应变在易，不在心，则心无留事，亦无应变之方。非洗心而何，故其修身、齐家、治国平天下之道，莫不一本于易，微而至于耒耜舟楫、臼杵弧矢之用，亦必取诸益、取诸涣、取诸小过、取诸睽，圣人皆无容心焉。是所以能洗心而退藏于密也。……圣人用易亦不过三者之道也。所谓洗心用易者，如此虽圣人吉凶之患不得不与民同，然无心受之，亦无妄之道也。夫何患焉，若是者，非神之妙足以知方来，非知之崇足以藏已往，又安能与于洗心之道哉。古之聪明睿智之君，神武不杀而天下治者，盖得洗心退藏之道也。是知心之为物，用之则尘滓，不用则清明，众人不知不用之术，而圣人独明，不用之道，故圣人洗心在此，而众人莫之知也。①

在郭雍的诠释中，他将"易"与"洗心"相联系，认为圣人只是"以易洗心"。何谓"易"，郭雍认为易之义主要在"流行变易"。圣人用"易"，没有私智，随时取用，故能无思无虑，从而洗涤其心。圣人之所以能酬酢万变，在"易"不在"心"，治国平天下之道在于"易"。圣人用"易"的三者之道即志、业与疑。当然，"心"在这里并非无用，"洗心"即为"易"做准备。他说："心之为物，用之则尘滓，不用则清明"，这并非是要不用"心"，这里主要指"私心"，心一发用，则容易私欲流行。那么，何为"洗心之道"？他说：

> 天下所以大过人者无他焉，能通其变而已。是以圣人以此洗心，不敢自用其私智也。②
> 圣人修身、齐家、治国、平天下皆可取而用之，以成日新之德，富有之业。又何必焦心劳思，任一已之独智，而后可以有为于天下

---

① （宋）郭雍：《系辞上》，《郭氏传家易说》卷七，第233页。
② （宋）郭雍：《系辞上》，《郭氏传家易说》卷七，第237页。

乎，夫是之谓洗心。①

古之圣人，所以利天下者，非自用其私智，皆有取于易，此圣人洗心之道也。②

圣人用易无他焉，欲不自用其心耳。盖自用其心，则是有心于成败好恶，皆私心也。不自用其心，则酬酢万变，皆取诸《易》，成败好恶，圣人无容心焉。此所谓洗心也。③

在这几段引文中，郭雍所强调的是圣人用易不是因为别的，只是不"自用其心"，因为"自用其心"，则会纠结于成败好恶，私心生焉。故为防微杜渐，则舍"心"而用"易"，他认为"洗心之道"即是抛弃私智的戕害，抛弃"任一己之独智"，一切以"易"为准，以"易"洗心，这就是洗心之道。同时，他亦将斋戒设为洗心的条件，而认为"洗心"的目的是明德。圣人与众人的区别就在于众人任"心"而行，圣人是任"道"而行，若能以"道"为天下之公，则足以做到"洗心"。郭氏的"洗心"说看到私心的戕害之处，故主张通过以"易"来洗心，其实也就是要通过去除私心，恢复被遮蔽的天理。后来朱子对此明确解释道：

圣人以此洗心，退藏于密，是以那易来洗濯自家心了，更没些私意小智在里许，圣人便似那易了。④

圣人以此洗心一段，圣人胸中都无纤毫私意，都不假卜筮，只是以易之理洗心，其未感物也。湛然纯一，都无一毫之累，更无些迹。⑤

较之郭雍，朱子的解释更为明确。他认为"以此洗心"就是以"易之理"来洗濯心，当然这不是实指，也就是通过体"易"、践"易"来扫除内心

---

① （宋）郭雍：《系辞下》，《郭氏传家易说》卷八，第240页。
② （宋）郭雍：《系辞下》，《郭氏传家易说》卷八，第243—244页。
③ （宋）郭雍：《系辞上》，《郭氏传家易说》卷七，第236页。
④ 朱杰人等主编：《朱子语类》卷七十五，《朱子全书》（修订本）第16册，第2560页。
⑤ 朱杰人等主编：《朱子语类》卷七十四，《朱子全书》（修订本）第16册，第2513页。

的私欲，无纤毫私意，至此心可浑然此理，使"心"纯任天理流行。明代的高攀龙在与学生问答中说：

> 有言"以易洗心是二物"，何如？先生曰："此言固好，然以此洗心岂不是以易洗心，须知易方是心，心未必是易，到得憧憧往来之心变成寂然不动之心，浑是易矣。岂不是以易洗心！"①

高攀龙区分"心"与"易"，认为"易"可释"心"，而"心"不可释"易"，他解释"以易洗心"的过程，是将憧憧往来之心变为寂然不动之心，也就是去除纷乱之私心，恢复本心之静。从朱子、高攀龙的视角有助于理解郭雍的思想。

在心性修养上，他还借《孟子》《周易》中的思想予以阐发，他强调"尽心知性"，他说：

> 圣人以中庸为至者，道之用也。自一心之正，推而及乎天下；自一性之尽，推而至于尽物，皆用也。所谓精义入神，以致用者此也。②

他认为由正心推致天下，尽性推至尽物，这都是道之用的体现。郭雍强调正心尽性的重要性。他又论道：

> 人性本静，及其尽之也，又足以尽人、尽物而至于参天地赞化育。③
> 天命之性，初未失也，皆以不中不正则失之，其能自修，使不失其性者，无他焉，中正而已。④

---

① 《东林书院志》整理委员会整理：《东林书院志》（上），中华书局2004年版，第146页。
② （宋）郭雍：《系辞下》，《郭氏传家易说》卷八，第247页。
③ （宋）郭雍：《下经》，《郭氏传家易说》卷五，第171页。
④ （宋）郭雍：《下经》，《郭氏传家易说》卷五，第167页。

以上引文，郭雍都在强调"尽性"之重要性。他认为人性本静，若能充分实现人性，则可以向外推至人，推至物，推至天地，这是由人到天。为何人不能尽性？郭雍认为人在最初的时候，天命之性是保全的，但因为后天的不中不正，以致失去原初的"天命之性"，人若能自觉涵养，则可复性，复性的方法就是中与正。郭雍的思想其实也就是张载、二程所强调的变化气质，不同的是他主张通过"中正"来实现目的。

朱子与郭雍有所交往，并就《易》学问题进行往复辩论①，且有共同弟子黄䇅。对于郭雍，他论道：

> 郭冲晦有《易》文字说，《易》卦都从变上推问。一二卦推得，岂可都要如此，近多有文字出无可观。②
>
> 郭冲晦……所以有牵合之病，解释经义最怕如此。③
>
> 郭子和《中庸》，顷曾见之，切不可看，看着转迷闷也。其它所欲文字，合用者前已附去，其他非所急者更不上内，想自晓此意。千万息却此心，且就日课中逐些理会，悫实践履，方有意味，千万千万。④

从以上引文中可看出，朱子对郭雍评价并不高，对精心所著之书多加否定，认为其文字无可观，解经有牵合之病。但从朱子的另一评判中，可以看出郭雍在性论上的主张，他说：

> 郭子和性论与五峰相类，其言曰"目视耳听，性也"，此语非也。视明而听聪，乃性也。箕子分明说"视曰明、听曰聪"，若以视听为性，与僧家作用是性何异？五峰曰"好恶，性也，君子好恶以

---

① 《朱文公文集》存《与郭冲晦》两篇，一篇讨论辑书，一篇讨论象数。朱子弟子滕珙所辑《经济文衡》存两篇朱子答郭雍书信，只见朱子答语，不见郭雍思想。朱子还对郭雍的《蓍卦》进行辨误考证。
② 朱杰人等主编：《朱子语类》卷一百零一，《朱子全书》第17册，第3360页。
③ 朱杰人等主编：《朱子语类》卷七十一，《朱子全书》第16册，第2414页。
④ 朱杰人等主编：《答胡宽夫》，《晦庵先生朱文公文集》卷四十五，《朱子全书》第22册，第2070页。

道，小人好恶以欲"，君子小人者，天理人欲而已矣。亦不是。盖好善恶恶，乃性也。①

郭氏因著作佚失，论"性"思想并不可见。从朱子的论述中可知，郭雍曾说过"目视耳听，性也"，朱子认为这实际就是佛家的"作用是性"，与胡宏观点类似，也就是以心之知觉活动论"性"，这就容易把"心"的一切活动，都当作"性"的自然呈现，使人恣意妄为，故为朱子所反对。

三　黎立武的思想

黎立武（1246—1313），字以常，号寄翁，江西新余人。他于景定三年（1262）进入太学学习，并在咸淳四年（1268）进士及第，历任镇南军节度判官、袁州通判、秘书省校书兼庄文府教谕、奉议郎、承议郎、军器少监国子司等职。南宋灭亡以后，他绝意仕途，拒绝元廷征召，返乡建蒙山书院，收徒讲学，以行其道，一时四方学者问学不断，声名远播。文天祥称："震荡以来，吾江西一佛出世，引领愿拜"②，吴澄亦赞其"雍容和粹气象，仿佛程伯子云"③，吴氏此言虽为类比之言，但也一语中的，黎立武确为两宋之际颇具影响的程门学者。吴澄曾述其学行道："官秘省时阅官书，爱二郭氏《中庸》，郭游程门。新喻谢尚书仕夷陵，尝传其学。将由谢溯郭，以嗣其传"④，这句话很清晰地指出黎立武的学术渊源，他在为官期间，非常钟情于程门郭忠孝、郭雍父子的《中庸》学著作，二郭之学由弟子谢谔传承，谢谔之学又深刻影响黎立武，必须指出的是，黎立武并没有直接师承谢谔，因为谢谔在1194年就已经去世，但谢谔曾在新余传道讲学，黎立武或受学于谢谔弟子亦未可知，但无论何者，黎立武确是兼山学派的续传者，全祖望曾说："郭门之学虽孤行，然

---

①　朱杰人等主编：《朱子语类》卷一百零一，《朱子全书》第17册，第3385页。
②　（宋）文天祥：《与隆兴黎节判立武》，《文山先生全集》卷五，商务印书馆1936年版，第151页。
③　吴澄：《元中子碑》，载黎立武《中庸分章》附录，丛书集成初编，中华书局1985年版，第20页。
④　吴澄：《元中子碑》，载黎立武《中庸分章》附录，丛书集成初编，第19页。

自谢艮斋至黎立武,绵绵不绝"①,以此可见黎立武的学术地位。黎立武一生著作等身,但多数佚失,仅存的有《大学本旨》《中庸指归》《中庸分章》《大学发微》这些经典注解著作等,也因此故,黎立武的学术成就主要体现在经学方面,具体来说:

(一) 以《易》诠释《中庸》

兼山学派是直承程颐的学派,自创始人郭忠孝起,就非常重视《中庸》,黎立武自不例外,他曾述及这一学派传统:

> 盖《中庸》之学初兴,议论然尔。兼山继登程门,终始中庸之道,体用之说,足得于心传面命者也。程子尝为《中庸》作注,至是焚稿,而属兼山以书传之。乃知游氏、杨氏所得于师者,初年之论也。吕氏以深潜缜密称,足颇融贯,而其师始未然之者,未定之论也。盖至兼山,则师弟子之讲,贯熟决择审矣。然则求中庸之道于伊洛、微兼山氏,吾谁与归?②

在这段话中,立武勾勒出程门《中庸》学的传衍脉络,程颐曾作《中庸》,后不满己作,焚毁书稿,令弟子郭忠孝重新撰写,而杨时、游酢等弟子所传不过是程颐早年的学问,吕大临则是未定之论。也就是说,郭忠孝所传才是程门正统,由郭忠孝之学可溯及程门正统,这就是黎立武愿学郭氏之学的缘由所在。当然,黎氏所言乃出于自身学统考虑,不免有过分突出郭忠孝在程门的学术地位之处。我们需要追问的是,为什么立武对郭氏《中庸》学如此钟情呢?在立武看来,那是因为"程门惟兼山深于《易》,故得《中庸》之义焉"③,也就是说,郭忠孝得益于在《易》学方面的卓越成就,故而能够真切领会《中庸》内涵。这也从另一个角度折射立武的看法,那就是通晓《易》是理解《中庸》的前提和条

---

① (明)黄宗羲:《兼山学案》,《宋元学案》卷二十八,全祖望补,第1026页。
② 黎立武:《中庸指归》,文渊阁四库全书,台湾商务印书馆1986年影印版,第719—721页。
③ 黎立武:《中庸指归》,第720页。

件。也因此故，立武在诠释《中庸》时择取了《易》学的进路。我们首先来看立武对《易》和《中庸》的认识和定位：

  六经四书，名义微奥，惟见于《易》与《中庸》，贯先天后天之道曰"易"，该全体大用之道曰"中庸"。①
  《中庸》之道出于《易》。②

黎立武的意思非常明确，六经四书当中，唯有《易》和《中庸》最能体现六经四书的精义，因为《易》统摄先天、后天，而《中庸》则关涉体用之学。立武之言将《易》《中庸》在六经四书中的地位提揭和凸显出来，且多借用《易》的概念和范畴对《中庸》进行诠释，首先来看立武对《中庸》的释名，他在《中庸指归》开篇即指出："中者，在中之义，正位居体之名也……所谓中之体者，易也"③，立武的这种解释很明显是吸收了《易》学的思想，不仅将《易》所讲的"正位居体"用来释"中"，凸显"中"的不偏不倚之义，更将"易"作为"中"之体来看待，这种易学化的诠释在《中庸》诠释史上是较为独特的。至于"庸"，立武指出：

  庸之为义常也，用也。……乾九二曰："庸言之信，庸行之谨……"《系辞》于中孚九二爻辞广之曰："言出乎身，加乎民，行发乎迩，见乎远。言行，君子之枢机，枢机之发，荣辱之主也，可不慎乎！"④

对"庸"的解读，程颐释为"不易"，朱子则不赞同此说，释为"平常"，因为在朱子看来，"唯其平常，故可常而不可易"⑤，立武则兼取

---

① 黎立武：《中庸指归》第721页。
② 黎立武：《中庸指归》第715页。
③ 黎立武：《中庸指归》第715页。
④ 黎立武：《中庸指归》，第716页。
⑤ （宋）朱熹：《中庸或问》，《朱子全书》第6册，第549页。

"庸"之古义"用"与朱子"平常"之义,更为重要的是,他再度引用《易》来佐证这一观点。综合来看,立武对《中庸》的释名既有对前贤的因循,又有自己的创获,尤其是以《易》来解释《中庸》可谓是其《中庸》学的诠释特色,在《中庸》学史上亦颇具价值和意义。

(二)《大学》之道出于《易》

黎立武所处的时代,是朱子的《四书章句集注》深入人心、为世所尊的时期,这当然也包括《大学章句》在内,尤其是朱子对《大学》的改本已经被广为接受,但立武并不盲从权威,对朱子的《大学》改本亦不措意,反而尊崇古本,当然这种尊崇正如许家星指出的:"黎氏倡导的古本,并非纯粹古本,而是经过了轻微处理之古本。……赞同伊川'亲民'之'亲当作新',认同经传之分。在未调整文本的情况下,将古本分为8章。其1经7传与《章句》1经10传的最大差别在于取消了格物补传章,将阐发三纲的传文三章皆并入一章。"① 以此可见,黎氏所尊确然与朱子存在较大差异。不唯如此,立武在诠释《大学》时,继续贯彻其以《易》解释经典的经学特色。我们先来看立武对《大学》宗旨的发凡:

> 《大学》,其曾子之书乎!曾子传道在一贯,悟道在忠恕,造道在《易》之艮,曾子尝曰:"君子思不出其位",此艮象也。学《大学》者,其以是求之《大学》之道。②

立武此说有多重意蕴,一是重申《大学》乃曾子所作;二是将曾子的学术贡献提揭出来,尤其是指明曾子造道在《易》之艮,这就强化了《大学》与《易》的关联;三是点出求《大学》之道在《易》之艮。而就第三点来讲,实是渊源有自,因为程颐早就说过:"读《华严经》不如读一《艮》卦"③,程颐弟子郭忠孝承继师说,其学也强调和推崇《艮》卦的

---

① 许家星:《程门学派对朱子学的挑战及与王学之遥契》,《哲学研究》2015年第8期。
② 黎立武:《大学发微》,文渊阁四库全书,台湾商务印书馆1986年影印版,第737页。
③ (明)刁包:《易酌》卷九,文渊阁四库全书,台湾商务印书馆1986年影印版,第1119页。

独特地位，到立武这里，继续延续这一传统，发挥艮卦之精义，用来解读和诠释《大学》：

> 艮，人道也，为人则有身，身、艮，一也。艮向为身，身背为艮，故观身于艮，而得不获其身之理？则复乎正位，而造乎诚中……吾观《大学》以修身为本，故知有得于思不出位之艮也。①

《艮》卦卦辞为"艮其背，不获其身，行其庭，不见其人，无咎"，立武借对这段话的诠释来解读《大学》宗旨，将其与艮卦联系起来，因为《大学》宗旨是以"修身"为本，而"艮""身"是一体的，通过"艮"可以观身，更可以契合《大学》的"修身"宗旨。不唯如此，立武更为明确地指出："《易》以止，《大学》以知止"②，艮的本义就是止，立武此言将《易》《大学》的宗旨标举出来，尤其是用"止"（艮）来打通《易》和《大学》，从而为其提出"《大学》之道出于易"埋下伏笔。下面我们从几个《大学》的重要概念入手，来一窥立武的经学特色。首先来看对"大学"的解题，在立武之前，学界较为普遍的看法是大学是与小学相对应的大人之学，尤以朱子为代表，而立武则给予不同的解释，他说：

> 大学者，大成之学也。《学记》云知类，强立谓之大成，是以化民易俗，此大学之道也。③

由上可见，立武对"大学"的解题确实不同以往，他完全是借用《学记》的"九年知类通达，强立而不反，谓之大成。夫然后足以化民易俗，近者说服而远者怀之，此大学之道也"来破题，强调的是在博学通达、坚强意志的基础上去教化百姓、更化风俗，如此才是大学之道，很明显他

---

① 黎立武：《大学发微》，第738页。
② 黎立武：《大学发微》，中华书局1995年版，第3页。
③ 黎立武：《大学发微》，第740页。

凸显和偏重的是立人达人，而不是一己之德。这种解读与朱子一系确然不同。在"新民"与"亲民"之争上，立武言道：

> 新民者，民同此性、同此德，但气拘习染，不能全其本然。圣贤以道觉民，使人知有此明德，变化气质，洗涤习俗，而新其德。盖因其自有而觉之，如因物之旧而新之也。①

这里，立武虽尊崇古本《大学》，但并不采用古本之"亲民"义，而是一尊朱子之"新民"义，强调通过变化气质，除却习心，革新道德，复其本性，这显然是从教化的维度考量的。由此也可见立武并不是完全不打折扣地采纳古本，而是参酌时宜，有所改动。最后，在对"格致"是否缺传的问题上，立武又有自己的看法，他反对朱子所作的补传，那不过是多此一举，因为：

> 自知止以下，发明格物致知之义已尽。下章先揭诚意一条继之，此知至而后意诚之序也。②

立武的意思很明确，那就是《大学》自"知止"以下，皆是发明"格物致知"之义，因此《大学》本是一个自足完善的系统，并不像朱子所言的缺格致补传。综上可知，立武对《大学》的诠释既有创新，又有沿袭，整体上开显出不同于朱子的诠释之路。

总的来说，黎立武的学术成就主要体现在《大学》和《中庸》上，他延续和发展了兼山学派一以贯之的学术传统，使兼山学派学脉得以延续和光大，尤其是其对《易》学的借重，将自程颐以来的重视《易》学的学派传统发挥得淋漓尽致，如陆游就鲜明地指出："程氏易学，立之父子实传之。"③ 立武接续立之父子之传统，进一步推进易学与四书的义理

---

① 黎立武：《大学发微》，第 740 页。
② 黎立武：《大学发微》，第 743 页。
③ （宋）陆游：《跋兼山先生易说》，《渭南文集》卷第二十七，文渊阁四库全书，台湾商务印书馆 1986 年影印版，第 515 页。

关联，提升四书的哲学内蕴。同时，黎立武的学术特质也使我们认识到朱子虽完成了对程门后学的清算和整理，但程门学术并没有完全被朱子所掩盖，仍然有如立武这样的在发扬着程颐的学术传统。而这一思想意义正如许家星指出的："作为主要活跃于元初的程门后学，黎立武据兼山一派的易学思想，发起对朱子道统地位的挑战，表明程门学派内部其实有着很复杂的情况。除影响较大的道南一脉、湖湘一派外，兼山学派等其他程门学派亦非常值得注意。……程门学派是复杂多元的，朱子所继承融合的是程门思想之大部而非全体，应重视程门之学的内在分化及其传衍的研究。"①

第六节　涪陵学派

涪陵学派由程门弟子谯定创立，由"定易学得之程颐，授之胡宪、刘勉之，而冯时行、张行成则得定之余意也"②及"（张浚）公往候见至再三，定开关延入"③可知，谯定之学，由胡宪、刘勉之、张浚、冯时行和张行成五人传承而光大，且胡宪、刘勉之是朱子早期的老师。张浚乃张栻之父，朱子曾为其做行状，对朱子早期思想的形成起到了定型和促成的作用。涪陵学派与兼山学派一样，皆是秉承程颐易学思想而形成的学派。不同的是，兼山学派主要以《中庸》和《周易》为经典依托，以《周易》诠释《四书》，而涪陵学派则独以《周易》为宗，在这五人中，谯定著作不存，胡宪和刘勉之则无著作传世，冯时行有《缙云文集》传世，《易论》已佚失，散见于《厚斋易学》中，而张浚和张行成则有完整易学著作传世。"由于谯定不只是师承于程颐，还从蜀人郭曩氏受象数易学，所以其后学亦有义理派和象数派之分（相对而言），胡宪、刘勉之、

---

① 许家星：《程门学派对朱子学的挑战及与王学智遥契》，《哲学研究》2015 年第 8 期，第 39 页。
② （明）黄宗羲：《刘李诸儒学案》，《宋元学案》卷三十，全祖望补，第 1079 页。
③ 朱杰人等主编：《少师保信军节度使魏国公致仕赠太保张公行状》，《晦庵先生朱文公文集》卷九十五上，《朱子全书》第 25 册，第 4363 页。

张浚属义理派,冯时行、张行成为象数派"①,且二人思想与程颐易学思想多无关涉,故从洛学思想的发展的角度而言,本章只以谯定、胡宪、刘勉之、张浚四人为对象,予以阐发。

一 明心见性

(一)谯定

谯定、胡宪、刘勉之著作不传,检索史料仍可窥其思想之痕迹。三者皆染佛倾佛,其思想颇有佛学倾向。谯定只存《答胡藉溪论〈易〉》和诗《牧牛图》,以及散见于史料的只言片语。综合而论,谯定的思想主要集中在心性工夫上:

1. 明心见性

此一思想可从谯定所做《牧牛图诗》窥见。谯定在此诗序言中道:

> 学所以明心,礼所以行敬,明心则性斯见,行敬则诚斯至。②

谯定认为"学"是为了内求"明心",而非知识性的外求。他在回答胡宪的疑问中,以"盖心为物溃,故不能有见,唯学乃可明耳"③答之,重申在"心"上做工夫的重要性,认为"心"为物欲所染,若欲"心"明,则须通过"学"而成。"明心"还不是最终目的,而是为了"见性"。从这只言片语中,很难看出谯定"明心见性"的详细内涵,但他的主张已经与佛教相同。对于佛学之"明心见性",朱子首先区分儒佛两家对"心""性"的异同:

> 儒释言"性"异处,只是释言"空",儒言"实";释言"无",儒言"有"。吾儒"心"虽虚而理则实,若释氏则一向归空寂去了。④

---

① 栗品孝:《宋代理学名儒与四川易学》,《中华文化论坛》2000年第2期。
② 朱杰人等主编:《朱子语类》卷六十七,《朱子全书》(修订本)第16册,第2248页。
③ 朱杰人等主编:《籍溪先生胡公行状》,《晦庵先生朱文公文集》卷九十七,《朱子全书》(修订本)第25册,第4503页。
④ 朱杰人等主编:《朱子语类》卷一百二十六,《朱子全书》(修订本)第18册,第3933页。

朱子认为对于"性"，儒、佛对"性"的界定是不同的，释氏是"空"，是"无"，儒家是"实"，是"有"，而至于"心"，他认为儒学所讲的"心"是虚灵精透的，但所具之"理"则是"实有"的，而佛氏则是一切皆"空"。基于儒佛对"心""性"的不同认识，儒、佛两家在向下推衍时出现差异，他说：

> 学者问曰：《遗书》曰"孟子曰尽其心者，知其性也"，彼所谓"识心见性"是已。若存心养性一段事则无矣。窃谓此一段事，释氏固无之。然所谓识心见性，恐亦与孟子尽心知性不同，尽心者，物格知至，积习贯通，尽得此生生无穷之体，故知性之禀于天者，盖无不具也。释氏不立文字，一超直入，恐未能尽其心而知其性之全也。①
>
> 释氏自谓"识心见性"，然其所以不可推行者，何哉？为其于性与用分为两截也。圣人之道必明其性而率之，凡修道之教无不本于此，故虽功用充塞天地而未有出于性之外者，释氏非不见性，及到作用处则曰："无所不可为。"故弃君背父，无所不至者，由其性与用不相管也。②

朱子对佛教的"明心见性"或"识心见性"一贯是持批评态度的，他不仅认为释氏的"明心见性"与孟子的"尽心知性"不同，且认为佛氏亦没有"存养养性"一段事。究其原因，朱子首先认为佛学的"识心见性"之所以不可能，是因为将"体"与"用"分为两截，它也是要见"性"，但在发用处却无所不为，即使放弃人伦亦在所不惜。而儒家则是体用一贯，一切皆本于"性"。退一步讲，佛学偶尔亦能略见心性，但却不能明理，因为他认为"释氏指理为障，而兀然坐守无义之语，以俟其侥幸而

---

① 朱杰人等主编：《答胡季随》，《晦庵先生朱文公文集》卷五十三，《朱子全书》（修订本）第22册，第2521页。
② 朱杰人等主编：《朱子语类》卷一百二十六，《朱子全书》（修订本）第18册，第3962页。

一得也"①，也就是佛氏不穷理，反以"理"为障碍而要去之。从谯定的行状和生平叙述中看，他确实对佛教情有独钟，下面我们从他所做的诗中来分析他的思想，上述《序言》是对全诗核心内容的概括，为方便分析，现将全诗摘录如下：

喜见双眸白，通身黑尚全。整思南亩稼，还忌牧童鞭，妄色无轻学，非观已屡俊。回光惟圣道，此外竟何缘？

耳角冰霜洁，须知听不讹。法言缘理辨，邪说自心诃。响外聆微旨，音中味太和。淫荒无复入，非礼莫之何！

白口缠圈索，言非驷莫追。心声休妄发，敬道复何疑？正信通神鉴，渊谈协礼仪。能为天下则，诚自我无欺。

四足虽更白，犹宜鼻索拘。草田方缓执，禾径未相逾。步步无非履，心心向大途。见闻言动事，至此竟何殊！

鼻索何劳执，长鞭已弃闲。大田随俯仰，古道任回环。义草餐清野，仁泉饮碧湾。德纯非用牧，危坐对层山。

一饱心休息，安眠百不知。有形随处寄，毋意复何疑！用舍非关念，优游绝所窥。相忘人世外，惟有牧童儿。

圈索虽牵执，从兹牧者亡。何心拘小节，平步蹈中常。饥饱随时过，行藏任运将。青山春草绿，逢处可充肠。

日暖随方去，天寒隐有余。当行非俟牧，可止便安居。饮食和粗细，周旋契疾徐。权几虽运用，岂外是如如。

相尽云何故，心融孰是牛？我人依妄立，学行假名修。不见当选迹，宁知有后由。鞭绳应到此，聊为且存留。②

《牧牛图》本是禅宗的经典作品，由十幅画组成，每幅画由一个人和一头牛构成，牧牛人喻指凡世的修行者，而牛则代表修行者的境界或心，说

---

① 朱杰人等主编：《答陈明仲》，《晦庵先生朱文公文集》卷四十三，《朱子全书》（修订本）第22册，第1945页。
② （宋）阮阅：《诗话总龟》后集卷七，文渊阁四库全书，台湾商务印书馆1986年影印版，第694页。

的是修行者由最初的最低级的"黑牛"经过自修体认达至"白牛"的最高境界。谯定此诗乃融佛学思想而作,也可以说是对《牧牛图》的解读,作于何时不可考,但其倾佛之意显而易见。此诗内容是借佛学思想为其"明心见性"作的注脚,层层推进,最后至融会贯通之境界。

2. 以识本体为先

谯定易学最重要的思想即在对"见乃谓之象"①的诠释上,这是谯定教胡宪学《易》时所说,我们从朱子与弟子的问答中看一下具体的内容:

> 问:"籍溪见谯天授问《易》,天授令先看'见乃谓之象'一句,籍溪未悟。"他日又问天授曰:"公岂不思象之在道,犹易之有太极耶?"②
>
> 问:"籍溪见谯天授问《易》",天授曰"且看见乃谓之象一句,通此一句则六十四卦、三百八十四爻皆通。"籍溪思之不得,天授曰:"岂不知易有太极者乎!"③

从朱子与弟子的转述中可知,谯定认为"见乃谓之象",不能单从文义上理解,他认为要从更高的层次上理解,也就是说"象"在道中的位置,如同"太极"在《易》中的位置,且通此一句,即可通晓《易》。显然,谯定有意从本体层面上理解"象",主张让胡宪先从"本体"入手,认识本体,方是为学工夫,此即"上达而下学"④之路。"见乃谓之象"本意是指变化的东西有所显现即是表象,而谯定则从更高意义上来理解。在此,谯定所要说的确实与佛教工夫相似,也接近程颢的直从本体入手之学。朱子对其的批评也正在于此:

---

① 栗品孝先生曾对此有深入分析,此处亦借鉴其研究成果。参见栗品孝《谯定所谓"见乃谓之象"考释——兼论与朱熹〈易〉学的分歧及其意义》,《宋代文化研究》第九辑,巴蜀书社 2000 年 8 月,第 266—272 页。
② 朱杰人等主编:《朱子语类》卷六十七,《朱子全书》(修订本)第 16 册,第 2247 页。
③ 朱杰人等主编:《朱子语类》卷六十七,《朱子全书》(修订本)第 16 册,第 2247—2248 页。
④ 朱子说:"圣门之学下学而上达……释氏之说上达而下学。"[朱杰人等主编:《答廖子晦》,《晦庵先生朱文公文集》卷四十五,《朱子全书》(修订本)第 22 册,第 2077 页]

其说未是。不过熟读精思，自首至尾，章章推究，字字玩索，以求圣人作《易》之意，庶几其可一言半句如何便了得？①

如此教人只好听耳，使某答之，必先教他将六十四卦自乾坤起至杂卦，且熟读晓得源流方可及此。②

朱子亦认为谯定立论太高，妄想通一卦即可通全卦，没有循序渐进，而是力图简易直接。

（二）胡宪、刘勉之

谯定自少喜佛，以致其思想与佛学实难分清，朱子亦因此批判谯定，但谯定的倾佛之心性论却深深影响其弟子胡宪和刘勉之，他们也一样喜好佛老，谯定之"明心见性"、专于修身养性之学影响胡宪。胡宪（1086—1162），字原仲，建州崇安人，胡安国侄子，曾从学胡安国。他是朱子从学最久的老师，因著作不存，只能从零星片段的史料中梳理胡宪之思想。

1. 克己

胡宪一生好佛③，胡宏曾因此对胡宪进行批判。胡宪之思想大致可梳为二：一是强调克己工夫；二是强调为己之学。就第一方面来说，胡宪因学《易》久不得，故向其师请教，谯定曰："是固当然。盖心为物溃，故不能有见。唯学乃可明耳"，胡宪喟然叹曰："所谓学者，非克己功夫也耶？自是一意下学，不求人知"。④ 胡宪因谯定之语而受启发，认为为学只是克己工夫。"克己"出于《论语》"颜渊问仁。子曰：克己复礼为仁"⑤，其意也就是要克去己身之私欲，孔子的回答不仅是要"克己"，

---

① 朱杰人等主编：《朱子语类》卷六十七，《朱子全书》（修订本）第16册，第2247页。
② 朱杰人等主编：《朱子语类》卷六十七，《朱子全书》（修订本）第16册，第2247—2248页。
③ 《朱子语类》载："胡宪学于文定，又好佛老。"（朱杰人等主编：《朱子语类》卷一百零四，《朱子全书》第17册，第3436页）
④ 朱杰人等主编：《籍溪先生胡公行状》，《晦庵先生朱文公文集》卷第九十七，《朱子全书》第25册，第4503页。
⑤ （宋）朱熹：《论语集注·颜渊》，《四书章句集注》（上），金良年译，第247页。

还有"复礼"之要求，而胡宪则只强调一面，这就与吕大临的思想有异曲同工之处，也与其好佛旨趣一致，专心内求而不务外。胡宪亦将其克己工夫理论落实到实处，据载：

> 先生质本恬淡，而培养深固，平居危坐植立，时然后言，望之枵然，如槁木之枝，而即之温然。虽当仓卒，不见其有疾言遽色。人或犯之，未尝校也。其读书不务多为训说，尝纂《论语说》数十家，复钞取其要，附以己说。①

可见，胡宪践履克己工夫，平时危坐直立，望之虽如槁木，但接触却温和，即使在仓促之时，也不粗暴急躁。有人冒犯，也不计较。这符合子夏对圣人的描述："望之俨然，即之也温。"②

2. 为己之学

儒家之所以强调"为己之学"，乃是因为在这"己"中，已经含有超越的价值本源。因受习气蒙蔽，道德理性未能全部展现，故为学就要从自身下手，去除习气，彰显人自身的道德理性。"为己之学"出自《论语》，朱子盛赞道："圣贤论学者用心得失之际，其说多矣，然未有如此言之切而要者。于此明辨而日省之，则庶乎其不昧于所从矣。"③朱子的评论并非虚言，这句格言自古被学者奉为为学之道的金科玉律。明代学者陈白沙说："为学莫先乎为己、为人之辨，此是举足第一步。"④洛学自二程始，就推重"为己之学"，程颐道："为己，欲得之于己也。为人，欲见之于人也。古之学者为己，其终至于成物。今之学者为人，其终至于丧己。"⑤程颐区分为己与为人之学，对"为己之学"的倡导在程门之中蔚然成风，并为弟子所秉承，胡宪重视"为己之学"：

---

① （明）黄宗羲：《刘胡诸儒学案》，《宋元学案》卷四十三，全祖望补，第1398—1399页。
② （宋）朱熹：《论语集注·子张》，《四书章句集注》（上），金良年译，第247页。
③ （宋）朱熹：《论语集注·宪问》，《四书章句集注》（上），金良年译，第201页。
④ （明）黄宗羲：《白沙学案》上，《明儒学案》（修订本）卷五，第89页。
⑤ （明）黄宗羲：《伊川学案》上，《宋元学案》，卷十五，全祖望补，第627页。

第三章 学派谱系与思想旨趣

> 先生不得已，乃处拜命。既就职，日进诸生而告之以古人为己之学，闻者始而笑，中而疑，久而观于先生所以修身，所以事亲，所以接人，无一不如所言。①

正是胡宪对"为己之学"的默认不二，故其在传道授业中以"为己之学"示人，学生初怀疑并耻笑，但久观之后，发现胡宪言行一致，始对其学信任不二。总而言之，胡宪的心性论思想专于个人修身涵养之上，工夫专在己身上做，这无疑与其好佛有关，他的这种思想深深影响青年朱子的为学方向，朱子早年也深陷异说，专于内向体悟，故在其转投李侗时，因感李侗之"静坐观未发气象"与早年为学相似，故对李侗所教不能领会。

刘勉之（1091—1149），字致中，建州崇安人。其留存资料更少，观其仅有的资料，可知其与谯定、胡宪一致，都强调"为己之学"，据载：

> 先生学本为己，而才周世用，临事财处，不动声气。平居严敬自持，若不可犯，而接物之际，熏熏和悦，色笑可亲。②
>
> 先生拜受其（刘元承）言，精思力行，朝夕不息，久而若有得焉。则畴昔所闻一言之善，融会贯通，皆为己用，而践履日益庄笃。③

刘勉之亦强调"为己之学"，强调为学对自身道德的修养，而非追名逐利。"平时严敬自持"亦是程门所独重的为学之法——主敬，当然，刘勉之并非如程颐那般一味庄敬，与程颢之主张更为接近。

总之，谯定、胡宪、刘勉之由于资料不存，其系统的思想实难全面探究，从零星资料中可以看出，三者基本在为学之方、心性工夫上呈现

---

① 朱人杰等主编：《籍溪先生胡公行状》，《晦庵先生朱文公文集》卷第九十七，《朱子全书》（修订本）第 25 册，第 4504 页。
② 朱人杰等主编：《聘士刘公先生墓表》，《晦庵先生朱文公文集》卷九十，《朱子全书》（修订本）第 24 册，第 4192—4193 页。
③ 王梓材、冯云濠：《宋元学案补遗》第三分册，卷四十三，第 1505—1506 页。

出对内向工夫的重视和体悟。这种心性工夫深深影响朱子早期思想,以至于朱熹在早年喜好佛老,久久未有得而问道以儒学为宗的李侗。他们所强调的"为己之学"影响朱子的一生,朱子一生所孜孜努力的也就是对"为己之学"的重视和建构。①

二 静默体悟

张浚(1097—1164),号紫岩居士,为张栻之父,著有《紫岩易传》。张浚易学思想深深影响朱子②,朱子亦为张浚写祭文,撰行状。张浚沿承涪陵学派喜佛倾佛的学派特点,全祖望说道:

> 中兴二相,丰国赵公尝从邵子文(伯温)游,魏国张公尝从谯天授(定)游,丰公所得浅,而魏公则惑于禅宗,然伊洛之学,从此得昌。③

全氏认为张浚惑于禅宗,但却有功于洛学复振。他的论断符合涪陵学派杂佛染佛的学派门风。

(一) 以心体易

前论及张栻思想时,已指出张栻对"心"的重视,其父张浚亦然。他说:

> 泛观万物,心则惟一,如何须臾,有欺暗室,君子敬义,不忘栗栗。④

---

① [韩]刘承相:《朱子早年思想的历程》,华东师范大学出版社2010年版,第7页。周之翔、朱汉民:《朱子对"为己之学"的诠释与建构》,《湖南大学学报》2011年第1期。

② 蔡方鹿先生说:"张浚的易学别具特色,他既吸取了义理学派重视义理的思想,又以象数作为易学之本,把理建立在象数卦爻的基础上,体现出与程颐易学有所不同,而后来朱熹易学在一定程度上则与张浚易学比较相近。"(参见蔡方鹿《张浚的易学思想及其影响》,《周易研究》2004年第1期)

③ (明)黄宗羲:《赵张诸儒学案》,《宋元学案》卷四十四,全祖望补,第1411页。

④ 朱人杰等主编:《少师保信军节度使魏国公致仕赠太保张公行状》下,《晦庵先生朱文公文集》卷第九十五下,《朱子全书》(修订本)第25册,第4421页。

· 212 ·

这是张浚为弟子王十朋所做的《不欺室铭》，其意在说明万物之中，心是唯一的，如何使心须臾不离，则须"敬""义"之功，也就是程门所主张的"敬义夹持"。这里，张浚明确"心"的重要性，更提出治心之方。同时，在其《易》书中，他将"易"与"心"相结合，他说：

> 呜呼！易者，天地之心也。天地之心，圣人先得之，以著见于易，然则易者，圣人之心也。天地之心即易之心，易之心即圣人之心。①
>
> 圣人作《易》，本诸心、体诸天、通诸神、著诸用、无往而不得其中。②

张浚强调易是天地之心，天地之心即易之心，易之心即圣人之心，他将三者相等同，在圣人得之以后，将之付之于书，《易》书随之便成。张浚叙说《易》成书的过程，与为占筮而作是不同的。张浚突出"心"与"易"的关系，并要求"以心体易"：

> 圣人以心体易，以身用易，以书载易，易之至神，我心先得，寓以象数，其理曲尽，君子法之，发为至精，天下以之受命来物，以之遂知其精。③
>
> 夫书，易之迹也，蹈其迹而不明夫道，何以致受命之速？惟以心体易，易全于心，有为有行，言无非易，兹其所以能有格也钦？然则君子之问易，在心而不在迹矣。④

张浚认为圣人用心体易，以身实践易，用书去记载易。易之精妙，圣人

---

① （宋）张浚：《系辞上》，《紫岩易传》卷七，文渊阁四库全书，台湾商务印馆1986年影印版，第202页。
② （宋）张浚：《读易杂记》，《紫岩易传》卷十，文渊阁四库全书，台湾商务印馆1986年影印版，第260页。
③ （宋）张浚：《系辞上》，《紫岩易传》卷七，第212页。
④ （宋）张浚：《系辞上》，《紫岩易传》卷七，第211—212页。

之心先得，如果只泥着于书，而不明道，则无法明理，如何实现呢，则只有"以心体易"，也就是要用心去体会易之精妙，因为易为心所得，有体有用，有为有行，故君子问易在于"心"而不在于文本。

同时，他对心、性、理三者论道：

> 夫天下一心、一性、一理也。①

他首先认为天下有心、性、理三者，它们是有区别的，但同时他又认为三者是一致的，他说：

> 道有以财，成之于先，政有以钦，承之于后，圣人与天为一，天其违之，人受命于天者也，鬼神依人而行者也，其性，其心，其情，其理，惟一耳，天且弗违人，其有不格享者哉！②

他认为"性、心、情、理"是同一的，这种"同一"不是实然角度或现实角度的，而是应然或理论角度而言。张浚理论的最大特色与吕大临一样，即拈出"中"字，加以阐发。他将"中"与心性论的范畴相结合，首先看他对"中"的设定：

> 一阴一阳非谓阴阳相配也，道之在阴亦一，在阳亦一，曰"一阴一阳一者"，何也？中也。中者，何也？无不通、无不当、无不正也。道之在阴阳，无不得其中，生利万物之功，则日兴也，继之者善，凡人为不善者，皆非道也。③

张浚认为道在"阴"也在"阳"，而非阴阳相配，一阴一阳之谓道，同时也是"中"，他将"中"等同于"道"，而作为"道"的"中"，它的性

---

① （宋）张浚：《下经》，《紫岩易传》卷四，第116页。
② （宋）张浚：《上经》，《紫岩易传》卷一，第9页。
③ （宋）张浚：《读易杂记》，《紫岩易传》卷十，第260页。

质是"通""正""当",而不善,则非道亦非中。对此他明白说道:

> 继之者善,中无有不善也。成之者性,性皆有是中。①

他认为道就是"中",道是无不善的,"中"亦善,"性皆有是中"也就是性具有"中"的性质即"善"。他说道:"中者,性之未发也",他认为"性之未发即为中",在这里,"中"显然是作名词理解,他对"中"的定位与吕大临极为相似,都将"中"等同于道,但却没有如吕大临那样明确提出"中即性"。

(二) 静默体悟

性本中道,如何使"性"恢复中道,恢复善,是张浚建构心性工夫论所运思的重点。首先,他论道:

> 圣人释利贞必曰"性、情者",教学者以利物之功,俾知所适从也。夫性静情动,情动所以利物,而动不以贞,反以害物。必也修性之静,然后情动于外者,无不当物。②
> 且夫天下之乱,常生于中才之主,自用聪明而不能复性至静止,其私欲浸以放恣流毒天下,其发甚迩,其施甚远。③

他认为圣人以性情释利贞,性属静,情属动,情动故能惠利万物,然若情动而不能正,反而害物,故须使性静,才能使情发于外者,无不合于物。若能施以养正之功,复性之静,则能涤除私欲。同时,他将这种危害扩至天下,他认为天下之乱就是因为中才之主自作聪明,不能复性之静,以至于私欲泛滥,贻害天下。

在《谦》卦中,他亦表达同样的意思,他说:

---

① (宋) 张浚:《系辞上》,《紫岩易传》卷七,第204页。
② (宋) 张浚:《读易杂记》,《紫岩易传》卷十,第252页。
③ (宋) 张浚:《上经》,《紫岩易传》卷一,第16页。

> 履而能谦，情可制也、心可一也、性可复也、道可得也、德之大本于是而得。故曰"复德之本也。"①

他认为能履能谦，则可控制情的发用，心可恢复为一，性亦得以恢复原初的面貌，并可得道。他又说：

> 惟夫性以情动，情以欲肆，欲以物迁，邪伪滋生，天理蔑弃。易简至善，于是而丧。内之不足以利一身，外之不足以利天下。而乾坤妙用始不明于天下，天下万物将不得遂其生矣。②

张浚从反面论述若性随情动，情因欲肆，欲随物迁，则会天理尽灭。如此则内不能修身，外不能治天下。乾坤妙用则不能明，万物亦不能生。为了以性制情，使"性"恢复中道的"善"，他倡导"静默体悟"之功。"主静"为周敦颐所倡导，后来理学家或以之为主导工夫，或以之为附翼工夫。张浚亦将"主静"引为心性工夫之主导，他说：

> 无他用心，惟静默体道，卒究圣人心法。③
> 易者何也？天地之心也。圣人虚一而静，吻合天地而得其所以为心，著为《易》书。④

张浚认为体究圣人心法，没有别的方法，唯有以"静"体道。他甚至认为"易"就是"天地之心"，圣人作《易》，亦本"虚一而静"而后作成。可见，张浚并非一般理学家那样，泛泛而论为助缘工夫，而是独重"主静"，他说：

---

① （宋）张浚：《系辞下》，《紫岩易传》卷八，第228页。
② （宋）张浚：《系辞下》，《紫岩易传》卷八，第220页。
③ （清）朱彝尊：《经义考》卷二十三，文渊阁四库全书，台湾商务印书馆1986年影印版，第252页。
④ （宋）张浚：《系辞上》，《紫岩易传》卷七，第201页。

阳潜于一，静养之功不可不谨，说之筑岩，尹之耕野，望之钓渭，颜子之陋巷，大舜之深山，皆勿用也，而虞舜之德，正配乾，周文实法舜。①

其身谦，其心谦，内外俱进，非静养之功，何以至此。且人不能尽力于谦，本夫放心不知求，放心则骄亢怠傲，将一肆心之所为，其能行已以恭，而有所建立于天下乎，君子止心至静，不挠不夺，其积功非一日欲忿毕除，诚信益大。故德止于内而盛礼，顺于外而恭谦之。②

张浚强调对"静养"之功的重视，认为"静养"之功不可不谨慎，他从《谦》卦中发挥心性工夫论，若欲身谦、心谦，内外俱进，则非"主静"之功可至，且若不能谦逊，则不知求放心，放心则傲慢放肆，君子若使心止静，则可去除私欲，诚信益增，如此则内在的德盛，外在的礼可恭谦。他在对《艮》卦的阐释中，亦将卦爻与"静"相联系，他说：

盖止、静则性复于一，耳目声色之好，不萌于心，而累德者去。其出而临莅天下，若出于不得已，而莫不以礼法从事，惠利之及于天下万物，岂可一二胜言哉？艮，止也，时止则止，时行则行，动静不失其时，其道光明。③

盖随时而养之以静也。君子存身于静，其动也仁……呜呼！天地以至静之德生养万物，君子以至静之德生养天下。④

《艮》卦本身就是要人注意修养。他认为能"止"、能"静"则可复"性"，耳目声色之私欲亦不会萌发。该止则止，该行则行，动静得宜，而道自可明。君子若能随时以静养之，动即可至仁，他将"至静之德"追溯至天地，认为天地是以至静之德养育万物，君子以至静之德教化天

---

① （宋）张浚：《上经》，《紫岩易传》卷一，第1页。
② （宋）张浚：《上经》，《紫岩易传》卷二，第52页。
③ （宋）张浚：《下经》，《紫岩易传》卷五，第162页。
④ （宋）张浚：《上经》，《紫岩易传》卷二，第52页。

下。当然，修得静养之功还不是工夫的终止，他说：

> 静养之功既成，以中守之，以仁出之，俾天下各安性命之情，井之用大矣。①
>
> 夫惟止静之功，既成于性，而中正之道内足于身，发之于言，言必尝道，悔其亡矣，呜呼！人君不可不知止也，久矣。为君而不知止，则事物惑之谄佞、移之声色、蔽之玩好、夺之殆将沦于不中不正之域，故心不诚于言，言不得其序，今日是之，明日非之，虽纷纷多言，谁其信从也。②

他认为静养之功既成，则须守之以中道，出之以仁，从而使天下万物各安性命。同时，若性能止能静，身有中正之道，言发则能合于道。推至国家，若人君不知止，则会不中不正，心不诚，言无序，虽言再多，亦无人信从。张浚的心性论并不单单是个人的修身养性，他有极浓的现实情怀，他理论的最终落脚点仍然是现实政治。

对于张浚，朱子对其学术评判极少，仅有的还是在行状中论及：

> 公之学，一本天理。尤深于《易》、《春秋》、《论》、《孟》。③

行状所及，过誉之意在所难免，张浚之学是本于天理而建构的，在他的著作中，多次提及"天理"④，他论述天理主要是针对人欲而言的，天理在他这里亦具有形而上的本体意味，体现他对洛学话语的肯认和重视。朱子对其的评判更多是在才能及政治作为上：

> 问中兴诸相，曰："张魏公才极短，虽大义极分明，而全不晓

---

① （宋）张浚：《下经》，《紫岩易传》卷五，第151页。
② （宋）张浚：《下经》，《紫岩易传》卷五，第165页。
③ （清）朱彝尊：《经义考》卷二十三，第252页。
④ 张浚说："圣人刚德复于内，则人伪去、天理得"（《紫岩易传》卷三，第81页）"夫知幽明之故，而天理得矣"（第201页），"圣人之辞，本诸天理"（第233页）等。

事。扶得东边倒了西边,知得这里忘了那里。"①

张魏公材力虽不逮,而忠义之心,虽妇人孺子亦皆知之。故当时天下之人惟恐其不得用。②

朱子认为张浚才识极短,事多不晓透,但忠义之心却是他人难以企及。

涪陵学派的最大特征就是与佛学纠缠不清,思想染佛倾佛严重,他们倡导的"明心见性"与"静默体悟",不管最终目的如何,至少在形式上已与佛学难以辨清。涪陵学派虽然秉承的是程颐的《易》学,但在诠释《易》学所折射出的核心思想上却无程颐思想的痕迹,反倒与程颢的"直从本体入手"思想宗旨接近。

第七节 金代郝氏学派

纵观学术史,对金代学术的评论存在着截然相反的论断,一方面如全祖望说:"关、洛陷于完颜,百年不闻学统"③,全盘否认金代儒学的存在,而如冯从吾则说:"洛闽之学惟行于南,北方之士,惟崇眉山苏轼之学"④,翁方纲亦说:"洛学盛于南,苏学盛于北"⑤,完全用词赋之学形容金代学术,而另一方面则有郝经称赞金代"粲粲一代之典与唐、汉比隆,讵元魏、高齐之得厕其列也"⑥,亦有赵翼称"金源一代文物,上掩辽而下轶元"⑦。皆高度肯定金代学术的造诣。这两种截然相反的评价恰好凸显出我们在认知金代学术上的争议以及背后所隐含的价值。而就置于其中的洛学而言,虽然宋室南渡导致大批门人弟子南迁避祸,其学脉

---

① 朱杰人等主编:《朱子语类》卷一百三十一,《朱子全书》(修订本)第18册,第4089页。
② 朱杰人等主编:《朱子语类》卷一百三十一,《朱子全书》(修订本)第18册,第4102页。
③ (明)黄宗羲:《宋元学案序录》,《宋元学案》卷首,全祖望补,第18页。
④ (明)冯从吾:《元儒考略》卷一,顺德龙氏知服斋刊本,光绪二十二年,第1页。
⑤ (清)翁方纲:《石洲诗话》卷五,丛书集成本,商务印书馆1936年版,第82页。
⑥ (金)郝经:《删注刑统赋》序,《陵川文集》卷三十,山西古籍出版社2006年版,第416页。
⑦ 赵翼:《廿二史札记》,黄寿成校点,辽宁教育出版社2000年版,第497页。

的传衍相应亦在南宋最为卓绝，但这并不意味着洛学在金地就毫无声息，依然有部分洛学中人在传授师道，赓续学脉，只是在声势和规模上逊于南地。也正是因为这种情形，洛学在金地的传播和发展一直是研究的薄弱点，直接影响我们对洛学传衍情形的全面把握和理解。

一 洛学在金代的传承背景

洛学是金代学术的重要组成部分，考察其演进与发展，必须置于整个金代学术背景之下，才能显示出洛学演进的普遍性和独特性。众所周知，金代国祚不过百余年，之所以文化、学术等尚有可观之处，一个很重要的原因就在于金代治国方略的及时转变，《金史·文苑传序》曾说"金用武得国，无异于辽，而一代制作能自树于唐宋之间，有非辽世所及，以文不以武也"[1]，从这句话中我们可以很明显看出，金国与辽国皆是依靠武力建国，但金国之所以能够自立于唐宋之间，且超越辽国，就在于其治国方略从"武功"转向"文治"，此语诚为确论。下面我们就来系统梳理一下金廷对儒学的认可和接受，以明晰洛学在金代的传衍背景。

（一）借才异代，儒学初传

宋室南渡，北方沦为金人统治，金人一无"文字"，二无"书契"，仍然处于"结绳记事"的蒙昧时期，只能依赖口头传达消息以及情报，日渐扩大的疆域使其认识到单纯的攻伐已经不能有效地治理天下，为尽快稳定局势，金代开始采用"借才异代"的模式，直接从辽、宋代统治地区俘虏人才，以为自用，以期尽快采用先进的礼乐典章，巩固自己的统治。早在金太祖、太宗时期，他们在攻城略地之时，尤为注重对文献、人才的搜罗，如太祖完颜阿骨打就曾下诏明示道："宜选善属文者为之，其令所在访求博学雄才之士，得遣赴阙"[2]，为金代奠定治国基调，在灭辽前后，已有儒士刘彦宗、曹勇义、康公弼等仕于金庭，而在宋金对峙过程中，宋室派往金地的使者王伦、宇文虚中、张邵等人，被金廷强硬扣押，尤其在靖康之难时，更是俘获大批儒士北上，这些儒士大部分拒

---

[1] 赵翼：《廿二史札记》，黄寿成校点，辽宁教育出版社2000年版，第496页。
[2] （元）脱脱：《太祖本纪》，《金史》卷二，中华书局1975年版，第32页。

绝出仕，留在金地授学传道，同时，金廷更是搜罗经书典籍，车载而归，充实金朝文库，金朝儒学就是通过这种简单粗暴的方式实现了对儒学的初步接受和传播。当然，这种方式收效甚微。为了进一步笼络士子人心，金太宗早在1130年就下令修缮冀州孔庙，又在1134年修缮大城、彰德孔庙，继之的熙宗、海陵、世宗等皇帝亦沿袭太宗方略，在修缮各地孔庙的同时，亦在各地新建孔庙，并在章宗时期达到鼎盛。同时，金代统治者亦开始加封孔子后人，以示尊孔好儒之意，熙宗在天眷三年（1140）诏封孔子四十九代孙孔璠袭封衍圣公，并在皇统元年（1141），祭祀孔庙，并道："朕幼年游佚，不知志学，岁月逾迈，深以为悔。孔子虽无位，其道可尊，使万世景仰，大凡为善，不可不勉。"[①] 以此可见金代统治者礼遇孔子儒学之用心。更为重要的是，金庭亦效仿辽、金，开设科举，录取儒生，充任各级衙门，早在太宗天会年间，金廷就在北宋亡失之地，开科考试，录取儒生72人。因为太祖、太宗忙于征战，这并没有成为一种常设制度而延续下来，只不过是为了快速稳定夺占区的权宜之计，但也促使儒学在金地的流传。金庭通过这种自上而下的推动，产生示范效应，加速儒学在金地的传播和接受。

（二）修订制度，推广儒学

有了金代太祖、太宗对儒学的推崇，儒学在金初的微弱之势已经渐趋好转，进至金代中期，金廷与南宋进入军事对峙阶段，迎来了相对和平的时期，金廷开始着手完善各种文化制度，首先，统一学校教育的教材，据《金史》记载：

> 凡经，《易》则用王弼、韩康伯注，《书》用孔安国注，《诗》用毛苌注、郑玄笺，《春秋左氏传》用杜预注，《礼记》用孔颖达疏，《周礼》用郑玄注、贾公彦疏，《论语》用何晏集注、邢昺疏，《孟子》用赵岐注、孙奭疏，《孝经》用唐玄宗注，《史记》用裴骃注，《前汉书》用颜师古注，《后汉书》用李贤注，《三国志》用裴松之

[①] 毕沅：《续资治通鉴》卷一百二十四，中华书局1957年版，第3280页。

注，及唐太宗《晋书》、沈约《宋书》、萧子显《齐书》、姚思廉《梁书》《陈书》，魏收《后魏书》、李百药《北齐书》，令狐德棻《周书》、魏征《隋书》、新旧《唐书》、新旧《五代史》，《老子》用唐玄宗注疏，《荀子》用杨注，《杨子》用李轨、宋咸、柳宗元、吴秘注，皆自国子监印之，授诸学校。①

从这段话我们可以看出，金代有意识地开始规范学校教育的教材，这就表明官方开始统一思想和文化认同，且选用的基本是汉唐学者的经典注疏，这就在相当程度上进一步加速儒学的传播。

其次，金廷开始着手改革科举考试。金代太祖、太宗时期，科举考试时间不固定，内容不统一，而到金熙宗，他服膺汉学，将科举推行全国，统一南北科举考试科目，不再沿袭太宗时期的南部考经义、北部考词赋的科举政策，统一后的科举科目主要有词赋、经义、女真进士、经童、明经、律科、制举、宏辞、武举等，内容多以儒家经典为主，涵盖《孝经》《论语》《孟子》《荀子》以及六经等，并且固定科举年限为每三年一次，确立考试分级制度，形成乡、府、省三级考试制度，同时设置殿试制度。可以说，金代的科举制度在形式上已经接近唐宋时期。这就从制度上将科举考试确定下来，标志着金廷对儒学思想的接受和认同，承认其在国家层面的至高无上的地位。金廷的这种努力效果是显著的，赢得士人阶层的认可和接受，如大定二十八年山西籍进士胥鼎曾上奏称："宋我世仇，比年非无恢复旧疆、洗雪前耻之志，特畏吾威力，不能窥其虚实，故未敢轻举"②，直接将汉人政权视为仇雠，其效可见一斑。

（三）研究儒学，名师辈出

金庭的一系列政策激发士子从事于儒学的研究，元好问对此曾描述道："维金朝大定以还，文治既洽，教育亦至，名氏之旧，与乡里之彦，率由科举之选，父兄之渊源，师友之讲习，义理益明，利禄益轻，一变

---

① （元）脱脱：《金史·选举志》卷五十一，志第三十二，第1131—1132页。
② （元）脱脱：《金史·选举志》卷一百零八，列传第四十六，第1419页。

五代辽季衰陋之俗"①，又说："大定、明昌间，文治为盛，教养既久，人物辈出。"② 以此可见金代中后期，已经开始出现金代自身体制内培养出来的知名儒者，而这尤以赵秉文、王若虚、李纯甫等为代表。赵秉文（1159—1232），字周臣，号闲闲居士，晚号闲闲老人，一生志于伊洛之学，著述丰富，著有《闲闲老人滏水文集》《扬子法言微旨》《笺太玄赞》《尚书无逸直解》《易丛说》《中庸说》《文中子类说》，删节《论语》《孟子》等，理学造诣深厚，不乏创新之处，受到后学称颂引用，因而有"金士巨擘"③ 之称。李纯甫（1177—1223），字之纯，号屏山居士，天资聪颖，喜好儒学，亦精通佛老，其"学以儒为正，不纯乎儒非学也；文以理为主，不根于理非文也"④，著有《鸣道集解》《中庸集解》以及解《楞严》《金刚经》《老子》《庄子》等著作，元好问赞其道："南渡以来天下称宏杰之士三人：曰高廷玉献臣、李纯甫之纯、雷渊希颜"⑤，以此足见纯甫之地位。王若虚（1174—1243），字从之，号慵夫，自称"滹南遗老"，承安二年经义科进士，历任管城、门山县令，国史院编修官等，主要著述有《五经辨惑》《论语辨惑》《孟子辨惑》《史记辨惑》《慵夫集》《诸史辨惑》等。其学对宋儒多有指摘批评，王若虚批评道："圣人之言，亦人情而已。而宋儒所解，则揄扬过侈，牵扯过甚，故作高深"⑥，以此可见若虚对宋儒义理之学的态度。当然，金代有影响力的儒者并不止这三个。从这些儒者身上，我们可以很明显地看出，在金代晚期，儒学呈现出几个主要特点：1. 名士辈出，经过金代中期的从制度上对儒学的推动，大批学者习儒从儒，产生了一大批有影响力的学者。2. 著作宏富，金代晚期出现丰富的注经解经的著作。3. 儒学开始朝着多元化方向发展。

通过以上的梳理，我们大概可以看出金代儒学的发展脉络，由最初

---

① （金）元好问：《元好问全集》卷十八，山西古籍出版社2004年版，第502页。
② （金）元好问：《元好问全集》卷十八，第503页。
③ （元）脱脱：《金史·选举志》卷一百零十，列传第四十八，第2429页。
④ （金）杨云翼：《闲闲老人滏水集序》，《金文最》卷四十一，中华书局1990年版，第590页。
⑤ （金）元好问：《雷希颜墓铭》，《元好问全集》卷二十一，第555页。
⑥ （金）王若虚：《滹南遗老集校注》，辽宁出版社2006年版，第302页。

的借才异代,他者启蒙,再到全面承认,制度巩固,再到名士辈出,著作宏富,儒学在金代经历了一个由弱至强的发展过程,这就改变了以往贬低甚至忽略金代儒学的看法。因此,那种"金以儒亡"①的说法至少从反面折射出儒学对金代影响之深刻。

二 郝经的学术思想

作为金代儒学的重要组成部分,洛学既具有金代儒学的一般性特征,又有自身独具的学术特质。洛学在金地的传播主要有两种方式:一是以师门弟子的形式代代传授;二是作为曾风靡于北宋的理学学派,为士人所熟悉和研究。而就本文的研究范围来看,显然主要以考察第一种方式为主,因为第一种方式不仅能够展现学派的演变和发展,亦更切合本书主旨。关于洛学在金代的传播情况,学界最为熟知的莫过于前述的"苏学盛于北,洛学盛于南"这句评断,它是否符合历史事实呢?如果从规模和影响上讲,这句话并没有错:一是因为宋室南渡,大部分洛学弟子为避战祸,亦随宋室南迁,这就造成北地洛学传播的凋零;二是因为金代在开国之初,设立的科举考试,南北科目不同,北地考词赋,南地②考经义,而以词赋擅长的苏学在北地广受欢迎就不足为怪,虽然到熙宗时期,统一南北科举考试科目,词赋和经义可以任选,但好景不长,海陵天德三年(1151),金廷实施"罢经义策试两科,专以词赋取士"③,这显然不利于以思想见长的洛学的传播和发展。虽然洛学在北方不如苏学兴盛,但并非默然无声,而是在艰难的学术环境中得以传衍。

众所周知,程颢曾经在山西任职,据载:

> 宋儒程颢尝令晋城,以经旨授诸士子,故泽州之晋城、陵川、高平,往往以经学名家。……陵川学者以郝氏为称首,郝氏之学,浚源起本而大托之者,自东轩君始。君讳震,字子阳。……徜徉山

---

① (明)宋濂:《元史》,中华书局1976年版,第3823页。
② 此"南地"并非指南宋,而是以金代整个统治区域为版图的相对划分,主要指北宋失地。
③ 杨云翼:《闲闲老人滏水集序》,参见张金吾《金文最》卷四十一,中华书局1990年版,第590页。

谷，从而学者甚众。①

由上可知，程颢在山西任职期间，收徒讲学，弟子辈出，而在众多弟子中，尤以河东南路泽州陵川的郝氏家族最为杰出，这可从郝经的"绍兴以来，先生之道南矣。北方学者，惟是河东知有先生焉"②得到进一步的印证。而郝氏家族中，郝从义曾直接问学于程颢，代代相传，至郝震而光大，他"讲劘道艺，渊汇日邃，以经旨授学者，折之以天理人情，而不专于传注，尤长于理学"③，可以看出，郝震传承程颢学术精髓，传授经学，不重汉唐传注，专于义理之学，但甚为可惜的是，郝从义、郝震的著述皆不存，无法详知其思想全貌。在郝震之后，则有郝天挺，其"初为学即不作决科文，务穷性理、经术"④，两次科举不第，遂以收徒教学为务，虽穷困潦倒，但不登豪富之门。而郝天挺之子郝思温（1191—1258），则秉承父志，以传道讲学为务，不意科举，举家四处避祸，后定居保定，继续开馆讲学，探究理学。思温有子三人，以郝经最为杰出，其父曾以《太极》《先天》二图及《通书》《西铭》二书等教授郝经，并明确说，"此汝曾叔父东轩老人得诸程氏之门者，尔其勉之"⑤，以此足见郝氏家族的洛学渊源。郝思温有门人如赵泰、荀宗道、尚文等人，但多数著作不存，而唯有郝经一方面传承家学，另方面则有大量著作保存下来，为我们探究其思想提供了翔实的资料。故而此部分我们主要考察金元之际的郝经的哲学思想，以凸显洛学思想在金地的传承与演变。

郝经（1223—1275），字伯常，祖籍山西陵川，乃程颢弟子郝从义之后人，深得忽必烈赏识，出使南宋，被扣押16年之久，誓不降宋，返元次年便因病去世。郝经不仅家学深厚，"以兴复斯文，道济天下为己任。读书则专治六经，潜心伊洛之学，涉猎诸史子集"⑥，亦曾拜师理学大儒

---

① （金）郝经：《先曾叔父东轩老人墓铭》，《陵川文集》卷三十六，山西古籍出版社2006年版，第498页。
② （金）郝经：《宋两先生祠堂记》，《陵川文集》卷二十七，第385页。
③ （金）郝经：《先曾叔父东轩老人墓铭》，《陵川文集》卷三十六，第499页。
④ （金）郝经：《先曾叔父东轩老人墓铭》，《陵川文集》卷三十六，第498页。
⑤ （金）郝经：《先曾叔父东轩老人墓铭》，《陵川文集》卷三十六，第498页。
⑥ （金）郝经：《先曾叔父东轩老人墓铭》，《陵川文集》卷三十六，第499页。

赵复研习理学,并受到赵复高赞:"江左为学读书如伯常者甚多,然似吾伯常挺然一气立于天地之间者,盖亦鲜矣"①,赵复此言着重凸显出郝经的人格气象。作为洛学后学,郝经以振兴洛学为己任,他说:"经之高、曾而上,亦及先生之门,以为家学。传六世至经,奉承绪余,弗敢失坠"②,可见,郝经对身处洛学学术系统的认同和接受。不仅如此,他对二程高度赞道:"国氏而并称先生何?一宋师儒,只程氏二昆焉尔。……二老归而周盛,两生去而汉杂。五精纬奎,天敷文明。两先生出焉,宋道所以昌也"③,在郝经看来,二程先生的卓越贡献在于使宋道得以昌盛,将其从北宋诸儒当中凸显出来。郝经一生著述丰富,主要有《续后汉书》《春秋外传》《周易外传》《太极演》《原古录》《玉衡真观》《通鉴书法》《注三子》《一王雅》《行人志》《陵川集》等,但多数不存,仅《续后汉书》与《陵川集》保存下来。

(一) 道统论

受佛教的影响,韩愈建构起儒学的道统谱系,认为自古以来,儒家内部存在着一个相传已久的"道",但在孟子之后就中断不继,至于何人上接儒家之道,韩愈虽未明说,但却处处流露着自承道统的期许。后北宋程颐则认为其兄程颢接续儒家道统,将韩愈直接排除在外。至郝经这,则在道统论所指涉的"道"与"道统谱系"两方面有所推进和发展。就"道"而言,郝经说:

> 道本于一,行于二,复于一。④
>
> 夫道有一即有二,二者一之耦也。……故有静即有动,有阴即有阳,有奇即有耦。死为生根,实为虚形,地为天体,月为日魄。莫不两两对待以成变化,而后生生不穷,所以为易也。⑤

---

① 苏天爵:《国信使郝文忠公》,载田同旭:《雁帛书评注》,山西人民出版社、山西古籍出版社2006年版,第103页。
② (金)郝经:《宋两先生祠堂记》,《陵川文集》卷二十七,第385页。
③ (金)郝经:《宋两先生祠堂记》,《陵川文集》卷二十七,第385页。
④ (金)郝经:《一贯图说》,《陵川文集》卷十六,第259页。
⑤ (金)郝经:《先天图说》,《陵川文集》卷十六,第247页。

这里，郝经依然将"道"确立为最高本体，源于一，发为二，后又复归于道。同时，有体就有用，万事万物皆有其对立面的存在，正是这种两两相对，构成了事物的变化。从郝经的思想中我们不难看出洛学宗师二程的思想痕迹。程颢曾说：

> 天地万物之理，无独必有对，皆自然而然，非有安排也，每中夜以思，不知手之舞之，足之蹈之也。①
>
> 万物莫不有对，一阴一阳，一善一恶，阳长则阴消，善增则恶减。②

程颢认为天地万物都有其对立面，没有不存在对立面的事物，这是自然而然的道理，并非人为安排造作，对立面的事物皆以彼此为存在的前提条件，且这对立面是彼消此长的。无独有偶，程颐亦说：

> 理必有对待，生生之本也。有上则有下，有此则有彼，有质则有文。一不独立，二则为文，非知道者，孰能识之。③ 道二，仁与不仁而已，自然理如此，道无无对，有阴则有阳，有善则有恶，有是则有非，无一则无三。④

由上，我们可以看出，程颐的思想基本与程颢如出一辙，但程颐表述得更加明确，都强调"道""理"的至高无上性，强调事物对立面的存在。作为程门后学，郝经基本沿袭二程的道论，进一步明确和细化。尤其是在"道"的具体内容上，郝经论道：

> 圣主受命，为天地人物立主，乃复以道为统，而以为传。故尧传之舜，舜传之禹，禹传之汤，汤传之文、武。本于天命，根于皇

---

① （宋）程颢、程颐：《河南程氏遗书》卷十一，《二程集》，第121页。
② （宋）程颢、程颐：《河南程氏遗书》卷十一，《二程集》，第123页。
③ （宋）程颢、程颐：《河南程氏遗书》卷十一，《二程集》，第128页。
④ （宋）程颢、程颐：《河南程氏遗书》卷十五，《二程集》，第153页。

极，原于心性仁义，谨于存养畏敬，明于夫妇父子、君臣上下，察于纲纪礼乐、文物政事，是以为二帝、三王，而道高万世，生民之治，古今莫及。①

可以看出，郝经对儒家之道内容的规定是全面的，有源有流，有体有用，有本有末，源于天命，本于心性仁义，囊括夫妇、父子、君臣等五伦，又扩展至礼乐纲常，文物政事。郝经对"道"的诠释并不偏重于德性伦理一面，而是内外兼备，既指向心性仁义，亦关涉经世宰物。这显然是对宋儒偏于内在的纠偏。

具体到道统谱系，郝经则不认同韩愈、程颐的勾勒：

> 昔也，自宓犧至于舜，道传而天，天传而人，而人自道矣。自汤至于文王，人传而天，天传而道，而人亦道矣。自周公至于孔子，道传而书，书传而人，而人犹道矣。孔氏而下，人失其道，至孟轲氏，犹能道其道，天其天，人其人，书其书，使人不入于杨、墨，而为非类矣。后虽佛、老更兴，异端并作，扬、王、韩、欧之徒衡而争之，犹能扼其吭而断其舌，使人知有此道矣。②

郝经的意思很明显，儒家道统并没有像韩愈所说的在孟子之后就断绝了，而是依然由扬雄、王通、韩愈、欧阳修等人接续、传承，这显然不同于程朱一系道统在孟子之后就断绝的主张。不唯如此，郝经对道统的传授亦提出自己的见解：

> 道之统一，其传有二焉：尊而王，其统在位，则以位传；化而圣，其统在心，则以心传。……三代而上，圣王在位，则道以位传，尧、舜、禹、汤、文、武、周公是已。三代而下，圣人无位，则道以心传，孔子、颜、曾、子思、孟子是已。……圣人不作，疆有力

---

① （金）郝经：《传国玺论》，《陵川文集》卷十九，第293页。
② （金）郝经：《送常山刘道济序》，《陵川文集》卷三十，第410页。

者挈位而不置，不复传道而道统紊矣。①

在郝经看来，道统本来只有一个，但道统的传承方式却有两种形式：一种是位传；一种是心传。最初圣、王一体，"道"是以"位"的形式传承，而到后来，圣人失"位"，"道"则只能以"心"的方式相传。也就是说，三代以上，道统与政统是一致的，三代以下，道统与政统分离，分离之后，是道统决定政统还是政统决定道统呢？郝经说："天之所与，不在于地而在于人，不在于人而在于道"②，也就是"道统"高于"政统"，这实际上坚持了儒家的一贯主张。要之，郝经的道统论显然是在韩愈、二程的基础上有所更新和发展，之所以如此，概是因为郝经对"道"的理解以及深受北方学术体系③的影响。更为重要的是，在二程兄弟何人接续道统时，郝经指出："传圣之心，续道之统，得孟氏之学，学者宗之，伊川先生也"④，也就是说，是程颐接续和承继儒家道统而非程颢。由此也显现出郝经对二程乃至道统的特殊理解和认识。

（二）心性论

心性思想是二程建构洛学的核心话语，程门后学代代相继，继续推进这一核心话语的建构，郝经自不例外。但郝经已然不同于二程混淆心性的主张，明确界定心性论各范畴的差异，我们可以从其《陵川文集》中《论八首》对理学的"道""心""性""情""命"的逐一解释可见一斑。⑤ 在诠释"性"时，郝经说：

> 凡物之生，莫不有所本而为之性。天地本太极，则太极为之性；万物本天地，则天地为之性；人官天地，府万物，得于赋予之初，见于事物之间，而复于真是之归，则其所性根于太极，受于天地，

---

① （金）郝经：《周子祠堂碑》，《陵川文集》卷三十四，第470页。
② （金）郝经：《时务》，《陵川文集》卷十九，第293页。
③ 栾玲玲：《执着于道统的重建：论金亡二代士人郝经的出处选择》，硕士论文，吉林大学，2011年，第10页。
④ （金）郝经：《宋两先生祠堂记》，《陵川文集》卷二十七，第285页。
⑤ （金）郝经：《论八首》，《陵川文集》卷十七，第264—272页。

备于万物，而总萃于人，所以为有生之本、众理之原也。①

郝经认为世间万物之"性"皆是有其本源的，天地源于"太极"，则"太极"就是天地的"性"，天地的本质，而万物源于天地，天地就是万物的"性"，就是万物的本质。可见，郝经建构"太极—天地—万物"这样一种性说模式。而人之"性"根源于太极，接受于天地，存在于万物，因此人性可以作为人生之本，众理之原。可以看出，郝经的"性"论是综合北宋诸儒的观点而成的，在此基础上，他追溯和评判以往学者的观点，他说：

> 孟轲氏道"性善"，而言其理之本然，则无不尽也，无不备也。其言之差，自告子始。告子曰："生之谓性。"生固可谓性矣，而所以生之理则不言也，是以差也。至荀卿则断然而谓之恶，恶岂性也哉？生质之情则有之，其本则非恶也。扬雄则为淆乱之言，曰："善恶混性之理无不善，其恶则情之流也。"源泉而滑（汨同）之以泥，其清洁之本在焉，而遂谓之浊；日月而蔽之以云，其昭彻之本在焉，而遂谓之昏。清浊不相入也，昏明不相易也，而可混乎哉？本然之善，蔽而为恶，修而复之，则性自在焉。源泉清而日月明也，乌可谓之混也？至韩愈氏，则以五性、七情并义理、气质合而为言，则过夫荀、扬远矣。第谓性与情之品三，则太拘而有未尽焉者。盖自其同者而言，则万殊一本，自其异者而言，则一本万殊，非三品所能限也。至乎苏轼，则曰："言性之差，自孟子之定名为善也。"曾不知孟子之"言本诸孔子。……盖孔孟之言性也，本夫理，诸子之言性也，本夫气，是以至于谬戾而不知其非也。②

从以上引文中，我们可以看出，郝经认为儒家的"性善"说并非孟子首先提出，而是由孔子始，且从告子开始，则偏离孔孟正道，告子所言

---

① （金）郝经：《论八首》，《陵川文集》卷十七，第266页。
② （金）郝经：《论八首》，《陵川文集》卷十七，第267页。

"生之谓性",只是说实然,而未及所以然,后来的荀子、扬雄、韩愈、苏轼等都错解儒家的"性"论,虽情形不一,但皆混淆"理"与"气",混淆"本然之性"与"气质之性",唯有孔孟所言的"性善",是说本然之性,是说"理",孔孟以下所言"性"不过是"气"。在此,郝经沿袭张载、二程从理、气角度对"性"的两层划分,基本上没有溢出他们的理论范围。不同的是,他更认为性、气相即不离,他说:"盖有本然之性,则有生质之气,性统气,气载性,相须而一也"①,郝经强调"本然之性"(理)对于"生质之气"(气)的先在性,以及两者的相互依赖关系,即"理统率气,气承载理"。同时,他对人、物之"性"的差异分析道:

> 尧、舜、幽、厉之性同,而其生质则异,稷、契、颜、曾则谓之人,商均、丹朱、杨食、我子、越椒可不谓之人乎?尧、舜由之,而幽、厉不由,……语其本然,则人与草木鸟兽异:语其生质,则人与草木鸟兽同。虽曰人也,而不能存,则亦草木鸟兽也:虽曰草木鸟兽也,如虎狼之父子、蜂蚁之君臣、豺獭之报本,苟能存焉,则亦人也。②

郝经认为无论是贤如尧舜,还是暴如幽厉,其本然之性是相同的,而其生质是不同的。然就人与物来说,在本性是不同的,在生质上是相同的,由此他得出若人不能存其本然之性,与禽兽无异,反之,若动物能存本然之性,称之为"人"亦无不可,当然,郝经此处主要强调的是本然之性的重要性。如果和洛学宗师相比,郝经对理(性)、气关系以及人性与物性的差异的见解,显然比二程更为细致和深刻。

在"心"论上,郝经首先指出:

> 命之赋予则谓之性,性之发见则谓之情,性情之几则谓之心。

---

① (金)郝经:《论八首》,《陵川文集》卷十七,第267页。
② (金)郝经:《论八首》,《陵川文集》卷十七,第267页。

> 命者，心之本原，情者，性之功用，心者，性之枢纽。……自命而为性，自性而为情，其所以然者，心也。①

在此，郝经以层层剥落的方式论述命、性、情、心，他认为"性"是"天"所赋予的，也就是"性"是源于"天"而在于"人"，而"情"是"性"发于外所展现出来的，是"性"的功用，"性"和"情"的几微之处就是"心"，同时"心"也是"性"的枢纽，"心"和"命"是作为主宰而存在。可以看出，郝经认为"心""性""情"三者并不是一种平列的关系，而是"心"为主宰。很显然，郝经的意思与前述程颐之意非常接近，更与朱子的"心统性情"之意相一致。更进一步，郝经论道：

> 太极者，天地之心；心者，人之太极也。其几则神妙，其本则静虚，其才则施为，其用则不测，而惟正是生，惟变是适。动以道而裁以时，虽终日动而未尝动也；动以欲而滑以私，虽终日存而莫能存也。②

郝经将"心"喻为"太极"，认为"心"对于人的作用如同"太极"在天地中的地位和作用，郝经这种类比无疑是在凸显"心"的位置和作用，他认为"心"的迹象是非常神妙的，"心"的本然状态是静且虚的，心的发用是难以预测的，虽然如此，"心"是纯正不杂，且能够随机应变的，动之以道，裁制以时，虽动而未动，反之动之以欲、以私，即使存心亦无法可存。在此，郝经显然是从本心、道心的角度来论述的，着意凸显"心"的地位。在"心"的功能上，郝经说道：

> 心非思虑无以见，而思虑之差至于亡。……尧传之舜曰"允执厥中"，中者，心之全体也，允执则不放也。舜传之禹曰"道心"，

---

① （金）郝经：《论八首》，《陵川文集》卷十七，第268页。
② （金）郝经：《论八首》，《陵川文集》卷十七，第268页。

曰"人心",道心则其理,人心则其欲也。……前圣后圣,一心相传,若合符节,所以为道德,为六经,为万世立教,为生民立极。至于今而人之类不至为草木鸟兽,至于今而知有父子君臣、长幼上下、是非邪正。善可为,恶不可为;直可行,枉不可行。是为霸,是为王;是为中国,是为夷貊;是为君子,是为小人。昭昭然不可欺,则万世一心也。①

郝经认为"心"是通过思虑、念虑的形式得以展现的,且思虑一旦偏差,则"心"就容易亡失,因此尧舜禹汤孔孟等皆以"心"相传,并将此转换为道德,转换为六经,确立为人伦秩序和世间范式。更为重要的是,郝经所提出的"前圣后圣,一心相传,若合符节"等明显有心学思想的痕迹。既然"心"的功能为"思",那么这种"思"的功能如何体现呢?郝经说:

思欲静之,乃所以动之也;思欲安之,乃所以危之也;思欲养之,乃所以害之也。故以思为用,复以思为害,不思则妄,过思则妄,不应物则妄,逐物则妄。②

郝经认为"心"若刻意求静,实乃动之,若刻意求安,实乃危险,若刻意求养,实乃害心,因此不可将"心"之功能"思"作为工具来对待,否则就会妨碍"思"的功能,而不能保持中道。在此,郝经认为"心"实际上是非常难以把握的,稍有不慎,就流入过与不及,因此不能刻意为之。郝经曾明确说到"性可存也,情可制也,惟心也则难"③,郝经的这一认识是准确的,因为"心"作为思虑,是"几微而易昧,知觉而易动,出入而易放,圆转而易流,光明闪练,容理必入,不疾而速,不行而至,无所不体而莫能执其体,是以难也"④,也就是说,"心"是非常

---

① (金)郝经:《论八首》,《陵川文集》卷十七,第269页。
② (金)郝经:《论八首》,《陵川文集》卷十七,第268页。
③ (金)郝经:《论八首》,《陵川文集》卷十七,第268页。
④ (金)郝经:《论八首》,《陵川文集》卷十七,第268页。

隐微且容易受遮蔽的,有知觉则容易走动,有出入容易走作,因此难以把握其体,所以殊难纠治。难以治理,但并不是无法治理,郝经提出治"心"之法:

> 惟仁可以全其德,惟义可以尽其用,惟智可以充其才,惟勇可以弘其力,惟畏敬可以闲其邪,惟克治可以去其害,不然则无不伤也,无不忘也。①

这里,郝经的治"心"之法依然是坚持用仁义道德来浸润、扩充其心,更融入了理学的"敬畏"之法,这就涵具正面的养心之法和反面的克治之法。

在"情"论上,郝经首先论述"情"产生的根源,他说:"情也者,性之所发,本然之实理也"②,又言:"情之生也,发于本然之实"③,也就是说,"情"是由"性"显发出来,乃是原本如此且为人实有的,但是"性"在显发于外后,则容易出现"伪",也就是违背"性"的本来面目,如:

> 喜而溢美,怒而迁怒,哀之也而至于伤,乐之也而至于淫,善者恶之,恶者好之,忿惶恐惧、忧患好乐,皆不得其正。忍而至于不仁,悖而至于不义,傲狠而至于无礼,昧没而至于无智,则不能制夫欲;失则逾闲,放僻邪侈,一入于伪,亡本心之德,昧本然之实,则不能复夫性。为下愚,为凶人,与草木鸟兽并,而绝夫人道。④

郝经认为喜怒哀乐等情,若不加控制,就很容易走偏,严重者可以遮蔽掉本心之德,绝弃人道,成为下愚之人,乃至凶恶之人,甚至与草木禽

---

① (金)郝经:《论八首》,《陵川文集》卷十七,第268页。
② (金)郝经:《论八首》,《陵川文集》卷十七,第268页。
③ (金)郝经:《论八首》,《陵川文集》卷十七,第268页。
④ (金)郝经:《论八首》,《陵川文集》卷十九,第269页。

兽同伍。因此，为了恢复本然之实，必须施加修治断绝之功，以达到"节欲定情"，因为只有节制欲望，达到情定、心存，而后才能复性，也就是达到心、性、情三者的一致。可以看出，郝经在心性论核心概念的论述上，对二程既有沿袭，又有超越。

（三）华夷观

华夷观渊源有自，早在孔子时，就已经有所涉及，孔子指出"夷狄之有君，不如诸夏之亡也"，从文化上否定夷狄的正统性，后孟子接续孔子，提出"吾闻用夏变夷者，未闻变于夷者也"（《孟子·滕文公上》），亦从文化上否定夷狄，而后来的学者则基本在孔孟所确立的思想框架内展开，洛学宗师二程亦不例外，说道："礼一失，则为夷狄，再失则为禽兽"[1]，在文化上贬低夷狄。经过不断的演进，至金元之时，再度成为南北学者热议的话题。作为少数民族政权下的士大夫，郝经对华夷思想给予特别的关注和阐发，不同于二程，他极力设法为金、元政权的合法性进行辩护，明确提出："能行中国之道，则为中国之主"[2]，为金元政权入主中原打开方便之门，直接颠覆孔子的完全否定夷狄的观点，但我们必须注意的是，郝经并没毫无原则地承认少数民族统治的合法性，而是预设了前置条件，那就是必须践行"中国之道"。他进一步论道：

> 天无必与，惟善是与；民无必从，惟德是从。中国而既亡矣，岂必中国之人而后善治哉！圣人有云："夷而进于中国，则中国之。"苟有善者，与之可也，从之可也。何有于中国、于夷。[3]

在郝经看来，天命无常，以善为原则决定天命的授予，而民众也只是惟德是从，只要能够善治国家，无论是华夏还是夷狄，皆可从之。这实际上是从道统高于政统的角度消除华夏与夷狄的界限，对以往的华夷观进行折中，这样既保证了华夏文化的延续，亦为金元统治的合理性提供理

---

[1] （宋）程颢、程颐：《河南程氏遗书》卷二上，《二程集》，第43页。
[2] （金）郝经：《与宋国两淮制置使书》，《陵川文集》卷三十七，第515页。
[3] （金）郝经：《传国玺论》，《陵川文集》卷十九，第294页。

论保障。可以看出，郝经的华夷观打破了华夷之间的界限，一方面保存了华夏文化；另一方面也推进了民族间的融合。

总之，郝氏学派在金宋对峙之际，以家学的方式传承洛学，使洛学得以在少数民族统治下的北方继续薪火相传，郝氏学派早期人物基本沿袭二程的思想，而到集大成者郝经那里，则是融合了洛学与朱子的思想，尤其在道统论、华夷观上，开出新的理论面向。

第四章　思想转化与学术走向

洛学在兴起之时，众源并发，学派众多，但在渐趋成熟和思想拣择之后，主要朝着闽学化、心学化和事功化三种方向发生学术转化，形成具有深远历史影响的学术形态。

第一节　转向闽学

二程后学在认同洛学"道"的基础上组成道学群体，他们对二程建构的道学话语进行选择、接续和诠释，形成旨趣不同的学派。但这些学派不是截然对立，毫无共同性，它们是同源异流，以程门之"道"为纽带连接在一起，向周围散开。作为上承二程、下启朱子的道学群体，他们的思想有极其重要的价值。他们深化洛学话语，使思想上的分歧和共性更加显豁地展示出来。朱子接续程门后学，以二程正宗思想为标准，采取扬弃的态度审视程门后学的思想，对"旁枝歪杈"进行修剪和斧正，以维护洛学正统和重塑洛学体系。朱子继承的是程门正宗思想，这自然毋庸赘言，他以此作为隐性标准，对程门后学展开反思、批判和总结，从而实现洛学的闽学化。

一　对"不重视'气质之性'倾向"的反思和批判

"气质之性"由张载提出，二程承之，但二程后学多阙而不讲，不讲之因概与程颢之学有关。程颢之言"性即气，气即性"，虽亦涉及"气质之性"，但内涵不清使后学难以把握，不如程颐之明确言之。在宋明理学中，"气质之性"是极其重要的，它决定着工夫论的走向以及对心、性、情关系的判定。因此，朱子对此极为看重，他说：

> 孟子未尝说"气质之性",程子论"性"所以有功于名教者,以其发明"气质之性"也。①
>
> 亚夫问:"气质之说起于何人?"曰:"此起于张、程,某以为极有功于圣门,有补于后学。读之使人深有感于张、程,前此未曾有人说到此。"②

朱子认为张载、程子所说的"气质之性"是极有功于圣门的,但程门后学由于走的是程颢只从本体入手的路数,认为只要识体,即可在发用上实现大化流行,且这中间是流通无碍的。而在朱子看来,心的未发、已发与性、情的未发、已发是不同的,因为"心的未发已发指的是心的两个不同的阶段,是同一层次的概念,而性情的未发已发指的是体用关系"③,因此,心在"未发"之时,耳目的功能并未停止,已经有"气质"杂入其中,当然这需要明确的是,朱子此处的"未发"还不是讲的形上本体,故朱子要求在未发时亦要涵养。程门后学中的错误之处就在于对现实人心的认识不足,朱子虽未明确批判程门后学,但他对陆九渊的批判应用在程门后学身上,亦是确当的,因为程门后学总体上是往心学方向走的,与陆九渊的学术宗旨是相近的,他说:

> 陆子静之学,千般万般病只在不知有气禀之杂,把许多粗恶底气,都把做心之妙理合当恁地,自然做将去……只道这是胸中流出自然天理,不知气有不好底夹杂在里,一齐滚将去。道害事不害事,看子静书只见他许多粗暴底意思……只我胸中流出底是天理,全不着得些工夫。看来这错处,只在不知有气禀之性。④

朱子认为陆九渊的学问就在于不知在"未发"时已经有气质之杂,

---

① 朱杰人等主编:《朱子语类》卷四,《朱子全书》(修订本)第14册,第199页。
② 朱杰人等主编:《朱子语类》卷四,《朱子全书》(修订本)第14册,第199页。
③ 陈来:《朱子哲学研究》,华东师范大学出版社2000年版,第180页。
④ 朱杰人等主编:《朱子语类》卷一百二十四,《朱子全书》(修订本)第17册,第3996页。

而只是去头脑处做工夫，以为只要明体即可保证发用流行的正当，殊不知此时已有气质杂在其中。程门后学恰恰是忽略这一点，而导致工夫上的偏差。

对"气质之性"的认识，也影响着程门后学在心、性、情关系上的看法，程门后学对于三者关系的主流看法即是"性体心用"，朱子早年亦肯认此观点，但随即在中和新说中予以改变，他批评道：

> 因言心、性、情之分，自程子、张子合下见得定了，便都不差。如程子诸门人，传得他师现成底说，却一齐差却。或曰："程子、张子是他自见得，门人不过只听得他师现成说底说，所以后来一向差。"曰："只那听得早差了也。"①

朱子认为二程门人并没有正确地理解和领会其师关于心、性、情的看法，故都出现偏差。偏差在何处，朱子没有明言。但就二程的对此的看法来说，程颢主心、性为一，不加分别，故主"性或心"体情用，性善则情善；程颐成熟期的主张则是"自性之有形者谓之心，自性之有动者谓之情"，可看出，程颐认为"性"是内在于"心"中，"心"是"性"的体现者，"性之有动"其实就是"心之动"，"动"则为"情"，"性"纯然至善，"情"则有善有恶。二程对于心、性、情的关系有二分和三分之别，且"心"在三者的结构中所处的位置亦不同。在思想演变中，程门后学多主"性体心用"，朱子早年亦服膺胡宏"性体心用"之说，他在《中和旧说》第二书中说道：

> 盖通天下只是一个天机活物，流行发用，无间容息。据其已发者而指其未发者，则已发者人心，而未发者皆其性也，亦无一物而不备矣，岂别有一物，拘于一时，限于一处，而名之哉？②

---

① 朱杰人等主编：《朱子语类》卷五，《朱子全书》（修订本）第14册，第231页。
② 朱杰人等主编：《晦庵先生朱文公文集》卷第三十二，《答张敬夫》，《朱子全书》（修订本）第21册，第1393—1394页。

从朱子的言语中，可看出朱子此时主张性为未发，心为已发，这就与胡宏之旨相近。他曾在《中和旧说序》中说明其与胡宏之学的关系：

> 人自婴儿以至老死，所语默动静之不同，然其大体莫非已发，特其未发者为未尝发尔。自此不复有疑，以为《中庸》之旨果不外乎此矣。后得胡氏书，有与曾吉父论未发之旨者，其论之适与余意合，用是益自信。①

从朱子的自述中可知，他认为自己早有此思想，看到胡氏书之后，乃知与自己意合。这种思想，朱子并未坚持太久，此时朱子之思想正处在游走于诸家学说选择未定之时，在与张栻就中和问题辩论时，始觉前说之误，故在中和新说之时对胡宏之"性体心用"展开批评，他说：

> 《中庸》未发、已发之义，前此认得此心流行之体，又因程子"凡言心者，皆指已发之云"，遂目心为已发，而以性为未发。然观程子之书，多所不合，因复思之，乃知前日之说非惟心性之名命之不当，而日用工夫全无本领。盖所失者，不但文义之间而已。②

朱子剖析前说之原因，乃是信奉程颐早年之说和误解程子文意，他详说其因道：

> 乾道己丑之春，为友人蔡季通言之，问辨之际，予忽自疑斯理也。虽吾之所默识，然亦未有不可以告人者。今析之如此，其纷纠而难明也。听之如此，其冥迷而难喻也。意者，乾坤易简之理，人心所同然者，殆不如是。而程子之言出其门人高弟之手，亦不应一切谬误以至于此。然则予之所自信者，其无乃反自误乎？则复取程氏

---

① 朱杰人等主编：《晦庵先生朱文公文集》卷七十五，《中和旧书序》，《朱子全书》（修订本）第24册，第3635页。
② 朱杰人等主编：《与湖南诸公论中和第一书》，《晦庵先生朱文公文集》卷六十四，《朱子全书》（修订本）第23册，第3130—3131页。

书，虚心平气而徐读之，未及数行，冻解冰释，然后知情性之本，然圣贤之微旨，其平正明白乃如此，而前日读之不详，妄生穿穴，凡所辛苦而仅得之者，适足以自误而已。①

在此序言中，朱子详细解释其思想前后变迁之经过，他认为"人之一身，知觉运用，莫非心之所为，则心者固所以主于身，而无动静语默之间也。然方其静也，事物未至，思虑未萌，而一性浑然，道义全具，其所谓中，是乃心之所以为体而寂然不动者也。及其动也，事物交至，思虑萌焉。则七情迭用，各有攸主，其所谓和，是乃心之所以为用，感而遂通者也。"② 朱子认为"心"是身之主，未发之时，"性"浑然全具，已发之时，心发用为七情。朱子虽未明确提出性体情用，但思想雏形已然初见，"心"贯通未发已发，未发是心之体，与其前说一致，而已发则是心之用，是"情"，也就是"性"为体，"情"为用。后来他明确提出：

> 心主于身，其所以为体者，性也；所以为用者，情也，是以贯乎动静而无不在焉。③
> 性是体，情是用，性情皆出于心。④
> 性者，心之理也；情者，心之用也；心者，性情之主也。⑤

朱子有感于胡宏将心性对扬所导致"情"的遗漏，⑥ 认为"性体心

---

① 朱杰人等主编：《中和旧书序》，《晦庵先生朱文公文集》卷七十五，《朱子全书》（修订本）第24册，第3635页。
② 朱杰人等主编：《答张敬夫》，《晦庵先生朱文公文集》卷三十二，《朱子全书》（修订本）第21册，第1419页。
③ 朱杰人等主编：《晦庵先生朱文公文集》卷四十《答何叔京》，《朱子全书》（修订本）第22册，第1839页。
④ 朱杰人等主编：《朱子语类》，卷九十八，《朱子全书》（修订本）第17册，第3304页。
⑤ 朱杰人等主编：《晦庵先生朱文公文集》卷六十七，《元亨利贞说》，《朱子全书》（修订本）第23册，第3254页。
⑥ 朱子批评胡宏："旧看五峰说，只将心对性说，一个情字都无下落。后来看横渠'心统性情'之说，乃知此话有大功，始寻得个'情'字着落，与孟子说一般。……盖心便是包得那性、情，性是体，情是用。心字只一个字母，故性、情字皆从心。"［朱杰人等主编：《朱子语类》卷五，《朱子全书》（修订本）第14册，第226页］

用",则使"情"字无着落。故唯有"心统性情"才是。张载只是提出"心统性情"的概念,未能解释,而程颐则有所推进,他认为"心"动时就为"情",也就是"天命之性"的发用,"性体心用"恰恰忽略"气质之性",故将"情"字落下。可见,朱子心、性、情主张的确立正是在批判湖湘学派中建构的,同时也是向程颐之学的回归。

二 对工夫论的反思和批判

对"气质之性"的忽视,对现实人心"恶"认识的不足,是程门后学中的显学工夫论倾向于程颢的原因。作为洛学分化后的两大显学派,道南学派主"未发体中",湖湘学派主张"先察识,后涵养",这与程颢的工夫论主张在实质上是一致的。

朱子的工夫论宗旨是明确的,即"下学而上达"。他的工夫路径与程门后学总体上是刚好相反的。对于道南学派的"未发之前求中",朱子说:

> 余蚤从延平李先生学,受《中庸》之书,求喜怒哀乐未发之旨未达,而先生没。余窃自悼其不敏,若穷人之无归。[1]

从朱子的自述中可知,朱子在从学李侗时,对"喜怒哀乐未发之旨"尚未领会,李侗就去世。看来,朱子对道南学派宗旨的体悟是在李侗去世后进行的。朱子说:

> 所论龟山《中庸》可疑处,鄙意近亦谓然。然又如所谓"学者于喜怒哀乐未发之际,以心验之,则中之体自见",亦未为尽善。大抵此事浑然无分段时节先后之可言,今着一时字、一际字,便是病痛。当时只云既然不动之体,又不知如何?[2]

---

[1] 朱杰人等主编:《中和旧说序》,《晦庵先生朱文公文集》卷七十五,《朱子全书》(修订本)第24册,第3634页。
[2] 朱杰人等主编:《与张钦夫》,《晦庵先生朱文公集》卷三十,《朱子全书》(修订本)第21册,第1316页。

龟山说"喜怒哀乐未发",似求中于喜怒哀乐未发之前。①

朱子认为龟山的"未发体中"并不完善,他认为这是浑然一体不分的,用"时""际"皆不合适。可以看出,此时朱子尚未有意识地对"心"进行未发已发的区分,以浑然一体来认识心,又以设问的方式来进行追问,表明朱子此时也处于思考探索阶段。对于罗从彦之思想,朱子论道:

> 罗先生于静坐观之,乃其思虑未萌,虚灵不昧自有以见其气象,则初未害于未发。……罗先生说终恐做病,如明道亦说静坐可以为学,谢上蔡亦言多着静,不妨此说终是小偏,才偏便做病,道理自有动时,自有静时,学者只是敬以直内,义以方外,见得世间无处不是道理,虽至微至小处,亦有道理,便以道理处之,不可专要去静处求。②

朱子认为罗氏之说亦有病,专于静中观未发气象,不如"敬以直内,义以方外"工夫全备。朱子对龟山与罗从彦的观点并未给予太多评判,而对其直接业师的观点则多有反思:

> 或问"延平先生何故验于喜怒哀乐未发之前而求所谓中?"曰:"只是要见气象。"陈后之曰:"持守良久,亦可见未发气象。"曰:"延平即是此意,若一向这里,又差从释氏去。"③
>
> 问"延平欲于未发之前观其气象,此与杨氏'体验于未发之前者'异同如何?"曰:"这个亦有些病,那体验字是有个思量了便是已发,若观时怎着意看便也是已发。问此体验是着意观,只恁平常否?"曰:"此亦是以不观观之。"④

---

① 朱杰人等主编:《朱子语类》卷六十二,《朱子全书》(修订本)第16册,第2044页。
② 朱杰人等主编:《朱子语类》卷一百零二,《朱子全书》(修订本)第17册,第3409页。
③ 朱杰人等主编:《朱子语类》卷一百零二,《朱子全书》(修订本)第17册,第3418页。
④ 朱杰人等主编:《朱子语类》卷一百零二,《朱子全书》(修订本)第17册,第3418页。

朱子认为李侗的"未发之前体中"是要见气象,且是涵养持久之后自然可见,但认为若专于此用功,则容易坠入佛教一边。朱子的解读是有误解的,李侗的"静坐"并非如佛教悬空打坐去体"空",而是要实见天理。但朱子的担心也并非没有道理,"静坐"因人的不同而所获得的效果也千差万别,若涵养不当,也难以与佛教划清界限。在对杨时与李侗思想差别的判别上,他认为"观"与"体验"说的都是已发,不能等同于"未发",这其实与程颐的观点是一致的:

(苏季明)曰:"喜怒哀乐未发之前求中,可否?"
(程颐)曰:"既思于喜怒哀乐未发之前求之,又却是思也。既思即是已发。才发便谓之和,不可谓之中也。"①

程颐认为"思"属于已发,故未发之前求中是不可能的。朱子对此评论道:

问:"伊川答苏季明云:'求中于喜怒哀乐,却是已发。'某观延平亦谓'验喜怒哀乐未发之前为如何',此说又似与季明同。"曰:"但欲见其如此耳。然亦有病,若不得其道,则流于空。故程子云'今只道敬'。"又问:"既发未发不合分作两处,故不许。如《中庸》说,固无害",曰:"然。"②

在李延平与程颐之间,朱子显然是认可程颐的说法,不能专在静处作工夫,未发、已发并不是截然相分的两个阶段,也不是分作两处看,所以程颐主张用"敬"。总之,朱子对道南学派之未发体中工夫是不认可的,不认可在于其认为道南学派所说的"观""体验""思"等指的都是已发,与其学派主张是相矛盾的。朱子认为未发时需要涵养,但需要的是"敬"。正是朱子对道南学派的工夫论的不满,所以才转向湖湘学派

---

① (明)黄宗羲:《伊川学案》上,《宋元学案》卷十五,全祖望补,1986年,第616页。
② 朱杰人等主编:《朱子语类》卷九十六,《朱子全书》(修订本)第17册,第3244页。

第四章　思想转化与学术走向

问学。

对于湖湘学派的"先察识，后涵养"之工夫，朱子亦严厉批评，虽然湖湘学派与朱子所言的"察识"内涵并不一致，但朱子在批判中却对此予以无差别的认识，就同一层面而言，朱子所以不能认同湖湘学派的工夫，乃缘于其认为：

> 湖南诸友，其病亦如此。近看南轩文字，大抵都无前面一截工夫也。大抵心体通有无、该动静，故工夫亦通有无，该动静，方无透漏，若必待其发而后察，察而后存，则工夫之所不至者多矣。惟涵养于未发之前，则其发处自然中节者多，不中节者少，体察之际，亦甚明审，易为着力，与异时无本可据之说不同矣。①
>
> 湖南病正在无涵养，所以寻常发出来，不留在家。②

朱子认为湖湘学派工夫论的毛病即在于缺乏未发时涵养的一段工夫。朱子认为心体是通有无，贯通已发未发的，若只是待心体发用，才去察识存养，则工夫仍为欠缺。他说：

> 古人只从幼子常视无诳以上、洒扫应对进退之间，便是做涵养底工夫了。此岂待先识端倪而后加涵养哉？但从此涵养中渐渐体出这端倪来，则一一便为已物。又只如平常地涵养将去，自然纯熟。今曰"即日所学，便当察此端倪而加涵养之功"，似非古人为学之序也。又云"涵养则其本益明，进学则其智益固，表里互相发也"，此语甚佳。……今乃谓"不先察识端倪，则涵养个甚底"，不亦太急迫乎？③
>
> 又如所谓"学者先须察识端倪之发，然后可加存养之功"，则熹

---

① 朱杰人等主编：《答林择之》，《晦庵先生朱文公文集》卷四十三，《朱子全书》（修订本）第22册，第1981—1982页。
② 朱杰人等主编：《朱子语类》卷一百零一，第3404页。
③ 朱杰人等主编：《答林择之》，《晦庵先生朱文公文集》卷四十三，《朱子全书》（修订本），第1980页。

于此不能无疑。盖发处固当察识，但人自有未发时，此处便合存养，岂可必待发而后察、察而后存耶？且从初不曾存养，便欲随事察识，窃恐浩浩茫茫，无下手处，而毫厘之差、千里之缪将有不可胜言者。此程子所以每言孟子才高，学之无可依据；人须是学颜子之学，则入圣人为近，有用力处。其微意亦可见矣。且如"洒扫应对进退"，此存养之事也，不知学者将先于此而后察之耶，抑将先察识而后存养也？以此观之，则用力之先后判然可观矣。[1]

朱子认为古人为学之序应是先于未发涵养，然后从此涵养中渐渐体察出端倪来，再加以存养之功，如此才是涵养之序。他认为已发处固然需要察识，但不能待发见后再去察识，然后再存养，如此将会导致在茫茫之中工夫无下手处，且如洒扫应对即是涵养工夫。当然，湖湘学派与朱子的察识与涵养是否在同一层面上乃是需要探究的问题，在学术界引起纷争。[2] 我们认为湖湘学派与朱子的"涵养"与"察识"是不同的。在湖湘学派那里，"察识"是"明体"，是程颢之说的延续，然后再加以涵养扩充之功，而朱子认为人一出生就有"气质之性"，故在"未发"时就需要涵养，朱子的"察识"是反思性的，是"致知"。

湖湘学派的先察识后涵养之工夫论亦体现在他们直承程颢的"识仁"说。首先对此问题进行探索的是胡宏，他在与弟子答问中说道：

---

[1] 朱杰人等主编：《答张钦夫》《晦庵先生朱文公文集》卷三十二，《朱子全书》（修订本）第21册，第1420页。

[2] 关于此问题，学术界大致有两种看法，一是不加区分，默认其一致。如陈来先生在《宋明理学》《朱子哲学研究》、向世陵先生在《善恶之上——胡宏性学理学》与《理气性心之间——宋明理学的分系与四系》等并无分别地使用。二是不一致说：束景南先生认为"朱子中和旧说同湖湘学派的中和说虽然都主张先察识后涵养，但是湖湘学派说的察识是指向内心的精察吾心，明心识性，这种察识本心也就是向内的察识仁体，而朱熹说的察识确实指向外的精察物理，是动察，是应事格物，还保留着李侗应事即物就分殊上体认实理思想的影响。两种察识反映了认识论上主观唯心主义与客观唯心主义方法论的对立。"（参加束景南《朱子大传》上，商务印书馆2003年版，第280页）曾亦先生认为"在湖湘学者那里，知是知仁，识心，即对本体的知识，而行则是对本体的涵养。……至于朱子，行使主敬的工夫，即一种未发时动容貌、整思虑以收敛其心的功夫；而省察则是在已发时察知念虑之非，即知一事一物之理。"（参见曾亦《本体与工夫——湖湘学派研究》，上海人民出版社2007年版，第186页）本书认同束景南先生分析。

第四章 思想转化与学术走向

彪居正问："心，无穷者也。孟子何以言尽其心。"曰："惟仁者能尽其心。"居正问为仁，曰："欲为仁，必先识仁之体。"曰："其体如何？"曰："仁之道，弘大而亲切，知者可以一言尽。不知者虽设千万言，亦不知也。能者可以一事举，不能者，虽指千万事，亦不能也。"曰："万物与我为一，可以为仁之体乎？"曰："子以六尺之躯，若何而能与万物为一？"曰："身不能与万物为一，心则能矣。"曰："人心有百病一死，天下之物有一变万生。子若何而能与之为一？"①

"识仁"之说源于程颢，程颢之意是将"仁"提升至本体境界，胡宏承继程颢之思想，提出"为仁，先识仁之体"，也就是说胡宏主张在为仁工夫上须先体认仁体，在此仁体流行之际，体认此心。胡宏在仁学上的主张将其工夫主张"先察识，后涵养"之精神体现得淋漓尽致。当然，对于胡宏的这一观点，在当时就形成不同的意见，湖湘后学除张栻外，基本都捍卫师说，他们与朱子往复辩论，不改其说。朱子对此提出批评，认为：

"欲为仁，必先识仁之体"，此语大可疑。观孔子答门人问为仁者多矣。不过以求仁之方告之，使之从事于此而自得焉尔。不必使先识仁体也。②

程子《识仁篇》乃地位高者之事，故《近思录》遗之。③

大抵向来之说，皆是苦心极力要识"仁"字，故其愈巧而气象愈薄。近日究观圣门垂教之意，却是要人躬行实践、直内胜私，使轻浮刻薄、贵我贱物之态潜消于冥冥之中，而吾之本心浑厚慈良、公平正大之体常存而不失，便是仁处。其用功着力，随人浅深，各有次第。要之须是力行久熟，实到此地，方能知此意味。盖非可以

---

① （宋）胡宏：《知言》卷四，《胡宏著作两种》，王立新点校，第32—33页。
② 朱杰人等主编：《胡子知言疑义》，《晦庵先生朱文公文集》卷七十三，《朱子全书》（修订本）第24册，第3561页。
③ （明）黄宗羲：《明道学案》上，《宋元学案》卷十三，全祖望补，第541页。

想象臆度而知，亦不待想象臆度而知也。①

朱子对"识仁"说之缔造者程颢颇有微词，待至湖湘学派接续程颢重新阐发之时，朱子即展开批评。据上所引，朱子反对"识仁"缘于他认为"识仁"是历经下学工夫之后的效验，而不能作为工夫去做。朱子认为这是"地位高者事"，当然朱子之意也隐含着"识仁"可以作为"地位高者"之工夫。朱子的这一说法亦得到湖湘学派后期张栻的认可，张栻说："必待识仁之体而后可以为仁，不知如何而可以识也，学者致为仁之功，则仁之体可得而见，识其体矣，则其为益有所施而亡穷矣，然则答为仁之问，宜莫敬而已矣。"② 张栻早先认同师说，后亦改变前说，他认为若待识仁之后，再去为仁，是不可能的，学者惟致力于为仁之功，久之自可识见仁体。朱子一贯主张下学上达，自然对直从本原入手之工夫不能接受。

总而言之，朱子对道南和湖湘两大学派工夫论的批判，实际上就是为了纠正自程颢以来，程门后学（指程门中的显学派）将工夫一味向高处走的倾向。也正是朱子的批判，使洛学总体倾向上不是沿着"程颢之学"或"心学"的一条道向前走，而使程颐的"涵养须用敬，进学则在致知"的"下学而上达"之学得以延续，从这一点来说，朱子实则是"程颐之学"光大的推进者。实际上，朱子的工夫论的确立亦与批判事功学派有关，他曾分析道：

> 今世为学不过两种：一则径趋简约、脱略过高；一则专务外驰、支离繁碎。其过高者，固为有害，然犹为近本；其外驰者，诡谲狼狈，更不可言。③

---

① 朱杰人等主编：《答吴晦叔》，《晦庵先生朱文公文集》卷四十二，《朱子全书》（修订本）第 24 册，第 1912 页。
② 朱杰人等主编：《胡子知言疑义》，《晦庵先生朱文公文集》卷七十三，《朱子全书》（修订本）第 25 册，第 3561 页。
③ 朱杰人等主编：《答吴伯丰》，《晦庵先生朱文公文集》卷五十二，《朱子全书》（修订本）第 24 册，第 2433 页。

第四章 思想转化与学术走向

朱子认为当时为学风气上，有两种弊端：一是立言过高；二是专求于外。立言过高者，如道南、如湖湘，专务于外者，如后期永嘉学派，但因本文所提前期永嘉学派，并未转向事功学派，故对此不再专论。

三 对仁学的反思和批判

程朱之间是"仁学"发展的关键时期，在二程那里，对"仁"的诠释已经出现分歧。① 程门后学使这一分歧继续扩大，他们重视"仁"与心、性的关联，这就为后来"仁"归于心性论之下吹响前奏。朱子评判道：

> 或曰："程氏之徒，言仁多矣。盖有谓'爱非仁，而以万物与我为一为仁之体者矣'；亦有谓'爱非仁，而以心有知觉释仁之名者矣。'今子之言若是，然则彼皆非欤？"曰："彼谓物我为一者，可以见仁之无不爱矣，而非仁之所以为体之真也；彼谓心有知觉者，可以见仁之包乎智矣，而非仁之所以得名之实也。观孔子答子贡博施济众之问，与程子所谓'觉不可以训仁者'，则可见矣。子尚安得复以此而论仁哉！抑泛言同体者，使人含糊昏缓而无警切之功，其弊或至于认物为己者有之矣；专言知觉者，使人张皇迫躁而无沉潜之味，其弊或至于认欲为理者有之矣。一忘一助，二者盖胥失之，而知觉之云者，于圣门所示乐山能守之气象，尤不相似。子尚安得复以此而论仁哉！"②

在这段长文中，朱子分析程门后学"离爱言仁"所出现的两种流弊：一是以万物一体释仁；二是以觉言仁。朱子的概括符合程门后学论"仁"

---

① 朱汉民先生曾比较明确地指出："二程在'仁'的训释上差异明显分别以'万物一体'训仁和以'公'释仁其实二者的差别体现在仁之本体与仁之用，生命境界与道德实践，体认天理与大公无私几个方面。两种仁说上的差异，与二程兄弟的气质个性与思想境界不同有关。"（朱汉民、李立广：《一体训仁与以公释仁：二程仁说的比较》，《湖南大学学报》2020年第1期）

② 朱杰人等主编：《仁说》，《晦庵先生朱文公文集》卷六十七，《朱子全书》（修订本）第24册，第3280页。

的共同趋向。他反对以"万物一体言仁"与反对"识仁"之说的缘由是一样的，那就是此不可作为工夫的下手处，而只能作为经历"下学"工夫之后而达至的效验，他说的"与天地万物为一体是仁之后事，……惟仁然后可以与天地万物为一体"① 就是这个意思。同时，强调"万物一体"，则使人含糊而没有警切之功，甚至将"物"作为自己的"私物"，导致物我不分。在这里，朱子仍然是以他的"下学而上达"的工夫路径为评判标准的。

对于"以觉言仁"，前面已有论述，此再略述之。朱子反对的根本意就是认为"觉"与"仁"不在同一个层面，"觉"属智，而"仁"则包"智"。"以觉言仁"是将仁作为认知的对象来加以认识，而这容易使人陷入没有切实操存之功，导致理欲不分。不可忽视的是，朱子认为之所以会出现这两种流弊，是因为学者"离爱言仁"。正是因为此，朱子反对"离爱言仁"，他追溯导致此弊端的缘由：

> 仁离爱不得，上蔡诸公不把爱做仁，他见伊川言"博爱非仁也，仁是性，爱是情"，伊川也不是道爱不是仁，若当初有人会问，必说道"爱是仁之情，仁是爱之性，如此方分晓"。惜门人只领那意，便专以知觉言之，于爱之说若将浼焉，遂蹉过仁地位去说，将仁更无安顿处。②

朱子认为是上蔡等弟子错解程颐的意思，程颐"以爱为仁"有"以情为性"之嫌，故反对专于"爱"说"仁"，但这并非说"爱"不是"仁"。但门人弟子却不加体悟，以为不能以"爱"言"仁"便可离"爱"言"仁"，如此将"仁"变成冷漠无情的范畴。也正是因为意识到此流弊，他在后来为"仁"下的定义中，就必不可少地以"爱之理"来限定"仁"，以此来扭转程门后学割裂"爱"与"仁"或"情"与"性"的错误倾向。为此，他明确说道：

---

① 朱杰人等主编：《朱子语类》卷六，《朱子全书》（修订本）第14册，第259页。
② 朱杰人等主编：《朱子语类》卷六，《朱子全书》（修订本）第14册，第261页。

第四章 思想转化与学术走向

> 或曰:"若子之言,则程子所谓'爱情仁性',不可以爱为仁者,非欤?"曰:"不然。程子之所诃,以爱之发而名仁者也。吾之所论,以爱之理而名仁者也。盖所谓情性者,虽其分域之不同,然其脉络之通,各有攸属者,则曷尝判然离绝而不相管哉!吾方病夫学者诵程子之言而不求其意,遂至于判然离爱而言仁,故特论此以发明其遗意,而子顾以为异乎程子之说,不亦误哉!"①

他认为弟子以其意与程颐相异是错误的,程颐的意思是反对以爱的发用而言,而他的意思是以爱之根源而言,只是角度不同而已。"性"与"情"只是所属不同,但并非相互隔绝,它们是相通的。由此可见,程颐是有感于当时学者以爱之情为仁所造成的弊端而发,而朱子则是有感于学者离爱言仁所造成的弊端而发,而这正是程朱之间程门后学矫枉过正所造成的。

而对于程门后学一直纠缠不清的"仁"与"心"的关系,朱子亦力图拨正,他说:

> 或曰:"仁,人心也,则心与仁宜一矣。"而又曰:"'心不违仁,则心之与仁,又若二物焉者,何也?"曰:"孟子之言非以仁训心也,盖以仁为心之德也。人有是心,则有是德矣。然私欲乱之,则或有是心而不能有是德,此众人之心所以每至于违仁也。克己复礼,私欲不萌,则即是心而是德存焉。此颜子之心所以不违于仁也,故所谓违仁者,非有两物而相去也;所谓不违者,非有两物而相依也。深体而默识于言意之表,则庶乎其得。"②

朱子认为孟子并非是要以"仁"训"心",而是要说"仁"为"心之德",也就是"仁"是"理"之在"心"者。之所以违仁,则因人之

---

① 朱杰人等主编:《仁说》,《晦庵先生朱文公文集》卷六十七,《朱子全书》(修订本)第23册,第3280页。
② 朱杰人等主编:《论语或问》卷六,《朱子全书》(修订本)第6册,第721页。

私欲乱之，故人要做的工夫就是"克己复礼"，从而使私欲不萌发。对于朱子"仁者，心之德"的演变历程，学术界已经探讨甚多①，兹不赘述。朱子"仁者，心之德"的定义较之孟子，虽然都主张"仁"与"心"的不离，但内涵却更加明确。

朱子"仁者，心之德，爱之理"的定义正是在对程门后学的反思和批判中建构的。朱子的批判其实也是要纠正程门后学将"仁"一味向本体境界意义上拔高，并由此导致的偏离孔孟所一贯强调"为仁"的传统，也就是要去如何"为仁"，而不是悬空冥思"仁体"。这实际上也是其"下学而上达"之工夫标准在"仁学"上的体现。当然，还有另外一种意义就是把程门后学强调的"仁"与"心、性"的关联继续强化，并最终消解在心性论的视域之内。②

程门后学的心性论思想构成朱子反思和批判的"底色"和"背景"，没有程门后学对二程思想的接续和阐发，朱子就不可能成为"集大成者"。朱子在"此学不明，天下绝无可为之理"③的信念支持下，以自己的学术取向为标准，以"理（性）气二分"和"下学而上达"为准则，对程门后学的心性论思想进行反思和批判。必须明确的是，朱子对程门后学虽然多是批判，但并非没有继承，这是双向互动的，他学术标准的确立正是在反思中建立，在论辩中成熟。

第二节 转向心学

据全祖望论述：

> 象山之学，先立乎其大者，本乎孟子。足以砭末俗口耳支离之

---

① 参见许家星《朱子、张栻"仁说"辨析》，《中国哲学史》2011 年第 4 期。
② 陈来先生亦指出"朱子的仁说，……其重点是强调仁的心性论意义。"（参见陈来《朱熹的〈仁说〉与宋代道学话语的演变》，载陈来主编《早期道学话语的形成与演变》，安徽教育出版社 2007 年版，第 218 页）
③ 朱杰人等主编：《答林择之》，《晦庵先生朱文公文集》卷四十三，《朱子全书》（修订本）第 22 册，第 1963 页。

学,但象山天分高,出语惊人,或失于偏,面不自知是则其病也。程门自谢上蔡以后,王信伯、林竹轩、张无垢至于林艾轩皆其前茅,及象山而大成。①

此说是对心学源流的叙述,可以看出在谢良佐之后,象山之前,有四人为心学端绪或过渡,王苹、张九成属杨时门下,林竹轩属许景衡门下,而林艾轩属尹焞弟子陆景瑞门下弟子。②然林竹轩、林艾轩著作已不可见,故此部分只以王苹、张九成的思想为研究对象,探究其心学思想,以明晰洛学如何逐步心学化的。

一 王苹的心学思想

王苹(1082—1153),字信伯,作为程颐及杨时的高弟,其在哲学史地位,全祖望论道:

> 洛学之入秦也以三吕,其入楚也以上蔡,司教荆南,其入蜀也以谢湜、马涓,其入浙也以永嘉周刘许鲍数君,而其入吴也以王信伯(王苹),信伯极为龟山所许,而晦翁最贬之,其后阳明又最称之。予读《信伯集》颇启象山之萌芽,其贬之者以此,其称之者亦以此。象山之学本无所承,东发(黄震)以为遥出于上蔡,予以为兼出于信伯,盖程门已有此一种矣。③

究观王苹之思想,全氏之说并非虚论,他认为王苹不仅使洛学得以在吴地(今苏州吴江市)薪火相传,同时也开心学端绪,故全氏以为心学并非陆九渊所始创,实是洛学中"已有此一种矣"。然当前学术界的视角只集中在程门"四大弟子"上,对王苹在哲学史的地位则少有关注,遍观当前学术著作,涉及王苹的寥寥无几,仅有的如何俊的《南宋儒学建构》

---

① (明)黄宗羲:《象山学案》,《宋元学案》卷五十八,全祖望补,第1884页。
② 林季仲,字懿成,生卒年不详,号竹轩,永嘉人也。兄弟四人皆横塘许氏弟子。林光朝(1114—1178),字谦之,号艾轩,师从尹焞弟子陆景瑞。
③ (明)黄宗羲:《明道学案》上,《宋元学案》卷十三,全祖望补,第556页。

对王苹亦是略作探究，甚至不加考证以"生卒年不详"叙之；① 陈来的《南宋心学与佛教》亦只是将其作为众多对象之一，简述心学思想与佛教之关系②，这种研究现状实不符王苹之哲学地位。其人已为时人所重视，如同门及老师杨时称"同门后来成就莫出信伯"③，同门好友尹焞称："朋友切磋之道，废而不讲，正赖吾信伯也。"④ 胡安国亦说"其学有师承，识通世务，使司献纳，必有补于圣时"⑤，同道中人朱震、胡安国、胡寅、尹焞等皆举以自代，充任经筵侍讲。后王阳明"极称之，要之，其中亦有可取者"⑥，黄宗羲以"著作语录不得为恨，今予幸得见之"⑦评之，但王苹在古时所受的礼遇至近现代却不再享有，这对王苹本人及对心学的研究都是不公的，故考镜源流，深究王苹本人及其在何种维度和意义上被称之为心学的肇始者，应是当前学术研究所应聚焦的理论视点。

（一）心、性、天为一

王苹被视为心学过渡或肇始者，其理论旨趣集中对心、性关系这一理学与心学之核心分歧进行构思。在回答弟子关于张载《正蒙》的疑问时，王苹说：

> 问："《正蒙》云'聚亦吾体，散亦吾体，知死之不亡者，可与言性矣，海水凝则冰，浮则沤，然冰之才，沤之性，其存其亡，海不得而与焉。推是足以究死生之说'，其意如何？"曰："知性即明死生之理，性犹水也。"⑧

---

① 何俊：《南宋儒学建构》，第52页。
② 陈来：《中国近世思想史研究》，生活·读书·新知三联出版社2010年版，第330页。
③ 朱杰人等主编：《伊洛渊源考》卷十二，《朱子全书》（修订本）第12册，1091页。
④ （宋）尹焞：《答王信伯》，《尹焞集》卷五，第570页。
⑤ 章宪：《著作王先生墓志铭》，载庄仲方编：《南宋文苑》，吉林人民出版社1998年版，第948页。
⑥ （明）黄宗羲：《震泽学案》，《宋元学案》卷二十九，全祖望补，第1056页。
⑦ （明）黄宗羲：《明道学案》上，《宋元学案》卷十三，全祖望补，第563页。
⑧ （宋）王苹：《震泽记善录》，《王著作集》卷八，第594页。

第四章　思想转化与学术走向

张载之意在强调"气"为宇宙之本体，人与万物之生死就是气之消散的过程，个体之死并不代表寂灭，而是气之散，回归自然。"性"是"合虚与气的"，"性"之成名不仅有"虚"这一本体，而"气"使之落实于个体，呈现差异。张载认为明白个体乃气之聚散之理，性亦是离不开气，而随气化流行而成名。王苹认为如能知"性"，则明生死之理，王苹似乎颠倒张载的因果关系，张载是从知生死推到言性，王苹则反其道而行之，知性何以就能明生死之理，这中间的逻辑关系是需要明确的。王苹答语太简，但从其"性，犹水也"可知，他认为"性"与"生死"具有理论上的同构性，如水之存在于消亡之理一样，当然这还不同于告子的"性犹湍水也"，告子意在强调"性"就像水一样没有定性，无所谓善恶，王苹显然不是此意。朱子针对王苹答语批驳道：

> 愚谓"性即理"也，其目则仁义礼智是已，今不察此而曰："知性即明死生之说，是以性为一物，而往来出没乎生死之间也，非释氏之意而何哉。"①

朱子认为若言"知性则知生死之理"，则是以"性"为外在的对象性存在，这无疑与佛教主张无二。仅就"知性"来说，这是自孟子始就为儒家所强调的，王苹强调"知性"并没有溢出儒家正统，朱子所批评的乃是其舍弃"性"的内容去谈"知性"，滑为佛氏之说。

王苹论"心"道：

> 人心广大无垠，万善皆备，盛德大业皆从此出，欲行尧舜文武之道，扩此心焉耳。②

王苹认为"心"是洁净空阔、万善皆备的伦理道德"心"，且是完满自足

---

① 朱杰人等编：《记疑》，《晦庵先生朱文公文集》卷七十，《朱子全书》（修订本）第23册，第3400页。
② 孙奇逢：《理学宗传》卷十五，续修四库全书，上海古籍出版社2002年版，第453页。

的，外王事业皆由此而发，尧舜之道的落实，唯有扩充此万善皆备之心。王氏之说凸显"心"之重要性，这与后来陆、王重"心"及论"心"之特质的心学风格是一致的，不同的是，他还没有像陆九渊那样，将心从宇宙的角度来理解。

他又说：

> 先圣后圣，若合符节，非传圣人之道也，传圣人之心也，非传圣人之心，传己之心也。己之心无异于圣人之心，广大无垠，万善皆备，欲传圣人之道，扩充此心焉耳！①

王苹认为圣贤所传非"道"，而是"一己之心"，而这"一己之心"就是道，当然这不是私心，如果能将此心扩而充之，则可以成为"人"，从而与天地并立为三。在此，王苹其实已将"心"等同于"道"。虽然，王苹还没有用"理"，但从本体意义上言，"道"与"理"其实是同一的。故从内容上言，这与心学的主张实已无二，所剩的只是形式上表述而已。他的这一思想为陆九渊所继承②，陆氏更为直接地说：

> 心只是一个心，某之心，吾友之心，上而千百载圣贤之心，下而千百载复有一圣贤，其心亦是如此，心之体甚大。③
>
> 盖心，一心也，理，一理也，至当归一，精一无二，此心此理实不容有二。④
>
> 宇宙便是吾心，吾心便是宇宙。东海有圣人出焉，此心同也，此理同也，南海北海有圣人出焉，此心同也，此理同也。千百世之上至千百世之下，有圣人出焉，此心此理亦莫不同也。⑤

---

① 朱杰人等编：《记疑》，《晦庵先生朱文公文集》卷七十，《朱子全书》（修订本）第23册，第3397页。
② 当然这种继承不是师道传授，因为陆九渊自谓学无师承，此种意义上的继承只是从思想的内在脉络和逻辑而言。
③ （宋）陆九渊：《语录》下，《陆九渊集》卷三十四五，中华书局1980年版，第444页。
④ （宋）陆九渊：《与曾宅子》，《陆九渊集》卷一，第4—5页。
⑤ （宋）陆九渊：《语录》下，《陆九渊集》卷三十五，第445页。

第四章 思想转化与学术走向

陆氏之说较之王苹，显然有王苹思想之痕迹，只是更加明确地表明心学主旨，将"心"确立为最高原则，即内心之道德法则与宇宙普遍之理是同一的，而王苹之与陆氏相差的正在于此。他更为明确地点出心学宗旨：

> 宪问："'尽其心者，知其性也，知其性则知天矣'，此是知之；存其心养其性所以事天也，此是养之。"先生曰："不然。余常问伊川造得道后，还要涵养否？伊川曰'造得到后更说甚涵养！'尽心、知性、知天，知之至也。知之至，则心即性，性即天，天即性，性即心，所以生天生地，此言天之形体，化育万物。为尧舜禹汤文武者皆此心。尧夫自余吟身生天地后，心在天地先，天地自我出，自余何足言。此之谓也，其次则欲存心养性以事天。"①

王苹反对以"知之"与"养之"来区分"尽心知性"与"存心养性"，他认为若能尽心知性知天，则心、性、天就没有二致。他提出"心"为宇宙万物的本体，即"心，所以生天生地，此言天之形体"②，并认同邵雍的"心在天地先"的观点。心学之谓心学，其理论宗旨之一就是强调"心"的本体地位，心、性、天的同一，在王苹的哲学中，"心即性、性即天、天即性、性即心"已将心学的主旨点破③，而这一说法，即使被冯友兰视为心学宗师的程颢、陆九渊、王阳明亦未有如此明确、直白的表述，如陆九渊说："今之学者读书只是解字，更不求血脉，且如情、性、心、才都只是一般物事，言偶不同耳。"④ 王阳明说："性一而已，自其形体也谓之天，主宰也谓之帝，流行也谓之命，赋予人也谓之性，主于身

---

① （宋）王苹：《震泽记善录》，《王著作集》卷八，第595页。
② 湖湘学派之中坚人物胡宏说："尧、舜、禹、汤、文王、仲尼六君子先后相诏，必曰心而不曰性，何也？曰：心也者，知天地，宰万物，以成性者也。六君子，尽心者也，故能立天下之大本，人之于今赖焉。"（胡宏：《知言》卷一，《胡宏著作两种》，王立新点校，第7页）胡宏的观点与王苹具有高度的相似性，虽没有直接证据证明两者具有交往，但王苹与胡安国过从甚密，其思想是否通过胡安国影响胡宏，亦未可知。但思想在某些方面的一致可见一斑。
③ 虽然理学也可以讲心、性、天的为一，但那只是应然层面的，与心学所讲是有所区别的，且对"心"的定位亦不同。
④ （宋）陆九渊：《语录》下，《陆九渊集》卷三十四，第456页。

也谓之心。"①

作为草创者,王苹提出心学最为基础的观点。在理学的藩篱内,其突破处即王苹不再以宇宙论作为论述心性论的出发点,而是直接从心性论出发。与陆、王相较,他们则使其进一步细化,且对本体论予以彻底重建。王苹在心性论之建构上已经偏离二程的哲学理路,突出"心"的本体意义,从而向心学靠近。

(二) 强调"顿悟"的工夫

本体论形态决定工夫论的走向。如果说王苹在心性建构上已经与心学接近,那么以"不喜著作,专事涵养"为名的王苹在涵养工夫论上则向心学走得更近。他说:

> 宪初至震泽见先生,问"致知"之要,曰:"宜近思,且体究喜怒哀乐未发谓之中",又曰:"莫被中字碍,只看未发时如何?"宪举杨文靖公《中庸》序云:"闻之伊川'不偏之谓中,不易之谓庸。'先生曰:是,非伊川之言,不然则初年之说也。"昔伊川尝批吕与叔大临《中庸说》曰:'不倚之谓中,其言未莹。'吾亲问伊川如何其言未莹,伊川答语甚简,曰:"中无倚著。"宪未达,先生曰:"若说不倚,须是四旁,方言不倚得,不倚者,中立不倚也。"②

从王苹回答弟子的疑问中可以看出,王苹继承龟山门下指诀,去体验"喜怒哀乐未发谓之中",并以此作为致知工夫的要点,然王苹并没有简单地恪守,而是"接着讲",提出"莫被中字碍,只看未发时如何",这与道南一脉的罗从彦和李侗都不同。③ 王苹强调未发时工夫,抛弃对工夫的对象"中"的刻意体认,这显然容易走向只强调工夫,而放弃对本体的体认和把握的窠臼之中,以至工夫最后也流于盲目和空虚。他甚至否

---

① 吴光等编:《传习录》上,《王阳明全集》第1册,浙江古籍出版社2011年版,第6页。
② (宋) 王苹:《震泽记善录》,《王著作集》卷八,第593页。
③ 罗从彦和李侗虽也强调体认"喜怒哀乐未发之中",但仍然是在肯认"中"为本体的前提下,去做工夫的探究。王苹则直接把"中"去掉,直接去践履工夫。

认"不偏之谓中，不易之谓庸"为程颐之语，即使是，也是程颐早年不成熟之论。这遭到朱子的反驳，朱子说：

> 愚谓不偏者，明道体之自然，即无所倚着之意也。不倚则以人而言，乃见其不倚于物耳。故程子以不偏名中，而谓不倚者为未莹。今以不倚者之未莹，乃欲举不偏者而废之，其亦误矣。①
>
> 王信伯乖，郑问："他说'中无倚着，又不取龟山"不偏"说'，何也？"曰："他谓'中无偏倚'，故不取不偏说。"②

朱子认为"不偏"以"自然"而言，而"不倚"则以人而言，王苹强调不倚，否认龟山的"不偏"说，乃是以人为尺度论之，有误人之嫌。王苹意在消除人对"中"的过分把捉，但这种努力使得他偏离理学，而走向心学。因为王苹所注重的只是囿于意识的工夫，即"只看未发时如何"，这就与后来的心学所主张的内向工夫趋向一致，如王阳明亦说："格物如孟子'大人格君心'之格，是去其心之不正，以全其本体之正。"③ 王苹与两者不同在于，王苹完全斩断"用"，忽视工夫向生活的落实，而强调内向工夫，陆王则有所纠正。他更明确地说：

> 问："张思叔绎诗'此道难，将智力求学，有所思索，是用智力求也'。"曰："此言则恍然神悟处，不是智力求底，学者安能免得不用智力，人须求悟，悟不求人，若静坐有所得，难矣。学者体究切不可以文义解释，思叔所谓劝，君莫作聪明解也。"④

最能彰显心学工夫的无非是一"悟"字，王苹极力强调人须"求悟"，因为"顿悟"，不是强力求得，但一味静坐，亦有失偏颇。王苹不似罗从彦

---

① 朱杰人等编：《记疑》，《晦庵先生朱文公文集》卷七十，《朱子全书》（修订本），第23册，第3398页。
② 朱杰人等编：《朱子语类》卷一百零一，《朱子全书》（修订本），第17册，第3360页。
③ 吴光等编：《传习录》上，《王阳明全集》第1册，第15页。
④ （宋）王苹：《震泽记善录》，《王著作集》卷八，第594页。

那样只强调静坐，而是不废智力之功，至于如何做，王苹并没有给予清楚的解答。王苹不仅在理论上如此，而且将其贯彻于平日问学当中：

> 某问："如何是万物皆备于我？"先生正容曰："'万物皆备于我'，某言下有省耳！"①

朱子对王苹"恍然顿悟"之说批道：

> "恍然顿悟"乃异学之语，儒者则惟有穷理之功，积习之人触类旁通，而默有以自信耳。②

全祖望亦说：

> 此亦近乎禅家指点之语。③

盖"悟"本是禅宗工夫，王苹借鉴以为己用。他更主张工夫走方便快捷之路，实开陆九渊"易简工夫"之先河，他说：

> 问："学者若未见'天下归仁'，且先非礼勿视、非礼勿听、非礼勿言、非礼勿动，从事于此，须自见天下归仁"，曰："固是，然自要便见得天下归仁，进学在致知，涵养在敬，不可废。"④
>
> 浙中王苹信伯，亲见伊川，后来设教作怪，舒州有语录之类，专教人以天下归仁，只见人便说天下归仁，更不说克己复礼。⑤

---

① 朱杰人等编：《记疑》，《晦庵先生朱文公文集》卷七十，《朱子全书》（修订本）第23册，第3400页。
② 朱杰人等编：《记疑》，《晦庵先生朱文公文集》卷七十，《朱子全书》（修订本）第23册，第3399页。
③ （明）黄宗羲：《明道学案》上，《宋元学案》卷十三，全祖望补，第560页。
④ （宋）王苹：《震泽记善录》，《王著作集》卷八，第594页。
⑤ 朱杰人等编：《朱子语类》卷一百二十，《朱子全书》（修订本）第17册，第3795页。

王苹之语,如不细究,则易认为其走向程颐之工夫路数,实则不然。"天下归仁"所强调的是功夫积累之后的效验,不能以"见"论之,王苹则直接以此为工夫,实与程颢之功夫路径相近,而非程颐。况且他只以"天下归仁"教人,忽视下学之"克己复礼"工夫,这与朱子批评吕大临是一致的,但吕大临尚有"克己"一面,而王苹则干脆连这也丢弃。王苹失之迫切,有邋等语高之嫌,虽引用程颐之语,但其思想实质其实已经偏离师说。此病亦体现在王苹论孟子"浩然之气":

> 问:"浩然之气塞乎天地之间",曰:"孟子且如此说耳,论其洞达无间,又岂止塞乎天地之间而已哉!"①

王苹之说意远而旨高,实忽略孟子所主张的切实用力,而浩然之气充塞天地之循序渐进之工夫,难怪遭到朱子批驳:

> 养气之说,学者且当熟讲其方而实用力焉。至于事皆合义而无不歉于心,则是其浩然充塞天地,盖不待言而自喻矣。今不论此,而遽为浩荡无涯之说,以求出乎孟子之上,其欺己而误人甚矣!②

总之,王苹工夫的内向、顿悟以及忽视下学工夫只求上达之特征,甚至以上达为工夫,实际上已偏离理学,将心学工夫论的特征展现无遗。陆九渊径直以"易简"来标示自己的工夫,他说:"易简功夫终久大,支离事业竟浮沉"③,又说:"简且易者,又易知易从,又信足以为道,学者何惮而不为简易之从乎?"④ 内向工夫当然比外向工夫简单,内向工夫主张在意识内用功,追求顿悟,外向工夫主张格物穷理,以致豁然贯通,两者较之,内向工夫当然简单易行,但却容易走向工夫的纯意识化。本体

---

① (宋)王苹:《震泽记善录》,《王著作集》卷八,第594页。
② 朱杰人等编:《晦庵先生朱文公文集》卷七十,《朱子全书》(修订本)第23册,第3398页。
③ (宋)陆九渊:《鹅湖和教授兄韵》,《陆九渊集》卷二十五,第301页。
④ (宋)陆九渊:《语录上》,《陆九渊集》卷三十四,第424页。

与工夫乃识别和划分学派宗旨的基本范畴，如郭晓东先生所言："在宋明道学家们看来，他们面临着两个最为基本的问题：第一，何以可能成为圣人？第二，如何可以成为圣人？对于第一个问题，道学家主要从心性本体论上予以回答，而对于第二个问题，则主要从工夫论上回答。"① 至此，王苹从本体到工夫几乎已经转向心学，但也要注意到，他与陆王心学仍有差距。

二　张九成的心学思想

张九成（1092—1159），字子韶，浙江嘉兴人，号横浦居士、无垢居士。有《横浦集》《孟子传》等著作传世。师承杨时，"龟山弟子以风节光显者，无如横浦"②。不仅如此，张九成在学界的影响亦非同寻常，陈亮说道：

> 近世张给事学佛有见，晚从杨龟山学，自谓能悟其非、驾其说，以鼓天下之学者靡然从之。家置其书，人习其法，几缠缚胶固，虽世之所谓高明之士，往往溺于其中而不能以自出。其为人心之害，何止于战国之杨墨也。③

陈亮的话虽带有门户偏见，但却映衬张九成在当时影响之巨，以至于士人家中皆存其书，研习其法，即使高明之士亦在所难免，其影响可与战国时的杨墨相提并论。对于张九成的学术性质，朱子在清理程门后学时说道：

> 张子韶、喻子才之徒，虽云亲见龟山，然其言论风旨、规模气象，自与龟山大不相似。④

---

① 王金林、郭晓东主编：《复旦哲学评论》第1辑，复旦大学出版社2004年版，第208页。
② （明）黄宗羲：《横浦学案》，《宋元学案》卷四十，全祖望补，第1302页。
③ 陈亮：《陈亮集》，中华书局1974年版，第260页。
④ 朱杰人等编：《答程允夫》，《晦庵先生朱文公文集》卷四十一，《朱子全书》（修订本）第22册，第1874页。

第四章　思想转化与学术走向

> 上蔡之说一转而为张子韶，子韶一转而为陆子静。①

朱子认为张九成虽亲师杨时，但在学术宗旨、言论气象上已经偏离师门，成为谢良佐与陆九渊之间的过渡人物，归入心学谱系之中。全祖望亦明确说道：

> 程门自谢上蔡以后，王信伯、林竹轩、张无垢至于林艾轩皆其前茅，及象山而大成。②

全祖望明确提出心学的传承脉络，认为心学并非自陆九渊始，而是程门中已有此种倾向，并将张九成列入心学源流。从往圣先贤的论述中可知，张九成虽然师从杨时，但却倾向心学。无论是作为心学的过渡者或创始者或传承者，皆折射出张九成的心性论思想是归属心学而非理学的。

（一）以"心"为本

"心"是儒家心性论的核心范畴，宋代理学最重要的贡献之一就在于推动汉唐的人性论向心性论转换，凸显"心"的位置。在张九成的哲学中，其对"心"的重视是前所未有的，他建构以"心"为本的哲学体系，他说：

> 夫规矩之宜，其何在乎？亦曰："心而已矣。"夫天下万事皆自心中来，使自礼乐射御书数以养此心，然后致知格物，诚意以正此心，此心既正，则修身齐家治国乎天下，无不可矣。是心者，射之鹄而百工之规矩也，论其大体，则天地阴阳皆自此范围而燮理；论其大用，则造化之功、幽眇之巧皆自此而运动。学而不求其心，虽诵书五车，挥毫万字，赋逼凌云，才高吐凤，于圣贤之道天下国家

---

① （明）黄宗羲：《上蔡学案》，《宋元学案》卷二十四，全祖望补，第931页。
② （明）黄宗羲：《象山学案》，《宋元学案》卷五十八，全祖望补，第1884页。

之用，何所济乎？①

在张九成这里，万事万物的规矩之宜，乃由"心"而裁断。"心"是世间万物的本源，万事万物皆出于此，这就是本体；而从发用的角度来说，则万物造化，流动运行皆离不开"心"。古人"六艺之学"旨在养"心"，如此可进行格物、致知、诚意之工来正"心"，"心"正方可齐家、治国、平天下。据此而断，"心"已经上升至本体的高度，担负着造化万物的功能和角色。且若学而不去求"心"，即使学富五车，下笔万字，于圣贤之道和治理国家又有何用？张九成的表述将"心"的地位无限拔高，已经具有相当于宇宙实体的意味。对此，他更为明确地说道：

> 心源无际，与天同体，与造化同用。②
> 盖此心即天心，非此心之外别有天也，此心即民心，非此心之外别有民也。③
> 心即天也。人有是心，心有是天，第人未之顾諟耳。④

张九成认为"心"的源头是没有边际的，而与"天"一致，且具造化万物的作用，这就明确将"心"的地位拔高到"天"的高度，并赋予其与"天"同等的功能。他进一步认为"人心"即"天心"，此"心"之外别无天心可言，这就将人心的功能无限地上升了，对此，他继续论道：

> 我之心，即天心也，我之心正，则天之星辰，无不循轨，我心不正，则灾异百出矣。⑤

---

① （宋）张九成：《告子章句》上，《孟子传》卷二十七，吉林出版集团有限责任公司2005年版，第276页。
② （宋）张九成：《公孙丑章句》下，《孟子传》卷八，第98页。
③ （宋）黄伦：《尚书精义》，文渊阁四库全书，台湾商务印书馆1986年影印版，第330页。
④ （宋）黄伦：《尚书精义》，第332页。
⑤ （宋）黄伦：《尚书精义》，第605页。

第四章　思想转化与学术走向

这段话是对"心"的功能的具体描述。他认为我"心"正,则星辰亦按轨道运行,相安无事,否则就灾害频现。这里,张九成将"心"的功能等同于"天"的功能。此"心"涵盖一切,"心"已成为宇宙的主宰,成为宇宙的本体。这是其比王苹更为接近心学的缘由。

张九成在回应"心"与其他范畴的关系时,亦体现与理学相异的学术风格。以最为典型的"心"与"理"为例,张九成说:

> 所谓格物者,穷理之谓也。一念之微,万事之众,万物之多,皆理也。……夫如是,则心即理,理即心。内而一念,外而万事,微而万物,皆汇归在此,出入在此。非师友所传,非口耳所及,非见闻所到,当几自见,随事自明,岂他人能知哉![1]

陈来先生说:"一个被称做理学家的学者,可以不讨论道器、性命、甚至理气的问题,但不可能回避心与理的问题。"[2] 在此,张九成所诠释的"理"的范围从一念到万物,皆是"理"。而这"理"也内在于心。通过格物之工夫,即可实现"心即理",心与理的合一。显然,张九成这里的"心"不是一般的意义上的心,而是具有本体意义上的"心",万事万物乃至一切念虑皆由"心"起,可见张九成的"心即理"与陆王心学的"心即理"的差异是明显的,陆王心学的"心即理"主张的是"心"与"理"的自然合一,而张九成的"心即理"则需要下一番格物工夫而后可至。这就类似于朱子的观点,以朱子为代表的理学派最终所要实现的也是心与理的合一,当然这种合一需要历经下学工夫而成。当然,这并不是说张九成就与朱子相同,他们的差异仍然是明显的,在张九成哲学中,"心"是先在性的,第一位的,而朱子则以"理"为第一性的,先在性的。张九成哲学的这种矛盾反映出其心学思想的不纯粹性,故遭到学者

---

[1]（宋）张九成:《离娄章句》下,《孟子传》卷十九,第196页。
[2] 陈来:《有无之境——王阳明哲学的精神》,生活·读书·新知三联书店2009年版,第22页。

的质疑和批评。①

"心"与"性"的关系亦是两宋之际道学关注的核心内容,在此问题上,张九成提出:

> 夫心即性,性即天,心体甚大,尽之者少耳。②

这是张九成对孟子的"尽心知性"的解释,与王苹的观点相似。他直接将"心""性""天"三者等同为一,"心"作为本体是至善无二的,那么与"心"为一的"性"该如何诠释,张九成的思想亦有明显的特色。他说:

> 孟子言"性善",深合孔子之论,而超百家诸子之上。是其所见人人皆可以为尧舜,其补于名教也大矣。③
> 夫孟子之所论性善者,乃指性之本体而言。非与恶对立之善也。④

可见,张九成恪守正统儒家性善论的主张,但并不固守,他认为孟子所说的"性善"所指的是"性"之本体,而这种"性"之本体的善是不与"恶"对的,这种本体之性是没有恶的,显然张九成这里所指的善恶并非伦理意义上的。⑤ 之所以如此限定"性",与其将"心"设定为本体是有

---

① 向世陵教授亦指出:"张九成的'心即理'毕竟又与陆九渊不同,即他的'心即理'是有条件的,它离不开格物穷理的前提。"(参见刘玉敏《心学源流——张九成哲学与浙东学派》序言,人民出版社 2013 年版,第 10 页)何俊教授说:"张九成的思想固然已滑入心学,但终究宜作为心学的开启来对待。"(参见何俊《南宋儒学建构》,上海人民出版社 2004 年版,第 63 页)
② (宋)黄伦:《尚书精义》,第 516 页。
③ (宋)张九成:《告子章句》上,《孟子传》卷二十六,第 260 页。
④ (宋)张九成:《告子章句》上,《孟子传》卷二十六,第 260 页。
⑤ 关于此点,曾问学杨时的胡宏亦主张类似的观点,胡宏说:"世儒乃以善恶言性,邈乎辽哉!"[(宋)胡宏:《胡宏集》,中华书局 1987 年版,第 334 页] 又说:"性也者,天地鬼神之奥也,善不足以言之,况恶乎?"[(宋)胡宏:《胡宏集》,第 333 页] 详见陈明《胡宏思想的逻辑与意义——从朱子对〈知言〉的批评说起》,《湖南大学学报》2009 年第 6 期。

第四章 思想转化与学术走向

关联的,"心"与"性"是为一的,作为本体,"心"只能是至善无恶,"性"也必须与"心"一致,只能是超越一般意义上善恶的至善。当然,这里需要明确的是张九成的思想并不是"性无善无恶"。"性无善无恶"说的是"性"没有善恶的倾向,显然张九成并不是这种论调。但他也保留其师杨时的"性不假修"的观点,他说:

> 子思言"率性",扬子言"修性",性又如何修得?是戕杞柳为杯卷也。①

先看其师杨时的观点:

> 夫物有变坏,然后可修。性无变坏,岂可修乎!惟不假修,故《中庸》但言"率性"、"尊德性",孟子但言"养性",孔子但言"尽性"。②
>
> 六经不言"无心",惟佛氏言之。亦不言"修性",惟扬雄言之。心不可无,性不假修。故《易》止言"洗心尽性",《记》言"正心尊德性",孟子言"存心养性",佛氏和顺于道德之意。③

杨时认为物是可以修的,但"性"是"具足圆成,本无亏欠"的,也就是圆满自足的,故经典文本都不提"修性",只说"养性""率性""尽性",因此他提出"性不假修"。张九成显然是秉承道南学派的观点,与杨时观点一致。

在心学体系的建立上,张九成还通过对洛学门下热点问题——心与仁的关系的阐发来强化此主旨。"心"作为认知主体,"觉"是其应有的功能。以"觉"言"仁",实际上是为了更精微地论述"心"与"仁"的关系。以"生理感受"言"仁"始于程颢,谢良佐予以阐扬,张九成

---

① 于恕编:《日新》,《四库存目丛书》本,齐鲁书社1997年版,第196页。
② (宋)杨时:《余杭所闻》,《龟山集》卷十二,第75页。
③ (宋)杨时:《荆州所闻》,《龟山集》卷十,第63页。

继续探索，推进仁与心关系的研究，并通过"仁即是觉，觉即是心"来强化他的心学体系的建立。对于"仁"与"觉"的关系，程颢最先说道："医家以不认痛痒谓之不仁，人以不知觉不认义理为不仁，譬最近。"① 这就明确将"觉"与"仁"联系起来，但并未直接表述。谢良佐则明确说道："心有知觉之谓仁"，把"心"的感通性作为"仁"的定义。张九成不满谢良佐的定义式的提法，他对此诠释道："心有所觉谓之仁，故草木之实谓之仁，以其得土而生也。四体不知病痒谓之不仁，故利在一己、害及他人而不恤者谓之不仁，以其学脉不通也。"② 张九成在这里以人与草木之例来说明通畅对仁的特性。他又进一步提出："仁即是觉，觉即是心。因心生觉，因觉有仁。脱体是仁，无觉无心，有心生觉，已是区别。于区别熟，则融化矣。"③ 张九成已不再像程颢、谢良佐那样含蓄，而是直接明白地将"仁""觉""心"三者关系明白点出。"因心生觉，因觉有仁"则点出三者的生成关系，"觉"是"心"的属性，而"心"则因为有"觉"而有"仁"，"觉"将"心"与"仁"联系起来。张九成将心作为"觉"产生的主体，与"仁"相联系。而张九成的这种提法"实际上是将觉（或心）提高到本体的地位，完全突破了二程以生、觉来譬喻仁的界限，也将谢良佐以知觉言仁的思想进一步向前推进到了心本论的高度，开始了心学的创立"④。可见，张九成通过以觉训仁、以心训仁继续建构以"心"为本体的心学体系，并且在"心"与"天"、与"性"、与"仁"的对扬中凸显"心"的第一性、主体性。

（二）由内向工夫返归本体之"心"

工夫论是区分理学和心学的重要论域。作为洛学弟子，张九成对从二程以来未发已发问题也给予回应，他继承二程、杨时重视《中庸》的洛学传统，借《中庸》阐发己说，他首先对"中"进行论述，他说：

---

① （宋）程颢、程颐：《河南程氏遗书》卷二上，《二程集》，第33页。
② （宋）张九成：《离娄章句》上，《孟子传》卷十四，第153页。
③ （明）黄宗羲：《横浦学案》，《宋元学案》卷四十，全祖望补，第1308页。
④ 刘玉敏：《论张九成"仁即是觉，觉即是心"的思想及其意义》，《孔子研究》2007年第2期。

第四章 思想转化与学术走向

> 《大学》谓之"格物",在《洪范》所谓"中"也。惟知格物之学者,为足以得中,得中则以中为体。以中而出,以中而入,千变万化,一以中为准而已。何偏陂以至反侧之足忧哉?亦何不好德之人之足以乱吾治哉?①

张九成认为《大学》里所说的"格物"即是《洪范》中的"中",这是颇具新意的。他将"格物"等同于"中",以"中"为一切的标准,千变万化,皆围绕"中"而行。这就将"中"在理学中的位置拔高至本体的层面。他接着论道:

> 中衍天命之义,和衍修道之义。喜怒哀乐之未发,此指言性也,故谓之中。发而皆中节,此所谓发也,故谓之和。中指性言,故为大本;和指教言,故为达道。②
> 心无所倚则中,所倚在理则为和。③

他提出与吕大临早期思想一致的观点——"中即性",这就把"中"作为超越的本体,他比杨时的观点更为明确,亦是把"中"作为贯通心、性的本体,"喜怒哀乐未发"指的是"性",是"天命之性",而这就是"中"。为学注重"求其所谓内心",以求中为务。这就与吕大临、杨时哲学工夫的"求中"目的相似,而具体手段则不尽相同。他抛弃杨时门下的以"静坐"体中的修养方法,转而以"戒慎恐惧""深致其察"去求中,他说:

> 未发以前,戒慎恐惧,无一毫私欲。④
> 中庸之道赞天地之化育如此……而其所以入之路,又止在戒慎

---

① (宋)黄伦:《尚书精义》,第467页。
② (宋)张九成:《中庸说》卷一,商务印书馆1936年版,第3页。
③ 于恕编:《日新》,《四库存目丛书》本,齐鲁书社1997年版,第240页。
④ 朱杰人等编:《张无垢〈中庸解〉》,《晦庵先生朱文公文集》卷七十二,《朱子全书》(修订本)第24册,第3475页。

不睹，恐惧不闻而已。①

　　喜怒哀乐未发以前，天也；戒慎不睹，恐惧不闻，于不睹不闻处深致其察，所以知天也。②

张九成继承道南门下在未发上用功的主张，主张在未发之时要涵养，具体方法就是"戒慎不睹，恐惧不闻"，就是要于不睹不闻处"深致其察，警惕谨慎"，如此，便可以扫清私欲。可以看出，张九成所主张的求中工夫仍然是在意识内用功，通过克制邪念、警惕谨慎来达到"求中"之目的。当然，朱子对张九成的"戒慎恐惧"之工夫是不认可的，他认为"未发以前天理浑然，戒慎恐惧则既发矣"③，也就是说，朱子认为"戒慎恐惧"是已发工夫，不能在未发时使用。

"格物致知"是洛学工夫的"车之两轮，鸟之双翼"之一。程颐、杨时对"格物致知"的重视，为张九成承之，他解释道：

　　大学之道以格物为主，格物则能穷尽天下之理、人伦之理。惟格物者能识之，识者，明也。惟能识之，则能用之，以为天下国家。舍人伦而曰学，此异端邪说先王之所诛者也，学者不可不谨。④

　　格物者，穷理之谓也。使天下之理，一物不穷，则理有所蔽，理有所蔽，则足以乱吾之智思，惟无物不格，则无理不穷，无理不穷，则内而一念，外而万事，知其始，知其终，知其利害，知其远近，是以念动乎中，事形于外，微而未著，兆而未章，吾已知之矣。⑤

张九成强调"格物"的重要性，他亦认同释"格物"为"穷理"的程门

---

① （宋）张九成：《中庸说》卷一，第3页。
② （宋）张九成：《中庸说》卷一，第13页。
③ 朱杰人等编：《晦庵先生朱文公文集》卷七十二，《朱子全书》（修订本）第24册，第3475页。
④ （宋）张九成：《横浦集》，文渊阁四库全书，台湾商务印书馆1986年影印版，第385页。
⑤ （宋）张九成：《离娄章句》上，《孟子传》卷十四，第155页。

宗旨，在格物的范围强调"物"的遍在性，强调遗漏一物所导致的后果。如果不往前推，则张九成的哲学无疑恪守洛学的传统，但他并未止于此，他进一步说道：

> 惟深知格物之学，明天理之归，则或怨或不怨，皆知心之所由归矣。①
> 夫学者以格物为先。格物者，穷理之谓也。穷一心之理，以通天下之理；穷一事之理，以通万事之理。②

在这里，张九成对"穷理"的途径及效验则与理学派的主旨不同。程颐在此问题上主张：

> 或问："格物须物物格之，还只格一物而万理皆知？"曰："怎生便会该通？若只格一物便通众理，虽颜子亦不敢如此道。须是今日格一件，明日又格一件，积习既多，然后脱然自有贯通处。"③

程颐主张格物积累至一定阶段，可达至对天下之理的认识，并非只格一物即可通众理。其师杨时因为物的繁多，直接将"格物"定为反身而诚，收缩到意识之内用功。张九成则认为穷"心"之理即可通晓天下之理，穷一事之理则可知晓万物之理。他说道："格物知至之学，内而一念，外而万事，无不穷其终始，穷而又穷，以至于极尽之地，人欲都尽，一旦廓然，则性善昭昭无可疑矣。"④可见张九成认为"顿悟"是可以成就格物致知的。总之，张九成在工夫上已经向心学工夫的内向、简约靠近，将其收缩在意识之内，并通过此内向工夫回归思想的逻辑起点——心。

总而言之，张九成将"心"提升至本体地位，以"心"贯通一切，将意念、万物等打并为一，皆归于心，并在工夫上主张内向、简约，以

---

① （宋）张九成：《告子章句》下，《孟子传》卷二十九，第279页。
② （宋）张九成：《横浦集》，第398页。
③ （宋）程颢、程颐：《河南程氏遗书》卷十八，《二程集》，第188页。
④ （宋）张九成：《离娄章句》上，《孟子传》卷十五，第164页。

此达至本体。至此，张九成的思想已经接近"心学"的主张，也就是说，从本体到心性，再到工夫，张九成已经基本奠定心学的理论格局。较之同门王苹，张九成的观点在心学倾向上更加明显和系统，他们被视为心学肇始者或过渡者，乃因有思想作内在的支撑。实际上，张九成之所以发展出心学思想，并非偶然，以杨时为首的道南学派主张在静坐中去体认未发本体，可谓是"本体意义上的程颢之学"。然这种偏于内向体验、从本体入手的工夫是极易发展为心学的，张九成有意无意便做了这种尝试，他发出心学先声，并最终被纳入心学源流之中。虽然如此，张九成的思想在形式上仍然是理学范式，没有跳出理学窠臼，他的工夫等仍然是从理学的格物致知入手，仍然须由工夫返归心体，但其思想内核和旨趣已经转向心学，而彻底地完成这一转向则有待陆九渊、王阳明等来实现。由此可见，全祖望所言的"心学"在程门早有渊源并非虚言，王苹、张九成等发出心学先声，并最终被作为心学肇始者①纳入心学源流之中。

第三节　转向事功学

作为永嘉学派的另外一条传承脉络，全祖望曾说："永嘉之学统远矣，其以程门袁氏之传为别派者，自艮斋薛文宪公始。"② 从全祖望的论述可以看出，他勾勒出永嘉学派的另一条洛学传承的清晰脉络：二程—袁氏（袁溉）—薛季宣。袁溉曾师从程颐，所存资料不多，我们仅能从薛季宣为其作的传来大概了解袁溉的情况，据薛季宣记载：

> 袁先生，讳溉，字道洁，汝阴人也。尝举进士，免贡，避地州西山中。建炎初，集乡民为保聚，与金人及群劫抗，屡克。后移居蜀之富顺。先生初从二程先生学，闻蜀薛先生名。……自六经百氏，

---

① 全祖望明确指出："象山之学，先立乎其大者，本乎孟子。足以砭末俗口耳支离之学，但象山天分高，出语惊人，或失于偏，面不自知是则其病也。程门自谢上蔡以后，王信伯、林竹轩、张无垢至于林艾轩皆其前茅，及象山而大成。"（黄宗羲：《象山学案》，《宋元学案》卷五十八，第1884页）

② （明）黄宗羲：《艮斋学案》，《宋元学案》卷五十二，全祖望补，第1690页。

第四章 思想转化与学术走向

> 下至博弈、小数、方术、兵道，无所不通。①
>
> 季宣既得道洁之传，加以考订千载，凡夫礼、乐、兵、农，莫不该通委曲，真可施之实用。②

从这些记载中，我们可以勾画出袁溉的大致形象：师从二程，中过进士，尝从卖香翁学习，为学驳杂，积极主张抗金，曾为岳飞幕僚，精通各类学术，尤重实用之学，深深影响薛季宣的为学旨趣。据《宋史》记载：

> 年十七，起从荆南帅辟书写机宜文字，获事袁溉。溉尝从程颐学，尽以其学授之。季宣既得溉学，于古封建、井田、乡遂、司马法之制，靡不研究讲画，皆可行于时。③

显然，薛季宣深得袁溉真传，极为关注经制、事功等实用之学，正是因此，薛季宣被视为扭转永嘉学派旨趣的关键性人物，叶适说：

> 薛士隆愤发昭旷，独究体统，兴王远大之制，叔末寡陋之术，不随毁誉，必摭故实，如有用我，疗复之方安在。至陈君举（傅良）尤号精密，民病某政，国厌某法，铢称镒数，各到根穴，而后知古人之治可措于今人之治矣。故永嘉之学必弥纶以通世变者，薛经其始而陈纬其终也。④

叶适的意思很清楚，就是永嘉学派学风的转变是由薛季宣开启，陈傅良集大成。虽然薛季宣为学宗旨不似前期永嘉学派，但他依然深深服膺二程之学，他说："言称先师，要为有法，理敬之说，进学之指南也"⑤，其弟子陈傅良评价其师道："语不及功利，平生所推尊，濂溪、伊洛数先生

---

① （宋）薛季宣：《袁先生传》，《浪语集》卷三，线装书局 2004 年版，第 474 页。
② （明）黄宗羲：《艮斋学案》，《宋元学案》卷五十二，全祖望补，第 1691 页。
③ （元）脱脱：《宋史》列传第 193，儒林四，刘浦江点校，第 8937 页。
④ 叶适：《水心文集》卷十，《温州新修学记》，《叶适集》，中华书局 1961 年版，第 178 页。
⑤ （宋）薛季宣：《答君举书二》，《浪语集》卷二十四，第 314 页。

而已"①，可见，薛季宣、陈傅良等皆对洛学宗师无以复加地推崇。而到叶适这里，则进一步推衍永嘉学派学术主旨，将其发扬光大，全祖望说："乾、淳诸老既殁，学术之会，总为朱、陆二派，而水心断断其间，遂称鼎足"②，以此足见叶适之学术成就，已然与理学、心学鼎足而三。

一 道器不离

道器关系是永嘉学派学术立论的形上基础。对道器关系的最早的描述要追溯到《易传》的"形而上这谓之道，形而下者谓之器"，这句话到宋明理学其内涵已经发生新的变化，转化为对理事、理物关系的探讨。我们先来看二程的论述，程颢说：

> 形而上者谓之道，形而下者谓之器。若如或者以清虚一大为天道，则乃以器言，而非道也。③

"清虚一大"乃张载之语，程颢认为张载将"清虚一大"作为天道，也就是将"气"作为形而上的道体，这实际上将形而下的气作为道体，混淆道器之分，无论程颢批评是否切合张载本意，但此举亦表明程颢是非常注意道、器之分的，他说：

> 一阴一阳之谓道，阴阳亦形而下者也，而曰道者，惟此语截的上下最分明。元来只此是道，要在人默而识之也。④

可见，程颢认为阴阳也是形而下，也是器，并认为此语将"道"与"阴阳"上下分得最为清楚，也就是将形而上与形而下分区分得最为明白。当然，我们需要注意的是程颢亦曾说过：

---

① （宋）陈傅良：《右奉议郎新权发遣常州借紫薛公行状》，《陈傅良先生文集》卷五十一，周梦江点校，浙江大学出版社1999年版，第644页。
② （明）黄宗羲：《水心学案》上，《宋元学案》卷五十四，全祖望补，第1738页。
③ （宋）程颢、程颐：《河南程氏遗书》卷十一，《二程集》，第118页。
④ （宋）程颢、程颐：《河南程氏遗书》卷十一，《二程集》，第118页。

第四章 思想转化与学术走向

> 彻上彻下，不过如此。形而上为道，形而下为器。须着如此说。道亦器，器亦道；但得道在，不系今与后，己与人。①

程颢首先讲形上与形下的区分，然后讲道器合一，但需要明白的是程颢是讲分别前提下的合一。可见程颢总体是一种综合式的哲学主张。我们再来看看程颐的主张，程颐说：

> 一阴一阳之谓道，道非阴阳也。所以一阴一阳，道也。如一阖一辟之谓变。②

程颐认为"道"是形而上者，阴阳是形而下者，"道"是"阴阳"二气背后的终极根据。可见，程颐亦强调道、器的区分，明确两者的决定性关系，这种认识深刻影响他们对理气关系、理事关系的定位。总而言之，二程对道器的论述使两者的关系在理学的视域下发生新的转换，奠定新儒学的形上基础。

作为洛学的传人，薛季宣对此问题回应道：

> 夫道之不可迹，未遽以体用论。见之时措，体用疑若可识。卒之何者为体，何者为用？即以徒善徒法为体用之别，体用固如是邪？上形下形曰道曰器，道无形埒，舍器将安适哉！且道非器可名，然不远物，则常存乎形器之内。昧者离器于道，以为非道遗之，非但不能知器，亦不知道矣。③

薛季宣主张"道"是无形的，是不可见的，必须通过"器"才能体现出来，无"器"作为载体，"道"就无地安顿，同时也必须注意的是，"道"虽然并不像"器"是可以命名的，但却不能离开"器"而存在。

---

① （宋）程颢、程颐：《河南程氏遗书》卷一，《二程集》，第6页。
② （宋）程颢、程颐：《河南程氏遗书》卷三，《二程集》，第67页。
③ （宋）薛季宣：《答陈同甫书》，《浪语集》卷二十三，第344页。

因此，那种离"器"而言"道"是昧者之举，不仅不知"器"，更是不知"道"。更为重要的是，薛季宣反对用体用模式来区分道器，因为道器是圆融一体的，不能强分体用，当然，强调道器圆融，并不是说道器是一物，而是要说明"道"就存在于万事万物之中，并不是什么高深莫测的东西，它并不在"器"之上，也不离开"器"而单独存在，他尤其批评了那种离器言道的说法，不仅害"道"，更是不知"器"。可以看出，薛季宣的主张已然不同于二程，二程强调道器有别前提下的合一，而薛季宣主张的是道、器不离，反对去悬空追求一个"道"，而要在切实的形而下的"器"之中去寻求"道"。

作为薛季宣的得意弟子，陈傅良继续循着师说，对道器问题亦回应道：

> 形而上者谓之道，形而下者谓之器。器便是道，不是两样，须是识礼乐法度皆是道理。①

较之薛季宣，陈傅良既有沿袭，又有超越，将道、器关系描述得更加详细明白，直接提出"器就是道"，但这并不是说"器"和"道"就是一个东西，而是说"器"和"道"是一个事物的不同面向，是不可分割开的，即使普通的礼乐法度等亦蕴含着道理。可以看出，薛季宣、陈傅良这里所言的"道"与二程所言的"道"在内涵上已经呈现出差异，前者所述的"道"并不具有二程所言的先在性、超越性，而更多是指向事物的规则、规律，显示出永嘉学派的学术旨趣已经有所转变。我们更可从其弟子的评述中略见一二：

> 自年二十从陈先生。其教人读书，但令事事理会，如读周礼，便理会三百六十官如何安顿读书，便理会二帝三王所以区处天下之事读春秋，便理会所以待伯者予夺之义。②

---

① 朱杰人等主编：《朱子语类》卷一百二十，《朱子全书》（修订本）第18册，第3785页。
② 朱杰人等主编：《朱子语类》卷一百二十，《朱子全书》（修订本）第18册，第3785页。

第四章 思想转化与学术走向

可以看出,陈傅良教人并不令人寻求那些玄虚高远的东西,而是在具体的日用常行中去理会事物的所以然,且这些都是关乎实学实用的事,并不是虚而不实的,这种主张实际上是其道器不离思想的折射和反映。

而到叶适这里,对"道、器"问题的思考进一步深化,他对"道"论述道:

> 夫形于天地之间者,物也,皆一而有不同者,物之情也,因其不同而听之,不失其所以一者,物之理也。书有刚柔比偶,乐有声器,礼有威仪,物有规矩,事有度数,而性命道德,未有超然遗物而独立者也。①

在叶适看来,"物"是天地之间唯一的存在,不存在独立于"物"之外的"道","道"就存在于礼乐物事当中,只需在这些形而下的事物当中去寻求即可。叶适进一步说道:

> 物之所在,道则在焉。物有止,道无止也。非知道者不能该物,非知物者不能至道。道虽广大,理备事足,而终归于物,不使散流,此圣贤经世之业,非习为文词者所能知也。②

叶适认为"道"随"物"而存在,"道"再广大,再至深,最终也要回到"物"本身,这就凸显了"物"的首出地位,但这并不是要完全否认"道",因为不知"道"则无法体物,不知"物"则无法达"道"。当然,叶适并不是要表达"道"与"物"两者同等重要,他的真实用意是要凸显"物"的重要性,彰显"形而下"的重要性,反对人们不切实际地追求形而上的"道"。从以上分析中我们可以看出,永嘉三代学者在论述道体的形而上超越层面时,总是与形而下紧密联系在一起,他们并不像二程那样将道高高悬置,尤为注重的是现实世界,这也就为其学术旨趣的

---

① (宋)叶适:《水心别集·大学》,《叶适集》,第 730 页。
② (宋)叶适:《水心别集·诗》,《叶适集》,第 700 页。

转变奠定哲学基础。

二 崇义以养利

程颢说:"天下之事,惟义利而已"①,此言不虚。义利之辨自孔孟始,便已成为学术史上的争论不休的话题。至宋代理学开启,二程将"义"拔高至"天理"的高度,使"义"具有至高无上性,道义相对于事功有优先性。如程颐就说:

所谓利者一而已。财利之利与利害之利,实无二义。以其可利,故谓之利。

圣人于利,不能全不较论,但不致妨义耳。乃若惟利是辨,则忘义也,故罕言。②

很显然,这段话是程颐对孔子"罕言利"的解释,他主张"利"是统一的,所谓的财利之利与利害之利是一致的,两者并没有实质的差别。圣人对于"利",并非全然不计较,而是以不妨害义为前提。且圣人担心过于辨利,则容易忘却义,因此较少谈及利。程颐进一步解释道:"子罕言利,非使人去利而就害也,但人不当以利为心。圣人以义为利,义安处便是利"③,也就是说,孔子虽然较少谈"利",但并非让人舍利而就害,而是要求人不要把利作为内心的追求,圣人是主张"义"若能得到合理的安置,这就是利,并不需要专门去求"利"。更进一步,二程甚至主张"问义不问利",凸显"义"的优先性。

而二程思想传到薛季宣这里,他则对义利观提出新的看法,他说:

《易》称"何以聚人,曰财"。财者,国用所出,其可缓乎?虽然为国务民之义而已。聚敛之臣,不知义之所在,害加于盗,以争

---

① (宋)程颢、程颐:《河南程氏遗书》卷十一,《二程集》,第124页。
② (宋)程颢、程颐:《河南程氏外书》卷七,《二程集》,第395页。
③ (宋)程颢、程颐:《河南程氏外书》卷六,《二程集》,第383页。

利之民也。民争利而至于乱，则不可救药矣。所见之小，恶知利义之和哉！惟知利者为义之和，而后可以共论生财之道。①

薛季宣首先肯定追求财利的正当性、重要性和急迫性，但也绝不能因为财利的重要而忽略"义"，以致与民争利，导致祸乱。而这种现象的发生，恰恰是因为不知"利者，义之和"。可以看出，薛季宣依然强调"以义制利"，依然凸显"义"对"利"的裁断作用，基本上延续二程的理论模式，但并没有像二程那样将"义"绝对化，上升到天理的高度，如在一次与友人的对话中，"予尝曰：'死生之际，惟义所在，则义所以对死者也。'程伯淳闻而谓予曰：'义无对'"②。薛季宣这一主张亦深刻影响陈傅良，他虽未直接论及义利，但却多表现出"义利"并举的主张，如他在不同场合反复指出："六经之义，兢业为本"③，彰显出以实学、事功而非心性之学理解儒家经典的思想旨趣，已然与二程宗旨迥然有别。但他也并没有完全走向唯"利"是尊的极端，他说：

> 以不肖者妄论功到成处，便是有德，事到济处，便是有理。此老兄之说也，如此，则三代圣贤枉作功夫。功有适成，何必有德，事有偶济，何必有理。此朱丈之说也，如此，则汉祖唐宗贤于盗贼不远。以三代圣贤枉作工夫，则是人力可以独运；以汉祖、唐宗贤于盗贼不远，则是天命可以苟得。谓人力可以独运，其弊上无兢畏之君；谓天命可以苟得，其弊下有觊觎之臣。二君子立论，不免于为骄君乱臣之地，窃所未安也。④

这段话是陈傅良给陈亮回信的核心内容，可以看出，陈傅良既批评陈亮

---

① （宋）薛季宣：《大学解》，《浪语集》，第405页。
② 王得臣：《明义》，《麈史》卷中，载《全宋笔记》，大象出版社，2003年，第1编第10册，第66页。
③ （宋）陈傅良：《与吕子约》，《陈傅良先生文集》卷三十七，浙江大学出版社1999年版，第470页。
④ （宋）陈傅良：《答陈同父三》，《陈傅良先生文集》卷三十六，第460页。

的"功到成处,便是有德",极力凸显事功的主张;也批评朱熹的"功有适成,何必有德"①的说法,前者导致"上无敬畏之君",后者导致"下有觊觎之臣",皆落入一偏之曲,陈傅良貌似对两者的说法各有不满,但他更为倾向的是陈亮的主张,黄宗羲就曾指出:"止斋之意,毕竟主张龙川一边过多。"②也就是说,陈傅良在义利思想方面与陈亮接近,但并未完全滑向陈亮一边。

叶适在薛季宣、陈傅良的基础上,继续对义利关系进行探究,他首先对以往的义利观回应道:

> 古人之称曰"利,义之和",其次曰"义,利之本",其后曰"何必曰利",然则虽和义犹不害其为纯义也,虽废利犹不害其为专利也,此古今之分也。③

"利,义之和"出自《易经》,"义,利之本"出自《左传》,"何必曰利"出自《孟子》,叶适列举此三者旨在通过古今对比来说明义利关系的演变,以及今不如昔的感叹,古人谈及义利尚义利并举,而至后来则言义废利。实际上,正统儒家也并没有要废弃利,而是主张追求利必须合乎"义"的要求,必须在"义"的范导之下,只是到后来宋明理学这进一步将此推向极致,出现"以义抑利"的现象。叶适正是针对此而发,但他并不是要走向"兴利废义"的另一个极端。叶适着重批判董仲舒的观点:

> 仁人"正谊不谋利,明道不计功",此语初看极好,细看全疏阔。古人以利与人而不自居其功,故道义光明。后世儒者行仲舒之论,既无功利,则道义者乃无用之虚语尔。然举者不能胜,行者不

---

① (宋)陈傅良:《答陈同父三》,《陈傅良先生文集》卷三十六,第460页。
② (明)黄宗羲:《龙川学案》,《宋元学案》卷五十六,全祖望补,第1840页。
③ (宋)叶适:《习学记言序目》卷十一《左传二·襄公二》,中华书局1977年版,第155页。

第四章　思想转化与学术走向

能至，而反以为垢于天下矣。①

董仲舒这句被宋儒津津乐道的话，却遭到叶适的激烈批评，他认为这句话是经不起推敲的，因为古人让利与人，而"义"相随，后学奉行仲舒之言，不仅废弃功利，反而致使道义成为虚言，贻害无穷。这里，叶适反对的是董仲舒把义、利对立起来，讲"义"不讲"利"，导致两者皆入空虚之地。在完成对以往学者观点的清理之后，叶适系统表述其观点，他说：

> 古人之德，未尝不兼物而言，舍物举德，《春秋》之论也。孔子曰"饭疏食，饮水，曲肱而枕之，乐亦在其中矣，不义而富且贵，于我如浮云"，亦欲德兼物，不能兼则舍物而自乐也。②

叶适高度赞赏古人乃至孔子以德兼物的美德，也就是以义兼利的思想，若两者不能全备，则须弃物从德。这段话就将叶适的核心思想提揭出来。叶适主张的是"义"和"利"的统一，而不是对立，主张"以利和义"。必须指出的是，叶适所强调的"利"除肯定个人合理的私欲外，更偏重于公利，他曾直接说道：

> 臣闻欲明大义，当求公心欲图大事，当立定论。自献者追怨，自安者忘雠，非公心也。勇者惟欲进，怯者惟欲止，非定论也。善为国者，务实而不务虚，择福而不择祸，条目先定，而始末不差，斯所谓公心矣。措己于安，而制敌之危，斯所谓定论矣。③

这段话的意思很清楚，就是明晓大义必须秉持公心，也唯有公心，才能成就"利"。而对这一思想，叶适用"崇义以养利"④ 予以精确表达，尤

---

① （宋）叶适：《习学记言序目》卷二十三《汉书三·列传》，第 324 页。
② （宋）叶适：《习学记言序目》卷十《左传一襄公一》，第 145 页。
③ （宋）叶适：《水心文集》补遗《奏札》，《叶适集》，第 617 页。
④ （宋）叶适：《水心文集》卷三，《士学上》《叶适集》，第 673 页。

其是用"利,义之本"①将道德公义的最终追求落脚在"公利"上,折射出叶适注重实用的实学精神。由此可见,以薛季宣、陈傅良、叶适为代表的永嘉学派,递相祖述,步步深入,有针对性地批判程朱一系"问义不问利",将它们打成两截的学术主张。当然,他们并没有溢出正统儒家的范围,也没有忽略道德、公义,而是要"义利双行",不能有所偏废。正如商聚德先生所言:

> 永嘉学派的义利观,对于传统义利观主流派观点的某些方面,起到某种纠偏、矫正的作用。他们强调义利统一,而反对片面突出义而否定利;强调人必有私,而反对以公压私、以公灭私;强调义在利中,而反对只讲义不讲利。
>
> 但实际上,他们所持的义利标准,与传统义利观并无不同;他们的正面观点,总体上也并未超出传统义利观的范围,大原则上仍与传统义利观相一致,并且成为其有机部分。②

商先生之言可谓抓住永嘉学派义利观的实质,也道出他们与洛学宗师的差异。永嘉学派的义利观正是其形上思想的自然演绎,也是其对时弊的纠偏,意在改变空谈心性,务虚不实的学风。

三 从经制言事功

对于是时学界弥漫的空讲义理,不切实务的学风,薛季宣给予激烈的批判:

> 今之异端,言道而不及物。③
>
> 灭学以来,言行判为两途,其矫情之过者,语道乃不及事,论以天何言哉之意,其为不知等尔。某虽不敏,于此窃有所好,而清

---

① (宋)叶适:《习学记言序目》卷十一,《左传二》,第149页。
② 商聚德:《传统义利观要义及其改造与转换》,《中国哲学史》1999年第5期。
③ (宋)薛季宣:《浪语集》卷二十五,第365页。

谈脱俗之论，诚未能无恶矣。①

空无之学，不可谓无所见，迄无所用，不知所谓不二者尔。未明道接通于法守之务，要终为无用。②

这三段文字，薛季宣所批对象涉及异端之学、空无之学、清谈之学，这三者的共同特征都是"无用"，也就是无补于世道。薛氏所批一言中的，切中时弊。那么如何来补偏救弊呢？薛季宣依然选择传统士大夫的救世路径，将希望寄托于传统经学。他说："以求经学之正，讲明事务本末利害，必周知之，无为空言，无戾于行"③，这就是说要明晰经学义理，讲明事物利害，言之有物，言之有理，不落空虚，以求切合现实。基于这样的理念，薛季宣广泛治经，在"《诗》、《书》、《春秋》、《大学》、《中庸》、《论语》皆有训义"④，后来的虞集对其评价道："至于六经之传注，得以脱略凡近，直造精微，如薛常州《春秋》等书，实传注之所不可及，而足以发明于疑经者也"⑤，着重表彰薛季宣治经超越传注、直求义理的不凡特质。而另一位学者程端礼也高赞道：

余谓士之谈诗书而略事功，其来已久，遂使俗吏嗤儒为不足用，观在心少试学校为之佐，已如此，使为世用，得行其志，效当何如哉？余少读薛常州《行述》，窃欣慕之，盖其学本河洛，其自得之实，于经无所不合，于事无可不行，荏官文武，应机处变，政无巨细，靡不曲当。⑥

无独有偶，程端礼批评以往学者注经忽略事功、实用不足的弊病，而薛季宣的经学则贴合经义，着实用事，吻合经学本旨。不同学者的高赞印

---

① （宋）薛季宣：《浪语集》卷二十五，第367页。
② （明）黄宗羲：《艮斋学案》，《宋元学案》卷五十二，全祖望补，第1691页。
③ （宋）薛季宣：《浪语集》卷二十五，第369页。
④ （宋）薛季宣：《薛季宣集》，张良权点校，上海社会科学院出版社2003年版，第628页。
⑤ 虞集：《道园学古录》卷34，四库全书本，第1207册，第477页。
⑥ 程端礼：《送薛学正归永嘉序》，《畏斋集》卷三，民国四明丛书本，第22页。

证出薛季宣经学旨趣，也就是专注阐发"经制之学"（治国理政）。不唯如此，薛季宣也专注有利于国计民生的地理、田赋、历史、政治、用兵、水利、刑法等实用之学。由此可见薛季宣绝非是书斋式的学者，亦不是空谈玄虚之学的学者，而是切实关注国计民生、关怀现实的学者。当然，薛季宣更是身体力行其事功学问，所任之处皆有政绩，孝宗皇帝多次称善，"恨得季宣晚，遂进两官。"①

作为薛季宣的嫡传弟子，陈傅良一针见血地指出当时学界的弊病：

> 学校乡党晏然无进志，其大者则率其徒为清谈，次摘章句，小则学为诗文自娱。当此时，吾党与士友不变其说，谓之波荡，此某所为惧，子齐勿以为疏也。②

陈傅良所描述的社会现状是这样的，学校、乡党之地弥漫颓废之气，毫无进取之志，严重者以清谈为务，稍次者则浸淫章句，再次者则以吟诵诗文为乐。也就是说，当时的社会整体呈现出空谈不实的学风。为了纠治这种弊端，陈傅良沿袭其师的治学思路，借由经典的诠释推阐经世致用的思想，他说：

> 六经之义，兢业为本，诗可以言，礼可以立，玩味服行，自觉粗厉，此某近所窥见，且以勉同志者。③
>
> 六经之教与天地并，区区特从管窥见得兢业一节，足了一生受用。④
>
> 经生拘偏，何者为全，文士逐末，其本安在……。然年来笃信六艺之学，兢业为本。⑤

---

① （宋）薛季宣：《薛季宣集》，张良权点校，第628页。
② （宋）陈傅良：《答丁子奇》，《陈傅良先生文集》卷三十六，浙江大学出版社1999年版，第464页。
③ （宋）陈傅良：《与吕子约》，《陈傅良先生文集》卷三十七，第470页。
④ （宋）陈傅良：《与沈叔晦》，《陈傅良先生文集》卷三十七，第478页。
⑤ （宋）陈傅良：《答刘公度》，《陈傅良先生文集》卷三十八，第479页。

在此，陈傅良反复申明六经的宗旨和目的，即以切实用事为本，只要明此，即可一生受用。具体而言，《诗》《礼》等这些儒家经典不能仅停留在记诵词章方面，而是要精心体会，力行实践。陈傅良对六经的这种定位显然不同于其他学者，那就是完全以实学实用来解读六经。由此可见，薛季宣、陈傅良等有见于当时社会衰败之气象，试图以经术来救世，后来的黄宗羲就称赞永嘉学派说："永嘉之学，教人就事上理会，步步着实，言之必使可行，足以开物成务。"① 黄宗羲之言可谓确论。

薛季宣、陈傅良师徒究心于儒家经典当中的制度、方略等，这种学问被称为"经制之学"或"制度新学"。全祖望就曾评价道："考当时之为经制者，无若永嘉诸子"②，全氏之言可谓确论，精准地点出永嘉学派的特长所在。我们首先从他者的视野来看一下永嘉诸人的研究，就薛季宣而言，其及门弟子陈傅良总结其师学术道：

> 公自《六经》之外，历代史、天官、地理、兵、刑、农、末，至于隐书小说，靡不搜研采获，不以百氏故废。尤邃于古封建、井田、乡遂、司马之制，务通于今。③

从这段话中不难看出，薛季宣主要关注的是经典当中的那些事关国计民生的典籍制度等，同时也不废礼、乐、兵、法、地理、农事等，并对古代的井田、乡遂、司马等事尤为擅长，这就与同时代的大多数学者用心于心性伦理等相异，更与二程学术宗旨不同。后来的黄百家亦简明扼要地指出：

> 季宣既得道洁之传，加以考订千载，凡夫礼、乐、兵、农，莫不该通委曲，真可施之实用。④

---

① （明）黄宗羲，全祖望补：《水心学案》，《宋元学案》卷五十二，第1735页。
② （明）黄宗羲：《说斋学案》《宋元学案》卷六十，全祖望补，第1954页。
③ （宋）陈傅良：《右奉议郎新权发遣常州借紫薛公行状》，《陈傅良先生文集》卷五十一，第644页。
④ （明）黄宗羲：《艮斋学案》，《宋元学案》卷五十二，全祖望补，第1691页。

黄百家之说与陈傅良之言有异曲同工之妙，皆指出薛季宣精于事功之学的独特面向，而这种面向的实质就是古为今用，凭借经典中的典章制度来指导和规范现实社会。下面我们就具体来看一下他们是如何来解读经典的，就永嘉学派十分关注的《周礼》而言，我们知道，《周礼》主要是记载先秦时期社会、文化、风俗等制度的著作，内容丰富，体系完备，受到后世学者重视，薛季宣就作《周礼释疑》以显其意，着重对《周礼》的各种制度进行解说和释疑，并掺入时代因素，影射现实政治。陈傅良受其影响，高度评价《周礼》道："大抵《周礼》、《古文尚书》，三代之法存焉，读者未易造次"①，这就从治法的角度肯定《周礼》的地位。陈傅良精研《周礼》，作《周礼说》十三卷，包含"格君心""正朝纲"和"均国势"三个篇目，从这些篇目名称中就可以轻而易举地透显出陈傅良的解经旨趣。陈傅良对是书非常自信，将其直接呈现给宋光宗，并撰写《进周礼说序》一文，在此序言中，陈傅良说：

> 王道至于周备矣。……尝缘《诗》、《书》之义，以求文武周公成康之心，考其行事，尚多见于《周礼》一书，而传者失之，见谓非古。……熙宁用事之臣，经术舛驳，顾以《周礼》一书理财居半之说，售富强之术，凡开基立国之道，断丧殆尽。②

陈傅良认为《周礼》一书蕴含全备的王道政治，本无差失，而熙宁变法诸臣则错解《周礼》，仅仅将其作为理财、富强之书看待，致使《周礼》开基立国之道不彰，这显然是要为《周礼》正名，提揭和发挥《周礼》的官制制度、经邦泽民的本意。而这种成就亦受到朱子的高度肯定："（陈君举）推周官制度亦稍详。"③ 这种学派传统在叶适那得到承继和延续，叶适亦说："以余考之，周之道莫聚于此书（《周礼》），他经其散者也，周之籍固莫切于此书，他经其缓者也"④，"周之道"主要指向的是

---

① （宋）陈傅良：《与王德修》，《陈傅良先生文集》卷三十五，第445页。
② （宋）陈傅良：《进周礼说序》，《陈傅良先生文集》卷四十，第504页。
③ 朱杰人等主编：《朱子语类》卷八十六，《朱子全书》（修订本）第17册，第2915页。
④ （宋）叶适：《黄文叔周礼序》《水心先生文集》卷十二，《叶适集》，第220页。

礼法之道，与孔孟之道所重视的心性伦理相异，而叶适亦认为《周礼》是最为全备的"周道"，其他经典只不过是《周礼》的具体展开，这就凸显了《周礼》在经学体系中的核心位置。永嘉三代学人对《周礼》的重视主要看重的是《周礼》所蕴含的礼法制度，而这些礼法制度则有助于外王、事功的成就。

我们再以《易经》为例，来进一步揭示永嘉学派的经制之学。薛季宣论《易》道：

> 他经虽玄妙难拟，要皆自《易》出也，夫《礼》、《乐》，王政之纪纲，《诗》、《书》、《春秋》其一记事也。凡名数、声音、性命、事物之理，非《易》无自见也。六经之道，《易》为之宗。①

薛季宣分析诸经的性质，《礼》《乐》是王道政治的纲纪，《书》《春秋》不过是载事之书，而《易》则涵盖名数、声音、性命、事物等方方面面，因而也就成为诸经之源，六经根本。很显然，薛季宣并不是从理学的角度来定位《易经》，而更多是从事功的角度来解读。到叶适这里，继续对《易》进行深究，他对《易》评价道："学者诚有志于道，以是（《易经》）为经，而他书特纬之可也"②，这就与薛季宣的推崇之意保持一致。而在对《易经》的解读上，叶适也有别于其他学者，他指出："《易》非道也，所以用是道也。圣人有以用天下是道，而名为《易》"③，这里，叶适并不将"易"作为"道"，而是将"用"作为"道"，这恰恰是圣人作《易》的本意。叶适以"用"来解释"道"要凸显的是现实的功用，将"易"导向形而下的现实事功世界，而非形而上的神秘世界，这就从根本上确立《易》的性质。正是这种导向，叶适在诠释《易经》时指出："以卦象定入德之条目而略于爻，又以卦名通世故之义训而略于卦"④，就是说要通过卦象来确定德行条目而不是爻，通过卦名来理解人世间的道

---

① （宋）薛季宣：《书古文周易后》，《浪语集》卷二十七，第385页。
② （宋）叶适：《习学记言序目》卷三，第35页。
③ （宋）叶适：《水心别集》卷五，《叶适集》，第695页。
④ （宋）叶适：《习学记言序目》卷三，第37页。

理而不必通过卦,这两句话一方面显示出叶适意欲平实化解读易学,消除那种神秘化、象数化解读易学的学术倾向;另一方面则着力推阐易学的事功面向,改变空谈义理的风气,以谋求抉发易学之事功精髓来拯救时弊。通过对永嘉学者治《周礼》《易经》的分析,可以很明显地看出他们对经学中制度、事功的偏好,体现出明显的"经世化"倾向。

四库馆臣曾说:"朱子喜谈心性,季宣兼重事功,所见微异,其后陈傅良、叶适递相祖述,永嘉之学遂为一派。"[1] 四库馆臣之言准确道出永嘉学派的演进理路。也就是说,永嘉学派在薛季宣那只是与朱子思想略有差别,而经过陈傅良、叶适等辈的相继发展,永嘉之学遂成为一家之言。学术旨趣较之前期永嘉学派已然发生实质性的转变,他们已不再只是专注于心性之学,而是注重对经事制度的探讨,希冀从经典制度中抉发经世智慧,力求开拓儒学开物成务的面向,尤其是到叶适这里,更是将这一学术倾向发展到极致,这可从叶适之学与理学、心学鼎足而立得到明确的反映。但我们需要明确指出的是,永嘉事功之学仍然是发轫于二程的学术流派,这从黄宗羲的"永嘉以经制言事功,皆推原以为得统于程氏"[2] 中反映出来,他们对内圣与外王并不是要存一废一,二程是主张外王事业必须建基于内圣之上,内圣完备,外王自然不期而成,而叶适等则反对是时学者偏于内在,空谈心性,务内遗外,因而要纠偏。但要说明的是,这种纠偏并没有走向二程的反面,只不过是强调的侧重点不同罢了。

---

[1] 孙诒让:《温州经籍志》卷十四,浙江公立图书馆,民国十年刻本第523页。
[2] (明)黄宗羲:《龙川学案》,《宋元学案》卷五十六,全祖望补,第1830页。

结　语

程门后学作为一个道学群体，以"接着讲"的姿态传承二程洛学，他们的问题意识是明确的，就是如何推阐以复振洛学。他们在仁学、心性关系、中和、未发已发、工夫论上对二程思想在深化之中予以推进，在推进中发展洛学，他们拓展和深化二程所创立的话语体系，使其问题更加深豁地显豁出来，总的来说，程门后学呈现出以下共同的思想趋向：

一　主要弟子与学派的思想趋向程颢之学

程颢哲学的总体特色就是"明体而达用"。程门后学中，主要弟子理论旨趣接近"程颢之学"；道南学派主张体认天理，是"本体意义上的程颢之学"、湖湘学派是"工夫意义上的程颢之学"、涪陵学派虽秉承程颐《易》学，但理论旨趣则接近程颢之学。程门后学中的显学派基本上是对"程颢"思想的推演和发展。当然，这并不是说他们对程颐之学没有继承，只是从总体倾向上判断。实际上，在两宋之际，程颢确立的"识仁""体仁"或者说"程颢之学"风靡学界，一枝独秀。需要指出的是，程颐之学也在程门后学中得到传衍，虽有传衍，但并未形成气候，最守其学的尹焞，却因"才短，说不出，只紧守伊川之说"[①]与"持守得不失。然才短，推阐不去。遇面生者，说得颇艰"[②]而致学派不振，仅有的前期永嘉学派注重对程颐"涵养须用敬，进学则在致知"为学宗旨的阐发，尤其对"格物致知"的方向朝外在维度推进，以扭转程门其他弟子将格物向内收的倾向；兼山学派则借对程颐《易》学的承继发挥心性思想，

[①] 朱杰人等主编：《朱子语类》卷一百零一，《朱子全书》（修订本）第17册，第3381页。
[②] 朱杰人等主编：《朱子语类》卷一百零一，《朱子全书》（修订本）第17册，第3381页。

主张通过"易之道"来涤除私心,恢复道心。

二 搁置对形上本体的探讨,注重对本体的体认

宋代理学重视对本体论的建构,因为理学家要辟佛立儒,就必须在儒学的短板——心性论的缺失上用功,这正是"儒门淡薄,收拾不住"之处,二程敏锐地意识到此问题,独拈"天理"以为本体,从而使传统儒学的心性论得以在理学的视域下重新活跃在学术舞台之上。二程的这种建构为后学标明方向,程门后学基本对此肯认不二,但只是构成他们思考心性论的形上背景,他们对此不再追问,而将理论兴趣转到对心性本体的体认上,即在如何做工夫上,程门后学的分歧也恰恰集中在这一点上。如道南学派注重静坐体中,弟子王萍、张九成甚至走向心学;涪陵学派亦主张直从本体入手;兼山学派的"以易洗心"亦有类似倾向;永嘉学派更是主张在工夫上用功,以至于最后转向有"用"而无"体"的事功学派。

三 心性工夫偏于内向体悟,格物致知偏内而遗外

前面已述,程门后学的理论旨趣偏于工夫论,但在对工夫论的诠释上,呈现出偏于内向体悟上。朱子曾明确说道:

> 近世言道学者,失于太高。读书讲义,率常以径易超绝、不历阶梯为快,而于其间曲折精?正好玩索处,例皆忽略厌弃,以为卑近琐屑,不足留情。①

这是朱子三十五岁所写,可谓是对当时学风的真切描述,他认为当时学者已经出现不求下学,以"不历阶梯"为务。他更为明确说道:

> 建炎中兴,程氏之言复出,学者又不考其始终本末之序,而争

---

① 朱杰人等主编:《答汪尚书》,《晦庵先生朱文公集》卷三十,《朱子全书》(修订本)第21册,第1297页。

为妄意躐等之说以相高。①

他认为程门后学不究二程之体用一贯之学，以躐等而进为高。确然如此，在程门后学中，如道南学派将"格物致知"设定为"反身而诚"；涪陵学派虽借《易》阐发思想，但却溺于佛氏而不可自拔，将工夫限于静默体悟之中；兼山学派主张"以易洗心"，工夫缺乏外在维度。但需要注意的是，前期永嘉学派已经注意到此种学风，有意纠偏程门后学中的这种倾向，将"格物致知"向外在维度拓展。

四 强调"仁"与心、性的关联，分歧集中在"以心释仁"

二程（更准确地说是程颢）把"仁"推至超越的本体层面，强调"仁"与心、性的关联。二程在"仁"与"性"的关系上并无分歧，都主张"仁"属于"性"，但在"仁"与"心"的关系上，程颢将仁、心、性打并为一；程颐区分"仁"与"心"，这种差异在程门后学中引起争论。前面已述，"以觉释仁"就是"以心释仁"，因为"觉"本就是"心"之功能。对于"以觉言仁"，程门后学如谢良佐、张九成、湖湘学派主之、李侗等则反之，但总体上都注重对"求仁""知仁"的探究，背离孔子所确立的"为仁"而不在"知仁"上用功的传统。

五 注重心性分别，突出"心"的地位

二程对心、性之别并不重视，尤其是程颢。程颐虽有意区分，但仍有混淆之处。程门弟子意识到此问题，力求避免混淆两者，尤以湖湘学派为代表，对心、性之别加以阐发，明确两者之界限，并对两者关系进行论述。总体上，程门后学都重视"心"，当然这种重视是在与性情关系的论述中彰显出来，这无论是在继承程颢之学的后学那里，还是在继承程颐之学的后学那里，都得到体现。也正因他们将"心"的地位凸显出来，"儒家人生哲学的根基由汉唐时期的人性论向宋明时期的心性论

---

① 朱杰人等主编：《与东莱论白鹿书院记》，《晦庵先生朱文公集》卷三十四，《朱子全书》（修订本）第21册，第1499页。

转换"①。

六 不从"气质之性"立论

二程对"气质之性"都表现出浓厚的兴趣，程颢讲的"生之谓性"就是"气质之性"，程颐认为"生之谓性"是指人禀受的气，也是"才"。程门后学基本认同张载、二程以来对"性"的区分，以"气"来解释人在后天的智、愚等差异。然而，程门后学对"气质之性"或不涉及，或简要论之，而这就导致对现实人心中的"恶"认识不足，故在工夫论上出现直从本体入手的倾向。就这方面来说，思想演变到陆王哲学那，他们基本就不再从"气质之性"的维度立论。程门后学作为一个认同"洛学"的道学群体，深化和发展洛学，使洛学在尽可能的逻辑环节和思想发展的可能性最大限度地展现出来，极大地影响后世学术演进和发展。

二程开启理学的核心话题，程门后学接续二程的话题，对二程思想在深化过程中推进，深深影响以后道学的发展。他们的存在价值是不可忽略的，他们将理学问题的分歧和走向显豁地揭示出来，直接影响南宋中期以后朱子理学、心学和事功学派的形成和发展。

首先，程门后学对朱子的影响。前面已述，现再略叙一二。程门后学是连接二程与朱子的桥梁。朱子思想的形成，正是在对程门后学的反思和辩论中渐趋成熟的。他对性的分析正是有感于程门后学对"气质之性"的不重视而发的，在他的哲学体系中，"气质之性"是绝不可无的，它牵涉到对本体与工夫的认识和定位；他心、性、情关系的确立正是在与湖湘学派的辩论中成熟的，他的中和旧说和中和新说都与湖湘学派有不可分割的关系；他的仁学体系的成熟也是在批判程门后学"以觉言仁""以万物一体为仁"中确立的，尤其是与张栻的辩论最终确定"仁者，心之德、爱之理"的仁说体系；朱子哲学的工夫论由最初的倾佛静坐，到中和旧书的"先察识后涵养"，再到回归程颐，确立"涵养用敬，格物致知"的内外兼修的工夫论体系，工夫论的成熟正是在批判道南

---

① 李祥俊：《道通于一——北宋哲学思潮研究》，第431页。

"未发求中"与湖湘学派的"先察识后涵养"中步步确立的。当然,我们需要明确的是,朱子是以扬弃的态度审视程门后学,而非一味批判。没有程门后学对二程开启的理学话语的深化和推进,朱子就不能成为集大成者。

其次,程门后学思想对心学的影响。虽然陆九渊一再声称自己的学问是"因读孟子而自得之"[①],但不可否认的是,在陆九渊之前,程门后学已经表现出心学倾向,甚至在洛学创始人程颢那里,已经有所体现。我们知道,任何一种思想都不能是凭空而起,它必有其产生、发展的历史。心学自然不例外,程颢被认为是心学的创始人已是学术界的基本共识,如果按照心学的标准而言[②],程颢强调的"心即理"和"直从本体入手"是极容易发展为心学的,程门后学对程颢思想继续深化,并在深化中推进。四大弟子的心性论思想在趋向上更为接近程颢的思想,王蘋、张九成、林季仲、林光朝皆被视为象山前茅。程颢提出"心即理",虽然还不是心学意义上的"心即理",但已经在形式上开出心性论新的面向,四大弟子对程颢的工夫论进行推阐,基本上呈现偏于内向体验的特征,王蘋则明确提出"心即性、性即天、天即性、性即心",将"心""性"和"天"直接打并为一,这是心学心性论的主要特征,而张九成则直接突出"心"的本体地位,建构以"心"为本的哲学体系,这些无疑是对程颢思想的推进,使其向心学靠近,到陆九渊那,直接突破理学窠臼,将心学的核心命题凸显出来。因此,可以这么说,程门后学将程颢之学向深处推进,他们将心学主旨一步步地揭示出来,到陆九渊则基本完成心学体系的建立。因此,全祖望论到心学时说"程门已有此一种矣"[③]。

最后,对事功学派的影响。二程并非不讲外王,他们只是要为外王建立长久而坚实的基础,但他们的相对主张极易被后学理解为绝对强调,以至于程门弟子周行己说:

---

① (宋)陆九渊:《语录》下,《陆九渊集》卷三十五,第471页。
② 从本体—工夫角度而言,心学在本体上强调"心",在工夫上强调顿悟本心,简易直接。
③ (明)黄宗羲:《明道学案》上,《宋元学案》卷十三,第556页。

> 圣人之学，自洒扫应对以至入孝出悌，循循有序，故曰尧舜之道，孝悌而已。后世学者，大言阔论，往往以孝悌为君子易行之事，若不足学，而以道德性命之说，增饰高妙，自置其身于尧舜之上，退而视其闺门之行，有悖德者多矣。①

周行己是"永嘉九先生"之一，为前期永嘉学派的主要代表人物，他的论断是他对当世学问的亲切感受，在他看来，当时学者以空谈性命为务，违背圣人之学的宗旨。因此，以周行己为代表的前期永嘉学派，有意纠正这种学风，他们继承程颐的"格物致知"，注重开拓"格物致知"的外在维度，将圣人之学导向日常生活当中，也正是前期永嘉学派的这种努力，为后来永嘉学派转向事功学派吹响前奏。总体来说，前期永嘉学派仍然是对"义理之学"的探讨，但他们已经觉察到专谈"性命之学"的弊端，故有意进行纠正，到后期永嘉学派那，呈现矫枉过正的嫌疑，以至于见"用"而不见"体"。

程门后学的思想对南宋学界的影响是巨大的，南宋的朱子理学、陆九渊心学、叶适事功学都与程门后学存在着理论渊源，它们皆由程门后学开显出来。有鉴于此，对于程门后学需要重新审视其价值，重新厘定其在哲学史上的地位，并给予足够的研究。

吕思勉先生说："一种学问，必有其兴起之时，亦必有其成熟之时。兴起之时，往往万籁争鸣，众源并发。至成熟之时，则渐汇为一二派。"②理学在程门后学那万籁争鸣，经过朱子的清理和整合，则渐趋归一。这其中的过程是相当艰辛复杂的，本书的研究只是对程门后学研究的一个尝试和补充，欲全面、系统、深入探究这一复杂的学术群体，那将是一个大的课题，也将是一个艰辛的战斗历程，它会是我以后学术拓展和致思的方向。

---

① （宋）周行己：《送何进孺序》，《周行己集》卷四，第79页。
② 吕思勉：《理学纲要》，吉林人民出版社2013年版，第269页。

参考文献

典籍类：

《东林书院志》整理委员会整理：《东林书院志》（上），中华书局2004年版。

（清）毕沅：《续资治通鉴》，中华书局1957年版。

（清）蔡上翔：《王荆公年谱考略》，上海人民出版社1973年版。

曾枣庄、刘琳编：《全宋文》，上海辞书出版社、安徽教育出版社2006年版。

（明）陈邦瞻：《宋史纪事本末》卷九，中华书局1977年版。

（宋）陈淳：《北溪字义》，中华书局1983年版。

（宋）陈傅良：《陈傅良先生文集》，浙江大学出版社1999年版。

（宋）陈亮：《陈亮集》，中华书局1974年版。

（宋）陈亮：《陈亮集》，中华书局1987年版。

（宋）陈振孙：《直斋书录解题》，上海古籍出版社1987年版。

（宋）程颢、程颐：《二程集》，中华书局1981年版。

（明）刁包：《易酌》卷九，文渊阁四库全书，台北商务印书馆1986年影印版。

（宋）方闻一：《大易粹言》，影印文渊阁四库全书，台北商务印书馆1986年版。

（明）冯从吾：《元儒考略》，顺德龙氏知服斋刊本，光绪二十二年版。

（宋）郭雍：《郭氏传家易说》，影印文渊阁四库全书，台北商务印书馆1986年版。

（唐）韩愈：《韩昌黎文集校注》，上海古籍出版社1986年版。

（宋）韩元吉：《南涧集》，影印文津阁四库全书，商务印书馆2008年版。

（金）郝经：《陵川文集》，山西古籍出版社2006年版。

（宋）胡安国：《春秋传》，王丽梅点校，岳麓书社2011年版。

（宋）胡宏：《胡宏著作两种》，王立新点校，岳麓书社2008年版。

（宋）胡寅：《斐然集》，尹文汉点校，岳麓书社2009年版。

（宋）黄伦：《尚书精义》，影印文渊阁四库全书，台北商务印书馆1986年版。

（宋）黄震：《黄氏日抄》，影印文津阁四库全书，商务印书馆2005年版。

（明）黄宗羲：《明儒学案》（修订本），中华书局1985年版。

（明）黄宗羲：《宋元学案》，中华书局1986年版。

纪国泰：《〈扬子法言〉今读》，巴蜀书社2010年版。

（宋）黎立武：《大学发微》，影印文渊阁四库全书，台北商务印书馆1986年版。

（唐）李翱：《李文公集》，《四部丛刊》，上海商务印书馆1919年版。

（宋）李侗：《延平问答》，影印文津阁四库全书，商务印书馆2005年版。

（清）李清馥：《闽中理学渊源考》，凤凰出版社2011年版。

（宋）李焘：《续资治通鉴长编》，中华书局1992年版。

（宋）李心传：《建炎以来系年要录》，中华书局2013年版。

（宋）林景熙：《霁山集》，中华书局1960年版。

（汉）刘安等：《淮南子》，岳麓书社2006年版。

（宋）刘安节：《刘左史集》，上海社会科学院出版社2006年版。

（宋）刘安上：《刘安上集》，上海社会科学院出版社2006年版。

（宋）陆九渊：《陆九渊集》，中华书局1980年版。

（宋）陆游：《老学庵笔记》，三秦出版社2003年版。

（宋）罗从彦：《罗豫章集》，影印文津阁四库全书，商务印书馆2005年版。

（宋）吕大临等：《蓝田吕氏遗着辑校》，中华书局1993年版。

（宋）吕中：《宋大事记讲义》，影印文渊阁四库全书，台北商务印书馆1986年版。

（宋）马端临：《文献通考》，中华书局1986年版。

（宋）欧阳修：《欧阳修全集》，中华书局2003年版。

（宋）阮阅：《诗话总龟》后集卷七，文渊阁四库全书，台北商务印书馆1986年影印版。

（宋）石介：《徂徕石先生文集》，中华书局1984年版。

（宋）司马光：《司马光集》，四川大学出版社2000年版。

（明）宋濂：《元史》，中华书局1976年版。

（清）孙奇逢：《理学宗传》，续修四库全书，上海古籍出版社2002年版。

（元）脱脱：《金史》，中华书局1975年版。

（元）脱脱：《宋史》，中华书局1985年版。

（清）万斯同：《儒林宗派》，影印文津阁四库全书，商务印书馆2005年版。

（明）王夫之：《宋论》，中华书局2011年版。

（宋）王苹：《王著作集》，影印文津阁四库全书，商务印书馆2005年版。

（金）王若虚：《滹南遗老集校注》，辽宁出版社2006年版。

（清）王梓材、冯云濠：《宋元学案补遗》，人民出版社2012年版。

（宋）文天祥：《文山先生全集》，商务印书馆1936年版。

（清）翁方纲：《石洲诗话》卷五，丛书集成本，商务印书馆1936年版。

（宋）谢良佐：《上蔡语录》，影印文津阁四库全书，商务印书馆2005年版。

（宋）许景横：《许景衡集》，上海社会科学院出版社2006年版。

（宋）薛季宣：《浪语集》，线装书局2004年版。

（明）薛瑄：《读书录续录》，影印文渊阁四库全书，台北商务印书馆1986年版。

（宋）杨时：《龟山集》，影印文津阁四库全书，商务印书馆2005年版。

（金）杨云翼：《金文最》，中华书局1990年版。

（宋）叶适：《习学记言》，中华书局2009年版。

（宋）尹焞：《和靖集》，影印文津阁四库全书，商务印书馆2005年版。

（宋）游酢：《游酢文集》，延边大学出版社1998年版。

（宋）于恕编：《日新》，《四库存目丛书》本，齐鲁书社1997年版。

（金）元好问：《元好问全集》，山西古籍出版社2004年版。

（宋）张九成：《横浦集》，影印文渊阁四库全书，台北商务印书馆1986年版。

（宋）张九成：《孟子传》，影印文津阁四库全书，商务印书馆2005年版。

（宋）张浚：《紫岩易传》，影印文渊阁四库全书，台北商务印书馆1986年版。

（宋）张载：《张载集》，中华书局2012年版。

赵翼：《廿二史札记》，辽宁教育出版社2000年版。

（宋）真德秀：《西山读书记》，影印文渊阁四库全书，台北商务印书馆1986年版。

（宋）郑伯熊、郑伯谦：《二郑集》，上海社会科学院出版社2006年版。

（宋）周行己：《周行己集》，上海社会科学院出版社2002年版。

朱杰人等主编：《朱子全书》（修订本），上海古籍出版社、安徽教育出版社2010年版。

（宋）朱熹著，金良年译：《四书章句集注》，上海古籍出版社2006年版。

朱易安、傅璇琮等：《全宋笔记》1—8册，大象出版社2003—2017年版。

专著类：

艾耶尔：《20世纪哲学》，上海译文出版社1987年版。

蔡方鹿：《宋明理学心性论》（修订本），四川出版集团巴蜀书社2009年版。

蔡仁厚：《宋明理学·北宋篇》，吉林出版集团2009年版。

蔡仁厚：《宋明理学·南宋篇》，吉林出版集团2009年版。

曾春海主编：《中国哲学概论》，吉林出版集团有限责任公司2009年版。

曾亦、郭晓东：《宋明理学》，南京大学出版社2009年版。

曾亦：《本体与工夫——湖湘学派研究》，人民出版社2007年版。

陈代湘：《现代新儒学与朱子学》，湖南人民出版社2003年版。

陈谷嘉、朱汉民：《湖湘学派源流》，湖南教育出版社1992年版。

陈来：《仁学本体论》，生活·读书·新知三联书店2014年版。

陈来：《宋明理学》，华东师范大学出版社2004年版。

陈来：《中国近世思想史研究》，生活·读书·新知三联出版社2010年版。

陈来：《朱子哲学研究》，华东师范大学出版社2000年版。

陈来主编：《早期道学话语系统的形成与演变》，安徽教育出版社2007年版。

陈荣捷：《宋明理学之概念与历史》，台湾"中研院"文哲所印行1996年版。

陈钟凡：《两宋思想述评》，东方出版社1996年版。

邓广铭：《邓广铭学术论著自选集》，首都师范大学出版社1994年版。

丁为祥：《学术性格与思想谱系——朱子的哲学视野及其历史影响的发生学考察》，人民出版社2013年版。

杜维明：《人性与自我修养》，中国和平出版社1988年版。

冯友兰：《中国哲学史》，华东师范大学出版社2000年版。

冯友兰：《中国哲学史新编》，人民出版社1998年版。

复旦大学哲学系中国哲学教研室主编：《中国古代哲学史》，上海古籍出版社2006年版。

傅小凡：《宋明道学新论》，社会科学文献出版社2005年版。

葛瑞汉著，程德祥等译：《二程兄弟的新儒学》，大象出版社 2000年版。

葛兆光：《中国思想史》，复旦大学出版社 2013 年版。

关长龙：《两宋道学命运的历史考察》，学林出版社 2001 年版。

郭齐勇：《中国哲学史》，高等教育出版社 2006 年版。

郭晓东：《识仁与定性》，复旦大学出版社 2006 年版。

何俊：《南宋儒学建构》，上海古籍出版社 2004 年版。

侯外庐等主编：《宋明理学史》，人民出版社 1984 年版。

侯外庐等主编：《中国思想通史》，人民出版社 1980 年版。

胡适：《中国哲学史大纲》，上海古籍出版社 1997 年版。

胡伟希：《中国近代思想与哲学传统》，浙江工商大学出版社 2009年版。

江文思、安乐哲编：《孟子心性哲学》，梁溪译，社科文献出版社 2005 年版。

姜海军：《二程经学研究》，北京师范大学出版社 2016 年版。

劳思光：《新编中国哲学史》，广西师范大学出版社 2005 年版。

李承贵：《中国哲学与儒学》，《凤凰出版社》2011 年版。

李存山：《气论与仁学》，中州古籍出版社 2009 年版。

李景林：《教化的哲学》，黑龙江人民出版社 2005 年版。

李祥俊：《道通于一——北宋哲学思潮研究》，北京师范大学出版社 2006 年版。

李祥俊：《熊十力哲学体系建构历程研究》，北京师范大学出版社 2013 年版。

李祥俊：《中国传统哲学精神与现时代》，中国社会科学出版社 2011 年版。

李晓春：《宋代性二元论研究》，中国社会科学出版社 2006 年版。

李裕民：《宋人生卒行年考》，中华书局 2010 年版。

刘承相：《朱子早年思想的历程》，华东师范大学出版社 2010 年版。

刘京菊：《承洛启闽：道南学派研究》，人民出版社 2007 年版。

刘玉敏：《心学源流——张九成心学与浙东学派》，人民出版社 2013

年版。

刘子健：《中国转向内在》，赵冬梅译，江苏人民出版社 2012 年版。

卢国龙：《宋儒微言》，华夏出版社 2001 年版。

陆敏珍：《宋代永嘉学派的建构》，浙江大学出版社 2013 年版。

吕思勉：《理学纲要》，吉林人民出版社 2013 年版。

吕思勉：《吕著中国通史》，华东师范大学出版社 1992 年版。

蒙培元：《理学范畴系统》，人民出版社 1989 年版。

蒙培元：《理学范畴系统》，人民出版社 1998 年版。

蒙培元：《中国心性论》，台北学生书局 1990 年版。

牟宗三：《心体与性体》，上海古籍出版社 1999 年版。

牟宗三：《中国哲学的特质》，上海古籍出版社 2007 年版。

牟宗三：《中国哲学十九讲》，上海古籍出版社 2007 年版。

庞万里：《二程哲学体系》，北京航空航天大学出版社 1992 年版。

彭国翔：《良知学的展开：王龙溪与中晚明的阳明学》，生活·读书·新知三联书店 2002 年版。

彭耀光：《二程道学异同研究》，山东人民出版社 2016 年版。

皮锡瑞：《经学历史》，中华书局 2012 年版。

钱穆：《宋明理学概述》，九州出版社 2010 年版。

钱穆：《朱子新学案》，九州出版社 2011 年版。

钱穆著：《中国思想史》，九州出版社 2012 年版。

沈松勤：《南宋文人与党争》，人民出版社 2005 年版。

束景南：《朱子大传》，商务印书馆 2003 年版。

宋志明：《中国古代哲学发微》，中国人民大学出版社 2012 年版。

唐君毅：《中国哲学原论：导论篇》，中国社会科学出版社 2005 年版。

唐君毅：《中国哲学原论：原教篇》，中国社会科学出版社 2006 年版。

唐君毅：《中国哲学原论：原性篇》，中国社会科学出版社 2005 年版。

田浩主编：《宋代思想史论》，社会科学文献出版社 2003 年版。

王健：《在现实真实与价值真实之间——朱熹思想研究》，华东师范大学出版社 2007 年版。

王立新：《开创时期的湖湘学派》，岳麓出版社 2003 年版。

王巧生：《二程弟子心性论研究》，湖北人民出版社 2016 年版。

韦政通：《中国哲学辞典》，吉林出版集团有限责任公司 2009 年版。

魏义霞：《理学与启蒙——宋元明清道德哲学研究》，商务印书馆 2009 年版。

温伟耀：《成圣之道——北宋二程修养工夫论之研究》，河南大学出版社 2004 年版。

吴洪泽、尹波主编：《宋人年谱丛刊》，四川大学出版社 2002 年版。

吴震、吾妻重二主编：《思想与文献——日本学者宋明儒学研究》，华东师范大学出版社 2010 年版。

向世陵：《理气性心之间——宋明理学的分系和四系研究》，人民出版社 2008 年版。

向世陵：《善恶之上：胡宏·性学·理学》，中国广播电视出版社 2000 年版。

徐复观：《中国人性论史》，上海三联书店 2001 年版。

徐复观：《中国思想史论集》，上海书店出版社 2004 年版。

徐洪兴：《思想的转型——理学发生过程研究》，上海人民出版社 1996 年版。

徐远和：《洛学源流》，齐鲁书社 1987 年版。

杨国荣：《善的历程——儒家价值体系研究》，中国人民大学出版社 2012 年版。

余英时：《朱熹的历史世界》，生活·读书·新知三联书店 2011 年版。

张岱年：《中国哲学大纲》，中国社会科学出版社 1982 年版。

张立文：《宋明理学研究》，人民出版社 2002 年版。

张学智：《明代哲学史》，北京大学出版社 2000 年版。

张永儁：《二程学管见》，台北东大图书公司 1988 年版。

朱汉民：《湖湘学派史论》，湖南大学出版社 2004 年版。

论文类：

陈代湘、蒋菲：《湖湘学派与江西学派的融通与差异》，《湘潭大学学报》2017年第1期。

陈代湘：《评牟宗三对胡宏和朱熹工夫论的阐析》，《南开学报》2002年第3期。

陈光熙：《许景衡的文集及佚作》，《古籍整理研究学刊》2008年第1期。

崔大华：《张九成的理学思想及其时代影响》，《浙江学刊》1983年第6期。

丁小平：《善恶唯依心性》，《船山学刊》2010年第1期。

方国根：《胡宏心性哲学的理论特色》，《哲学研究》1995年第8期。

方国根：《胡宏心性哲学的逻辑结构》，《齐鲁学刊》1995年第5期。

方国根：《试论胡宏心性哲学的历史地位》，《孔子研究》1997年第1期。

傅新毅：《心性论的祛魅与重构》，《社会科学辑刊》2000年第5期。

胡昭曦：《宋代蜀学再转型探讨》，《湖南大学学报》2015年第6期。

康咏秋、何频：《论湖湘学派的"修身"思想》，《船山学刊》2002年第3期。

乐爱国：《唐君毅、牟宗三、钱穆对朱熹仁学的不同诠释》，《东岳论丛》2016年第4期。

黎昕：《杨时"理一分殊"说的特色及其对朱熹的影响》，《福建论坛》1986年第5期。

李春颖：《性善之善不与恶对——以张九成为中心讨论宋代性善论涵盖的两个问题》，《中国哲学史》2012年第2期。

李景林、田智忠：《朱子心论及其对先秦儒学性情论的创造性重建》，《中国社会科学》2007年第3期。

李明辉：《朱子对"道心"、"人心"的诠释》，《湖南大学学报》2008年第1期。

李祥俊：《仁学本体论的建构——北宋诸儒仁论特质阐释》，《中国哲学史》2006 年第 3 期。

李祥俊：《儒学道德涵养论阐微》，《社会科学战线》2009 年第 2 期。

李祝舜：《李侗及其哲学思想初探》，《中州学刊》1987 年第 3 期。

李作勋：《儒佛交融与朱熹心性论的形成》，《贵州社会科学》1997 年第 2 期。

梁涛：《北宋新学、蜀学派融合儒道的"内圣外王"概念》，《文史哲》2017 年第 2 期。

刘京菊：《杨时"中"论发微》，《中国哲学史》2015 年第 1 期。

刘玲娣：《试论胡安国两宋之际的政治、学术活动》，《华中师范大学学报》2002 年第 3 期。

刘学智：《关学"洛学化"辨析》，《中国哲学史》2016 年第 3 期。

刘学智：《善心、本心、善性的本体同一与直觉体悟》，《哲学研究》2011 年第 5 期。

刘玉敏：《即本体即工夫：张九成对〈中庸〉的解读》，《中州学刊》2011 年第 9 期。

刘玉敏：《论张九成"仁即是觉，觉即是心"的思想及其意义》，《孔子研究》2007 年第 2 期。

刘玉敏：《心学的肇始——张九成的哲学逻辑结构》，《孔子研究》2010 年第 2 期。

卢连章：《论洛学在南方的传承》，《中州学刊》2004 年第 9 期。

陆敏珍：《被拒绝的洛学门人：周行己及其思想》，《中国哲学史》2010 年第 3 期。

麻尧宾：《与朱子的对峙：试释永康之心性路径》，《四川大学学报》2012 年第 5 期。

乔清举：《朱子心性论的结构及其内在张力》，《哲学研究》2011 年第 2 期。

孙以楷、解光宇：《道学南传：游定夫的学术命运》，《安徽史学》2004 年第 2 期。

唐明贵：《杨时〈论语解〉探微》，《西南民族大学学报》2016 年第 3 期。

王雷松:《胡安国〈春秋传〉理欲观研究》,《郑州轻工业学院学报》2010 年第 6 期。

王立新:《〈知言疑义〉的产生看胡宏对朱熹的影响》,《湘潭大学学报》1997 年第 6 期。

王立新:《胡安国与程门弟子》,《湘潭大学学报》2004 第 1 期。

王立新:《胡宏是"超善恶论"者么?》,《湖湘论坛》2001 年第 1 期。

王立新:《闽学与湖湘学》,《文史哲》2002 年第 5 期。

王治伟、朱人求:《杨时道德修养观探微》,《学习与实践》2011 年第 4 期。

吴震:《论朱子仁学思想》,《中山大学学报》2017 年第 1 期。

向世陵:《性学传承与胡张之间》,《求索》1999 年第 5 期。

向世陵:《程学传承与道南学派》,《社会科学战线》2005 年第 2 期。

向世陵:《胡宏的理欲、义利之辨及其价值思考》,《中国人民大学学报》1994 年第 1 期。

肖永明、申蔚竹:《南宋湖湘学派对周敦颐的推崇及其思想动因》,《湖南社会科学》2016 年第 2 期。

肖永明、殷慧:《北宋心性之学的发展与宋代〈四书〉学的形成》,《中国哲学史》2008 年第 1 期。

徐建勇:《胡安国〈春秋传〉的理学特征》,《史学月刊》2011 年第 5 期。

徐建勇:《论胡安国〈春秋传〉的理学思想》,《船山学刊》2011 第 1 期。

徐庆文:《略论儒门学派的演变及其地域形态》,《山东社会科学》2011 年第 9 期。

杨国荣:《儒家心性之学的二重路向》,《传统文化与现代化》1996 年第 3 期。

张京华:《潇湘之畔的儒家———邢恕与理学》,《湖南科技大学学报》2007 年第 5 期。

张立文:《湖湘学的奠基者———胡寅和胡宏》,《船山学刊》2012

年第 1 期。

张立文：《论罗从彦的内圣外王之道》，《孔子研究》2006 年第 5 期。

张品端：《早期闽中理学及其理论特征》，《哲学动态》2011 年第 1 期。

赵载光：《"性""气"合一与湖湘派儒学——宋明儒学论"性"的分派》，《船山学刊》2004 年第 2 期。

郑熊：《工夫消解本体—论张九成的〈中庸〉研究》，《中州学刊》2010 年第 5 期。

钟彩钧：《二程心性说析论》，《"中央研究院"中国文哲研究集刊》1991 年第 1 期。

周梦江：《论周行己》，《杭州师范学院学报》2003 年第 5 期。

朱汉民：《宋儒新仁学的建构》，《求索》2017 年第 8 期。

朱修春、林凤珍：《杨时的"理一分殊"学说发微》，《南昌大学学报》2005 第 3 期。

朱雪芳：《道南一脉——从杨时到李侗》，《船山学刊》2007 年第 2 期。

博硕论文：

陈利娟：《谢良佐哲学思想研究》，《南昌大学硕士论文》2010 年。

邓庆平：《朱子门人研究》，《中国人民大学博士论文》2011 年。

敦鹏：《二程政治哲学研究》，《河北大学博士论文》2013 年。

罗来文：《胡宏哲学思想研究》，《南昌大学硕士论文》2006 年。

申绪璐：《两宋之际道学思潮研究—以杨时为中心》，《复旦大学博士论文》2011 年。

王光红：《谢良佐仁学思想研究》，《湘潭大学硕士论文》2008 年。

谢寒枫：《程颢哲学研究》，《中国社科院研究生院博士论文》2002 年。

杨星：《朱子闽学思想渊源与传播研究》，华东师范大学博士论文 2007 年。

张海涛：《胡宏心性之学研究》，《兰州大学硕士论文》2009 年。

张琴:《胡宏〈知言〉哲学体系研究》,《浙江大学博士论文》2010年。

赵晓阳:《游酢哲学思想研究》,《南昌大学硕士论文》2010年。

周杨波:《杨时哲学思想研究》,《南昌大学硕士论文》2010年。

外文文献:

Huang yong: *Why Be Moral? Learning from the Neo-Confucian Cheng Brothers*, State University of New York Press, 2014.

后　记

　　生命的魅力在于它是一个不断开显的过程，在这过程中，它充满未知和惊奇。谁能想到，一个当初视哲学为畏途而发誓高考志愿决不选哲学专业的鲁钝小子居然最后也踏上哲学这条道路，是偶然还是必然，谁又能言说清楚，或许这就是生命的魅力所在：在未知中去建构生活的意义或有意义的生活。自2014年7月从北师大博士毕业，至今已经近六年的时间。其间，忙于教学科研，又夹杂着结婚生子、职称晋升、出国留学等所谓的人生大事，只能断断续续、见缝插针地将博士论文修改成目前的样子。画上句号那一刻，我并没有如释重负的愉悦，反倒是有了"丑媳妇见公婆"的忐忑。较之博士论文，虽然在内容、体例和字数上均有较大变化，但限于学养，仍有诸多不尽如人意之处，好在前路漫长，学术无涯，所留遗憾也只能待以后来弥补了。

　　拙著以二程洛学为题，既有地缘的成分，亦有学术的因素。就前者而言，我出生在洛学的发源地河南省洛阳市伊川县，乃二程收徒讲学所在地[1]，尤其是程颐之号"程伊川""伊川先生"便取自县名。我对二程有所认知并萌生兴趣，大概是高中时候的事，因为程园[2]就在我上学的伊川高中后面的荆山森林公园内，每逢同学聚会、植树、野外活动等，荆

---

[1] 宋神宗元丰五年（1082年），程颐写信给文彦博，表达其欲在洛阳龙门讲学之意，文彦博遂将伊川县鸣皋镇一处旧园以及粮田十顷赠给程颐，程颐在此建立伊皋书院，讲学达二十余年，著名的"程门立雪"一事便发生于此。后元仁宗延佑三年（1316），元仁宗赐名为"伊川书院"，沿用至今。

[2] 程园始建于宋徽宗大观二年（1108），主要是二程父亲、二程、子女、叔父的墓冢。该园占地100余亩，有大门、二门、祠堂、厢房、石碑、石刻等。而二程故里则位于离伊川书院十余公里的程村，乃程颐于1103年为躲避党禁之祸，迁居于此，并于大观元年（1107）在此离世。1455年，明代宗诏封程村为"两程故里"，1462年，明英宗敕建两程故里石坊。

后　记

山公园便是最好的去处。程园里那些四处可见的历代皇帝御赐的匾额使我隐约感觉到这是历史上非常了不起的人物，至今仍然清晰记得和同学探讨匾额"学达性天"①意思的情景，但限于年龄和学识，并未作过多深入的思考。后到博士论文选题时，没有经过太多的犹豫，径直便以二程洛学为题，这多少和高中经历、地域情怀有难以言清的关系。而就后者而言，以二程洛学为题只是一个大的方向，如何在二程研究已经硕果累累的当下，从中选择一个有意义、有价值的题目并不容易，经过反复琢磨，我发现程朱之间是一个关注较少、研究不深且颇具价值的选题，因为介于其中的程门后学完成了从二程到朱熹之间的学术连接，这种连接在形式上是对洛学学脉的传承和延续；在内容上是对儒学核心问题——心性论的探索和发展，更是早期道学话语形成的关键时期。由此切入，其学术意义自然不可小觑。正是这两层因素的叠加，使得这一课题成为我的不二选择，并为确定了这一选题感到由衷的高兴。但随之而来的困难则远远超出我的预期，人物之多、史料之杂、线索之繁，绝非我这学术浅薄之辈可以处理。几次欲放弃了事，但又不忍舍弃，后总算是在爬梳资料的过程中，摸出一条相对可行的线索，那就是将程门后学作为一个整体予以观照。采用时间与学派相结合的方式，紧扣问题，通过不同学派对此问题的阐释，回到原点，与二程思想予以比较分析，总结其中的差异以及突破处，以图展现思想的嬗变历程，并着重考察程门后学的思想转化和走向。这就将散乱的史料较有脉络地串联起来，这样的操作虽然仍有削足适履之嫌，但也算是最不坏的选择，至少能从一个侧面揭示出两宋之际、程朱之间的学术样态。

　　拙著的撰写得到了我的硕士、博士导师李祥俊教授的直接帮助和指导。以"形同再造"来形容李老师对我的培养和教育是一点都不过分的。我生性鲁钝，缺乏悟性，原本不是学习哲学的料，但在从学李师六年的时间里，李师循循善诱、耐心教导、精心雕琢，使我一步步走进哲学之

---

①《钦定皇朝文献通考》记载："康熙二十五年（1686年），颁发御书'学达性天'四字匾额于宋儒周敦颐、张载、程颢、程颐、邵雍、朱熹祠堂及白鹿洞书院、岳麓书院，并颁日讲解义经史诸书。"〔（宋）张廷玉：《钦定皇朝文献通考》卷七十三，文渊阁四库全书，台北商务印书馆1986年影印版，第758页〕

门，尤其在博士论文的选题、写作到定稿，李老师都认真负责，多方指点，使我的论文得以顺利完成，并通过答辩。除此之外，李老师温和旷达的儒者风范、严谨端方的治学态度和与世无争的处世方式也都使我受益良多。必须提及的是，我非常庆幸能在和睦团结的中国哲学研究所学习生活，郑万耕老师、李景林老师、张奇伟老师、强昱老师、章伟文老师、田智忠老师、蒋丽梅老师等幽默的教学风格、严谨的治学精神、和蔼的待人风格、负责的处事方式都使我耳濡目染、受益匪浅。在此一并向他们致谢，感谢他们六年来对我的培养和帮助！博士毕业后，蒙陕师大哲学系不弃，我得以在此从事教学与科研，并有幸跟随刘学智教授攻读在职博士后，刘老师淳朴无华，指教有方，对我多有教诲和帮助，使我能够很快地在师大站稳脚跟。同时也要感谢中哲学科的前辈林乐昌老师、丁为祥老师、许宁老师、曹树明老师等，他们提携后进，照顾有加。没有这些师友们的不弃和帮助，我求学、工作路上难以走得如此顺利！然极为愧疚的是，毕业、工作多年，学术不精，德性不粹，有负师长们的夹持、教诲之情。

  我最应该感谢却从未说声谢谢的是我的家人，没有他们，我可能还在贫穷的豫西山村过着日出而作、日落而息的生活。十岁那年，父亲因病去世，母亲以一人之力，靠几亩薄田将我姐弟三人抚养成人，并供我读书至博士毕业，这份恩情，我穷尽一生亦难以报答一二。且我已过而立之年，却未曾一日榻前尽孝，每每思之，愧意丛生，汗颜至极。同时，也要感谢只比我大两岁的姐姐，在父亲去世之时，只有十二岁的她，自愿辍学回家务农，将唯一的读书的机会让给我，使我得以继续学业，跳出农门。也感谢我的弟弟，初中未完即辍学打工，供我读书，并担负起照顾母亲的责任。如今，母亲未满花甲，已老态频现，积劳成疾，姐姐、弟弟也已成家，虽不富裕，但也平实，衷心祝福他们不再有儿时的艰辛与困苦，一生平安幸福！也感谢我的爱人刘俊女士及岳父母，不嫌我家贫木讷，与我相伴多年，承担大量的家务，无怨无悔，不弃不离。没有这些亲人们无私的奉献，我难以读书到博士，只是作为一个手无缚鸡之力的书生，这些重如山、大如天、深如海的恩情，除了说一声廉价的谢谢，我如何能报答一二呢？唯有在以后的日子中尽力相报吧。

最后，拙著的出版得益于"陕西师范大学优秀著作出版基金"以及陕西师范大学哲学与政府管理学院一流学科建设经费的联合支持，为我解决出版的最大难题，感激之情溢于言表。同时，责任编辑朱华彬老师为本书的出版费心费力，不厌其烦地反复修改、订正拙著，为拙著增色甚多，在此一并予以感谢。

李敬峰

2020年1月